Der Landkreis NEUSTADT A. D. WALDNAAB

Leben im Herzen Europas

Der Landkreis Neustadt a. d. Waldnaab

Leben im Herzen Europas

Buch & Kunstverlag Oberpfalz

Bibliografische Information der Deutschen Bibliothek
*Die Deutsche Bibliothek verzeichnet diese Publikation in der Deutschen
Nationalbibliografie; detaillierte bibliografische Daten sind im Internet über
http://dnb.ddb.de abrufbar.*

© 2012 Buch & Kunstverlag Oberpfalz,
Mühlgasse 2, 92224 Amberg, www-buch-und-kunstverlag.de

Herausgeber: Landkreis Neustadt a. d. Waldnaab
Projektleitung, Idee und Gestaltung: Wolfgang Benkhardt, 92681 Erbendorf
Satz: BeSt-Systeme, 92237 Sulzbach-Rosenberg
Druck: Spintler Druck und Verlag GmbH, 92637 Weiden
ISBN: 978-3-835719-91-9

Coverfoto Mittelpunkt in Hildweinsreuth, Foto Bernhard Neumann
Coverfotos hinten: Klosterkirche St. Felix in Neustadt a. d. Waldnaab,
KTB-Gelände bei Windischeschenbach,
Wasserturm in Grafenwöhr und Bockl-Radweg bei Vohenstrauß
Seite 2 Rauher Kulm, Foto Karl Stock
Seite 3 Autokorso in der Kreisstadt im Jahre 1904, Foto Stadtarchiv Neustadt a. d. Waldnaab
Seite 5 KTB-Bohrgelände, Foto Wolfgang Benkhardt

Neustadt am Kulm

Vorbach

Windischeschenbach

Schlammersdorf

Speinshart

Trabitz

Pressath

Kirchendemenreuth

Püchersre

Kirchenthumbach

Störnstein

Eschenbach i. d. OPf.

Parkstein

Neustadt a. d. Waldnaa

Altenstadt a. d. Waldnaab

Schwarzenbach

Theiss

Grafenwöhr

Stadt Weiden i. d. OPf.

Mantel

Schirmitz

Weiherhammer

Bechtsr

Ircher

Etzenricht

Pirk

Kohlberg

Luhe-Wildenau

NEW GIS   Geographisches Informationssystem des Landkreises Neustadt a.d. Waldnaab

Kartengrundlage: (c) Bayerische Vermessungsverwaltung   Datenaufbereitung: Landratsamt Neustadt a.d. Waldnaab
www.geodaten.bayern.de   www.neustadt.de

6

ZUM GELEIT

Zum vierzigjährigen Bestehen des Groß-landkreises Neustadt a. d. Waldnaab hat der Landkreis dieses komplett neue Landkreisbuch herausgegeben. Dies ist die zweite Publikation seit der Gebiets-reform und zeigt schon im Titel „Leben im Herzen Europas" die bahnbrechenden Änderungen, die unser Landkreis in den letzten Jahren erleben durfte. Das erste Landkreisbuch zum fünfundzwanzig-jährigen Bestehen hatte das Ziel, den Groß-landkreis erstmals als eine Einheit darzu-stellen, wo deutlich gemacht wurde, dass es den verant-wortlichen Politikern gelungen ist, aus den drei ehemaligen Landkreisen Eschenbach i. d. OPf., Neustadt a. d. Waldnaab und Vohenstrauß einen einheitlichen Landkreis zu formen, mit dem sich auch die Bevölke-rung identifizieren kann. Diese Einheit ist mittlerweile eine Selbstverständlichkeit. Heute geht es darum, unsere neue Positi-on in der Mitte Europas zu dokumentieren. Jetzt wird noch eher als 1995 deutlich, dass die positiven Ereignisse überwiegen.

Dem Niedergang der Glasindustrie setzte die Wirtschaft im Landkreis einen fulmi-nanten Aufschwung entgegen. Der Fall des Eisernen Vorhanges, den ich hautnah miterleben durfte, hatte nicht nur große Bedeutung für Europa, sondern hat auch bei uns eine besondere Dynamik in Gang gebracht. Mit der Öffnung der Grenzen wurde von Beginn an ein freundschaftliches Miteinander zu unseren tschechischen Nachbarn aufgebaut. Die von manchen befürchteten negativen Auswirkungen auf den Arbeitsmarkt sind nicht eingetreten. Im Gegenteil: Wirtschaftlich gesehen bildet der Landkreis das Tor zum Osten und damit den Zugang zu interessanten Märkten. Fachkräftemangel und ausrei-chend Lehrstellen zeigen, dass in Zukunft unsere jungen Leute vielfältige Möglichkeiten in vielen unterschiedlichen Bran-chen haben.

Der Landkreis verfügt mit der Fertigstel-lung der Auto-bahn A 6 und dem derzeitigen Ausbau der Breitbandinfra-struktur über hervorragende harte Standort-faktoren für die Wirt-schaft. Mit der bereits vor fünfzehn Jahren begonnenen Energie-wende hat der Landkreis rechtzeitig die Zeichen der Zeit erkannt und neue Wege beschritten. Der umfassende Ausbau und die Sanierung unserer weiterführenden Schulen haben optimale Bedingungen für die Bildung geschaffen. Die hohen Aufwen-dungen für den Kreisstraßenbau und die erfolgreiche Vernetzung des öffentlichen Personennahverkehrs haben auch innerhalb des Landkreises zu einer wesentlich verbes-serten Verkehrsinfrastruktur beigetragen.

Auch touristisch und kulturell hat sich der Landkreis weiterentwickelt. Der Naturpark Nördlicher Oberpfälzer Wald vermarktet erfolgreich typische Produkte aus der Region und ist damit längst bei der Verbrau-chermesse „Consumenta" angekommen. Durch den Geopark Bayern-Böhmen, dessen Geschäftsstelle sich in Parkstein befindet, kommen Urlauber und ebenso Landkreis-bürger in den Genuss, die geologischen Besonderheiten im Landkreis kennenzu-lernen. Die Führungen der Geopark-Ranger gewinnen zunehmend an Beliebtheit. Mit dem Ausbau unseres Rad- und Wander-wegenetzes erleben immer mehr Menschen ihre schöne Heimat mit ihren sanften Hügeln und idyllischen Flusstälchen. Die jährlich stattfindenden Fahrradtouren, wie die Panoramatour Oberpfälzer Wald, die Schirmitzer Radtouristikfahrt oder die Pirker Zoigltour, leisten hier einen wertvollen Beitrag, auch für diejenigen, die es gerne etwas sportlicher angehen. Neben dem Landestheater Oberpfalz verschreiben sich immer mehr Akteure ehrenamtlich dem Kulturleben. Ihnen und all den Ehrenamt-lichen, die sich im sozialen Bereich, für das Gesundheitswesen, den Umweltschutz oder bei den Feuerwehren engagieren, gilt mein besonderer Dank.

Es hat sich also einiges getan in den vergan-genen vierzig Jahren und auch heute. Für die Zukunft wird es darum gehen, Fachkräfte in der Region zu halten und junge Menschen davon zu überzeugen, dass sie hier richtig aufgehoben sind. Das wird uns gelingen, wenn wir ein Image schaffen, das unserer Heimat auch gerecht wird. Ich hoffe und wünsche, dass dieses Landkreisbuch einen Beitrag dazu leistet, das Selbstbewusstsein zu stärken, und alle Leser dazu anregt, an einer positiven Weiterentwicklung unserer Heimat mitten in Europa mitzuwirken.

Simon Wittmann
Landrat

Flossenbürg

Floß

Georgenberg

Waldthurn

Pleystein

Waidhaus

Vohenstrauß

uchtenberg

Eslarn

Moosbach

Tännesberg

Irgendwie stellt man sich einen Kreis ganz anders vor. Gleichmäßig. Rund. Kreisförmig halt. Aber bei Neustadt a. d. Waldnaab handelt es sich nicht um einen geometrischen Kreis, sondern einen politischen. Und der darf auch schon mal Ecken und Kanten haben, völlig unsymmetrisch daherkommen.

Und solche Ecken und Kanten hat dieses Gebilde, das bei der Gebietsreform zum 1. Juli 1972 aus den früheren Landkreisen Eschenbach i. d. OPf., Vohenstrauß und Neustadt a. d. Waldnaab gebildet worden ist, eine Menge. Damit passt es irgendwie auch zum Menschenschlag, der hier lebt. Leute mit Ecken und Kanten. Ungemein engagiert und doch bodenständig. Fleißig und trotzdem genügsam. Und manchmal etwas wortkarg. „Nix gsagt, is globt gnou", so lautet eine alte Redensart.

Durch den Fall des Eisernen Vorhangs ist der Landkreis plötzlich in die Mitte gerückt. Er wurde – quasi über Nacht – vom Grenzland zu einer Drehscheibe Europas. Hinzu kam, dass durch die Datenautobahnen plötzlich für viele Industrien sanfte Standortfaktoren wichtiger wurden als Autobahnkreuze. „Dort leben und arbeiten, wo andere Leute Urlaub machen", lautet seitdem die Devise.

Neue Zukunftschancen und eine neue Rolle, in der sich der Landkreis und seine Einwohner erst einmal zurechtfinden mussten. Sie taten dies relativ schnell. Es kommt nicht von ungefähr, dass man

LANDKREIS IST AUF DRAHT

beim Klick auf www.neustadt.de in der Nordoberpfalz landet. Bei der Ost-West-Zusammenarbeit übernahm der Landkreis oft wie selbstverständlich eine Vorreiterrolle. Beim Regionalmanagement wurden „Best practice"-Beispiele auf den Weg gebracht, die landesweit Schule machten.

„Ein Landkreis ist auf Draht": Der pfiffige Werbeslogan, der vor vielen Jahren zum Online-Auftritt des Landkreises geboren worden ist und seitdem die Briefkuverts, die das Landratsamt verschickt, schmückt, gilt mittlerweile auch für viele andere Bereiche. Strategiepapier, Gebäudeleittechnik, Energiemanagement sind nur einige Schlagworte, die zeigen, in wie vielen Bereichen man auf Draht ist.

Doch die Aufgaben werden nicht weniger, sie ändern sich nur. Niedrige Geburtenzahlen, Landflucht, Leerstände in man-

Bei den Landräten setzen die Bürger auf Kontinuität. Drei Männer standen bislang an der Spitze des Großlandkreises. Links, von oben nach unten Christian Kreuzer (1972 bis 1984), Anton Binner (1984 bis 1996) und Simon Wittmann (seit 1996).

chen Ortskernen, das Abbröckeln wichtiger Einrichtungen der täglichen Daseinsvorsorge lassen die Sorgenfalten in den Gremien des Landkreises, seiner Städte, Märkte und Gemeinden nicht weniger werden.

Dabei ist es für die sechzig Kreisräte, die im Kreistag, der Vollversammlung des Landkreises sitzen, oft nicht einfach, den Überblick zu bewahren und allen Interessen gerecht zu werden. Von der kreisöstlichsten Ecke, am Eulenberg hinter Schönsee, bis zum westlichsten Punkt, den letzten Ausläufern des Oberpfälzer Juras bei Heinersreuth hinter Thurndorf sind es genau fünfundsiebzig Kilometer Luftlinie. Viele Kreisbürger sind schneller in Regensburg oder in Nürnberg als in dieser oder jener Landkreisgemeinde. Mit dem ÖPNV wird diese Strecken zur nervenaufreibenden Geduldsprobe.

Zur Vollständigkeit: Mit seinen tausendvierhundertdreißig Quadratkilometern ist Neustadt a. d. Waldnaab flächenmäßig der drittgrößte Landkreis in der Oberpfalz – nach Cham und Schwandorf. Unter den einundsiebzig Landkreisen Bayerns nimmt er den achten Platz in diesem

Das Landkreiswappen zeigt einen rot gekrönten und bewehrten goldenen Löwen, drei goldene Sterne und einen blauen Balken. Diese Symbole stehen für drei ehemals bedeutende Herrschaftsträger im Kreisgebiet: Der goldene Löwe auf schwarzem Grund erinnert an die pfälzischen Linie der Wittelsbacher; die drei goldenen Sterne in Blau repräsentieren die Fürsten von Lobkowitz und der blaue Balken steht für die Landgrafen von Leuchtenberg, die eine große Rolle in der Geschichte des Landkreises spielten. Dieses Wappen wurde bereits 1954 vom Innenministerium verliehen und wurde bei der Gemeindegebietsreform 1972 beibehalten.

Ranking ein. Bei den Einwohnern ist er der zweitkleinste in der Oberpfalz, nach Nachbar Tirschenreuth.

Bei den Wahlen 2008 schafften sechs Parteien bzw. Gruppierungen den Einzug in den Kreistag: CSU (28 Sitze), SPD (17), Freie Wähler (7), FDP/Unabhängige Wähler (3), ÖDP (3) und Grüne (2).

Wolfgang Benkhardt

Sechzig Kreisräte haben im Kreistag Sitz und Stimme. Meist tagt das Gremium in der Neustädter Stadthalle, da der Landkreis keinen eigenen Sitzungssaal hat, der groß genug wäre, all die Kreisräte aufzunehmen.

SCHULE DARF AUCH SPASS MACHEN

Zuerst das Notwendige, dann das Nützliche und zuletzt das Angenehme: Nach diesen Prinzipien wird alljährlich bei der Haushaltsdebatte gehandelt. Quer durch alle Fraktionen und Gruppierungen herrscht dabei im Kreistag Einigkeit, dass wichtige Ausgaben für die Schulen immer unter die Rubrik „Notwendiges" fallen. In die Bildung investiert der Landkreis sehr

Stolz ist die Neustädter Lobkowitz-Realschule auf ihre sportlichen Aktivitäten, an denen sich auch schon mal die Lehrer beteiligen, so zum Beispiel beim Nordoberpfälzer-Firmenlauf, kurz NOFI-Lauf genannt. Das Bild links oben zeigt Realschuldirektor Johannes Koller mit dem Lehrerteam. Die Realschule in Vohenstrauß ist – schon allein wegen der Grenznähe – um internationale Kontakte bemüht. Beim Comenius-Projekt war auch der Jakobsweg ein Thema (links Mitte). Wichtig ist eine zeitgemäße Ausstattung mit Computern, ohne die im Berufsleben (fast) gar nichts mehr geht. Das Bild links unten zeigt einen Computerraum der Wirtschaftsschule in Eschenbach.

viel Geld und auch jede Menge Herzblut. Der Landkreis ist Sachaufwandsträger für zehn Schulen: die Gymnasien in Eschenbach i. d. OPf. und in Neustadt a. d. Waldnaab, die Realschulen in Vohenstrauß und Neustadt a. d. Waldnaab, die Wirtschaftsschule in Eschenbach i. d. OPf., das Staatliche Berufliche Schulzentrum in Neustadt a. d. Waldnaab sowie die Sonderpädagogischen Förderzentren in Neustadt a. d. Waldnaab (St.-Felix-Schule) und Vohenstrauß, das Förderzentrum in Eschenbach i. d. OPf. und die Landwirtschaftsschule in Weiden i. d. OPf. Zwar außerhalb der Zuständigkeit, aber dennoch innerhalb des Landkreises, befindet sich die Berufsschule zur Sonderpädagogischen Förderung St.-Michaels-Werk e. V. in Grafenwöhr.

Wie attraktiv und vielseitig diese Bildungsstätten sind, zeigt die Tatsache, dass längst nicht nur Kinder, Jugendliche und junge Erwachsene aus dem eigenen Landkreis dort die Schulbank drücken. So ist zum Beispiel das Gymnasium in Neustadt a. d. Waldnaab die einzige Oberschule in der Region, die auch einen musischen Zweig anbieten kann. Einen großen Einzugsbereich hat auch das Staatliche Berufliche Schulzentrum. Dort sind die Fachbereiche Landwirtschaft, Hauswirtschaft/ Ernährung und Versorgung, Kinderpflege, Sozialpflege und ganz neu eine Ausbildung zu staatlich geprüften Assistenten für Ernährung und Versorgung unter einem Dach vereint. Eines haben alle Schulen gemein: Sie wollen nicht nur Stoff vermitteln, sondern fit für das Leben machen, was sich in zahlreichen fächerübergreifenden Aktivitäten und Aktionen, auch außerhalb des normalen Stundenplans niederschlägt.

Das Staatliche Berufliche Schulzentrum in der Kreisstadt bietet viele verschiedene Fachbereiche aus. Einer davon ist die Hauswirtschaft (rechts oben). Ein Aushängeschild des musischen Zweigs am Neustädter Gymnasium ist die Bigband der Bildungsstätte (rechts Mitte). Im Eschenbacher Gymnasium hat das Schultheater eine lange Tradition. Das Bild rechts unten zeigt das Ensemble beim Schlussapplaus nach einer Aufführung des Klassikers „Die Räuber" von Friedrich Schiller. Trist und grau ist der Schulalltag an den Bildungsstätten des Landkreises eher selten. Die St.-Felix-Schule bringt dies durch ihre farbenfrohe Fassadengestaltung auch optisch zum Ausdruck (unten Mitte).

11

Auch außerhalb der Schulhofmauern wird dabei einiges für junge Leute getan und auf die Beine gestellt. Eines der ungewöhnlichsten Projekte ist hier mit Sicherheit das „Fifty-Fifty-Taxi" des Kreisjugendrings Neustadt. Das Angebot richtet sich an Jugendliche und junge Erwachsene im Alter von vierzehn bis einundzwanzig Jahren, die im Landkreis wohnen. Dabei können Taxigutscheine zum halben Preis des Nennwertes gekauft werden. Dies bedeutet, wenn jemand Tickets im Wert von vierzig Euro kauft, müssen nur zwanzig Euro bezahlt werden. Die andere Hälfte wird von Sponsoren übernommen. Dabei kann ein Jugendlicher pro Monat maximal Karten im Wert von fünfzig Euro kaufen. Sie gelten am Freitag, Samstag und vor Ferien und Feiertagen ab 18 Uhr. Weiterhin muss entweder der Einstiegs- oder der Zielort der Fahrt im Landkreis liegen. Mit dieser Aktion soll dazu beigetragen werden, dass Jugendliche abends sicher nach Hause kommen und die Zahl von Unfällen nach Party- oder Discobesuchen vermindert wird.

ENGAGEMENT UND IDEEN FÜR JUNGE LEUTE

Als einziges Mitglied Deutschlands in der internationalen Jugendorganisation Operation Friendship International hält der Kreisjugendring internationale Jugendbegegnungsmaßnahmen mit anderen Mitgliedsländern ab. Ziel der 1965 von dem amerikanischen Pfarrer Wally Shaw, der in Glenrothes in Schottland tätig war, ins Leben gerufenen Organisation ist es, junge Menschen aus verschiedenen Ländern zusammenzubringen, die internationale Freundschaft und das Verständnis zwischen Jugendlichen sowohl fremder Länder wie auch des eigenen Landes zu fördern und ihnen die Möglichkeit zu geben, andere Kulturen kennenzulernen und Freundschaften in der ganzen Welt zu schließen. Auf der Suche nach einem Austauschpartner in Großbritannien fand der damalige Kreisjugendpfleger Gerd Näger die Adresse von Operation Friendship und schickte daraufhin 1972 eine erste Gruppe nach Schottland. Im Herbst 1978 gründete sich dann die Arbeitsgruppe Operation Friendship Bavaria im Kreisjugendring Neustadt a. d. Waldnaab. Bis heute kümmern sich deren Mitglieder um die Maßnahmen, während die Geschäftsstelle des Kreisjugendrings vor allem die finanzielle Regelung übernimmt. Die Gründungsmitglieder Karl Prell und Gerhard Steiner sind

Ungemein beliebt sind die Austauschprogramme des Kreisjugendrings. Bei den Besuchen lernen die Teilnehmer Land und Leute kennen (oben). Als in Neustadt noch Glas geblasen wurde, gehörte ein Besuch am Schauglasofen der „Altbayerischen Krystallglashütte" zum Pflichtprogramm der Besuche (oben). „Kinder schreiben Geschichten", unter diesem Motto kombiniert das Kreisjugendamt alljährlich den Vorlesewettbewerb mit einem Autorenwettbewerb für Kinder (links unten). Eine wichtige Einrichtung für junge Leute ist die Stützelvilla (rechts).

auch heute noch tätig. Seit 1995 ist diese internationale Jugendbewegung auch Mitglied bei den Vereinten Nationen in New York. Der Austausch findet im zweijährigen Turnus statt. Dies bedeutet, dass in einem Jahr die internationalen Gäste in Gastfamilien im Landkreis untergebracht sind. Dadurch haben die teilnehmenden deutschen Jugendlichen auch das Vorrecht des Reisens in das entsprechende Partnerland im Jahr darauf. Es finden Begegnungen mit den USA, Ungarn, Estland, Serbien und der Ukraine statt.

Es werden aber auch mit weiteren Mitgliedsländern wie Nordirland, Schottland oder Wales immer wieder Maßnahmen organisiert. Die Jugendlichen werden in Gastfamilien im Landkreis untergebracht, damit sie Land und Leute besser kennenlernen. Die Wochenenden stehen den Familien zur freien Verfügung, während sich der Arbeitskreis um das gemeinsame Tagesprogramm kümmert. Dazu gehören Besuche von Betrieben im Landkreis, aber auch Wanderungen.

Eng mit der Jugendarbeit verbunden ist auch die Stützelvilla in Windischeschen-

bach, ein schlossähnliches Gebäude, das im Jugendstil erbaut worden ist. Es bietet allen Jugendgruppen, Verbänden, Schulen, Firmen und vielen anderen Gruppen die Möglichkeit, Konferenzen, Tagungen, Ferienmaßnahmen, Azubi-Seminare und Kurse aller Art abzuhalten. In stilvoller Umgebung finden die Besucher einen optimalen Rahmen für neue Kontakte und Begegnungen: ein idealer Platz für Diskussionen, Gedanken- und Erfahrungsaustausch.

Das Haus repräsentiert ein Stück Industriegeschichte der Region. Die Villa wurde nämlich für einen Glasfabrikanten erbaut. Kommerzienrat Christian Winkler, dem die Tafel- und Spiegelglasfabrik Winkler & Sohn gehörte, ließ 1887/1888 das Gebäude errichten. Er schuf damit einen modernen Gegenpol zur Burg, die etwa höhengleich von Neuhaus ins Waldnaabtal grüßt. Die im Stil der Neorenaissance erbaute Villa, die nach Winklers Schwiegersohn, Betriebsleiter Kommerzienrat Eduard Stützel, benannt ist, zeichnet ein quadratischer Baustil aus. Die Jugendstilelemente im Inneren des Repräsentations- und Wohngebäudes wurden später ergänzt.

Als die Geschäfte des Unternehmens nicht mehr so gut liefen, wurde die Villa zweckentfremdet. Die Stadt Windischeschenbach erwarb das Denkmal. Die Stützelvilla wurde Schulungszentrum der Reichswehr, beherbergte die NSDAP-Kreisleitung, diente als Feldlazarett, Polizeischule und Übergangswohnheim für Heimatvertriebene. Das Gebäude wurde immer mehr heruntergewirtschaftet und war schließlich für Windischeschenbach eine finanzielle Belastung. Sogar ein Abriss stand im Raum.

1979 schenkte die Stadt das geschichtsträchtige Gebäude dem Landkreis Neustadt a. d. Waldnaab, der es umbaute, sanierte und daraus ein Jugendtagungshaus mit neunundsechzig Betten, Tagungs-, Gruppen- und Kreativräumen machte, das seit 1984 unter der Betriebsträgerschaft des Kreisjugendrings steht. Das Gebäude kann von Jugendgruppen und für Tagungen gebucht werden. Im Sommer finden im Park Veranstaltungen statt, 2012 war der rund ein Hektar große Park sogar Schauplatz des jährlichen Kinderfestes des Bayerischen Ministerpräsidenten.

Gerhard Steiner

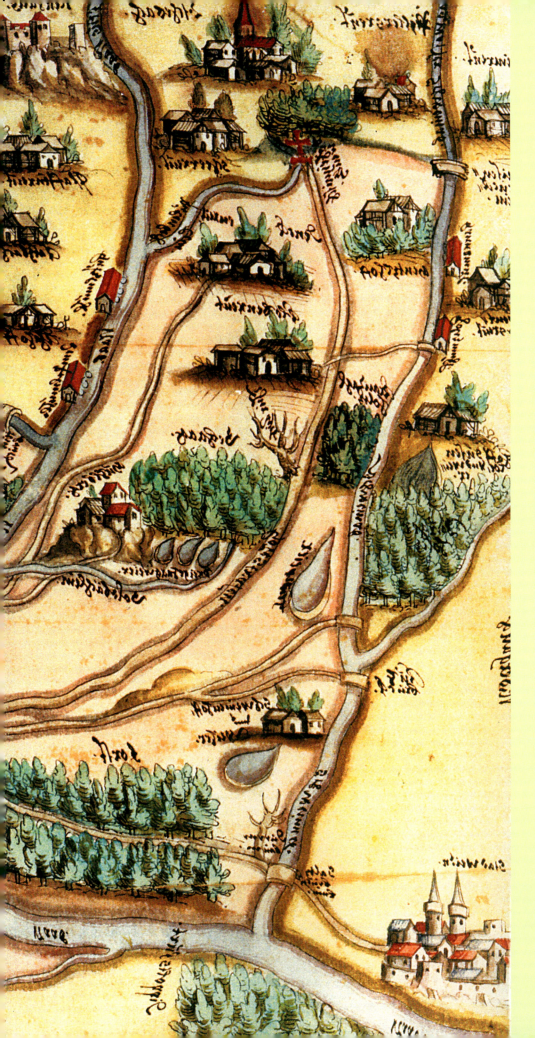

GESCHICHTE DES LAND-KREISES

Der Landkreis Neustadt a. d. Waldnaab ist aus dem Nordgau hervorgegangen. 1803, nach der Zeit der Napoleonischen Kriege, wurde durch die Neustrukturierung der Landgerichte die Grundlage für die drei Altlandkreise Eschenbach, Vohenstrauß und Neustadt a. d. Waldnaab gelegt. Bei der Gebietsreform 1972 wurde aus dem Kern dieser drei Gebietskörperschaften der Großlandkreis Neustadt a. d. Waldnaab gebildet.

Die Lage am Grenzkamm des bayerischböhmischen Gebirgsmassivs hat dabei immer wieder die Geschichte dieses Landstrichs nachhaltig beeinflusst. Früher, als sich bei der Siedlungstätigkeit hier Slawen und Bajuwaren friedlich miteinander vermischten, später, als die Territorialherren viele Berge mit stolzen Burgen bestückten; nicht vergessen sollte man dabei die Hussiteneinfälle sowie die Plünderungen und durchziehenden Truppen im Dreißigjährigen Krieg, die große Not und großes Elend über die Bevölkerung brachten. Zuletzt endete hier die westliche Welt an einem rostigen Stacheldraht.

Karte aus der Zeit der Lobkowitzer aus dem Staatsarchiv Prag.

Die Zeit vor umfangreicheren schriftlichen Aufzeichnungen wird gemeinhin als „Vorgeschichte" oder „Urgeschichte" bezeichnet. Eine erste systematische Unterscheidung prähistorischer Perioden veröffentlichte der Däne Christian Jürgensen Thomsen (1788–1865) im Jahre 1837. Er unterschied noch recht grob lediglich zwischen Stein-, Bronze- und Eisenzeit. Die Benennung dieser Abschnitte erfolgte nach dem jeweils gebräuchlichsten Werkstoff für „Waffen und schneidende Geräthschaften". Heute gliedert man die Steinzeit in unserem Gebiet in Paläolithikum (Altsteinzeit), Mesolithikum (Mittelsteinzeit) und Neolithikum (Jungsteinzeit) auf, wobei die Menschen der erstgenannten Abschnitte ihren Lebensunterhalt durch die Jagd, den Fischfang und das Sammeln bestritten. Ab dem Neolithikum hingegen setzten sich Ackerbau und Viehzucht durch. Die Bronzezeit zerfällt in die Frühe, die Mittlere und die Späte Bronzezeit. Letztere wird nach dem vorherrschenden Grabbrauch auch als Urnenfelderzeit bezeichnet. Namengebend für den älteren Abschnitt der Eisenzeit wurde das im Jahre 1846 entdeckte Gräberfeld von Hallstatt in Oberösterreich, während die jüngere Eisenzeit, die mit den historischen Kelten in Zusammenhang zu bringen ist, nach dem bedeutenden Fundort La Tène in der Schweiz benannt wird.

Der äußerst einflussreiche Prähistoriker Paul Reinecke (1872–1952) hatte in einem 1930 veröffentlichten Aufsatz die Ansicht vertreten, die naturräumlichen Gegebenheiten Nordostbayerns wären so ungünstig gewesen, dass der vorgeschichtliche Mensch hier nicht hätte siedeln können. Die spärlichen Funde wollte er allenfalls als Indizien für kurze Aufenthalte oder den „Verkehr von Land zu Land" gelten lassen. Erst in den sechziger Jahren des 20. Jahrhunderts gelang es engagierten Lokalforschern, diese gleichsam zementierte Meinung aufzuweichen. Durch intensive Suche konnten zuerst Gerhard Zückert und Siegfried Poblotzki die längerfristige Anwesenheit steinzeitlicher Menschen um

LANDKREIS IN GRAUER VORZEIT

Edeldorf und Pleystein nachweisen. Im Folgenden sollen die im Landkreis vorkommenden archäologischen Funde anhand einiger ausgewählter Beispiele kurz besprochen werden.

Sogenannte „Jagdstationen" des letzten Abschnittes der Altsteinzeit, also des Spät- oder Endpaläolithikums (etwa 12 000–10 000 v. Chr.) stellen die ältesten archäologischen Zeugnisse in unserem Raum dar. An diesen Rastplätzen der Rentierjäger der ausgehenden Eiszeit finden sich gehäuft steinerne Geräte bzw. die Überreste von deren Herstellung, sogenannte „Kerne" und „Abschläge". Die Endprodukte selbst zeigen verschiedene Formen; man bezeichnet sie heute mit Spezialbegriffen wie „Klinge", „Spitze", „Rückenmesser", „Stichel" oder „Kratzer". Sie wurden zur Bewehrung von Jagdwaffen oder zur Bearbeitung von Fellen und Holz verwendet. Die Menschen dieser Zeit nutzten dazu verschiedene Rohmaterialien, die in unserer Gegend nicht vorkommen und folglich von weiter mitgebracht oder anderweitig – zum Beispiel durch Tausch – besorgt werden mussten, allen voran Jurahornstein, Kreidefeuerstein, Lydit und Keuperhornstein. Die Stationen liegen meist an den Flussläufen „erhöht über dem Wasser", wo sie „vor Überschwemmungen geschützt waren und zugleich einen guten Rundblick boten".

Einer der bedeutendsten der mittlerweile zahlreichen Fundplätze, die ehrenamtliche Helfer entdeckt haben, liegt im Landkreis bei Gröbenstädt in der Gemeinde Moosbach. Er wurde von Werner Schönweiß sogar als „eine der fund- und typenreichsten Stationen Nordbayerns" bezeichnet.

In der auf das Endpaläolithikum folgenden Mittelsteinzeit (circa 10 000–5500 v.

Einer der frühesten frühmittelalterlichen Grabfunde im Landkeis befindet sich bei Eichelberg in der Nähe von Pressath. Dort, auf einem Südhang über dem Tal der Haidenaab, stieß ein Knecht in den 1870er Jahren beim Lehmstechen auf die ersten Gebeine am Eichelberger Marterrangen.

Chr.) hatten sich das Klima und infolgedessen auch Flora und Fauna verändert: Es „breitete sich dichter Wald mit Tieren wie Wildschwein, Reh, Hase, Rothirsch und Wildrind aus". Die steinernen Geräte, die die Menschen dieses Abschnittes verwendeten, waren sehr klein, weshalb sie den Namen „Mikrolithen" erhielten. Diese wurden zur Bewehrung von Jagdwaffen wie Pfeilen und Harpunen verwendet. Zum Teil finden sich die winzigen Artefakte an den schon im Endpaläolithikum aufgesuchten Plätzen.

Das Neolithikum – die Jungsteinzeit – war die erste durch Ackerbau, Viehzucht und Sesshaftigkeit geprägte Epoche und dauerte in Süddeutschland etwa von 5500 v. Chr. bis 2200 v. Chr. Neben tönernen Gefäßen traten jetzt auch geschliffene Steinartefakte auf. Bislang kennen wir aus dem Landkreis Neustadt a. d. Waldnaab lediglich Vertreter der letztgenannten Fundgattung. Zu nennen sind hier beispielsweise ein 1928 bei Roggenstein gefundenes Steinbeil, eine 1963 in der Gegend von Luhe aus der Naab ausgebaggerte Steinaxt und ein 1964 südöstlich von Grafenwöhr gefundenes Steinbeil, um das sogar vor Gericht gestritten wurde. Es lässt sich bis heute leider nicht entscheiden, ob diese einzeln gefundenen Stücke als Verluste, absichtliche Deponierungen oder tatsächlich als Indizien für regelrechte neolithische Siedlungstätigkeit zu werten sind.

In der Bronzezeit setzte sich eine neue Technik durch: Waffen, Geräte und auch Schmuck wurden nunmehr aus einer Legierung von Kupfer und Zinn – also Bronze – hergestellt. Diese Phase zerfällt in mehrere Abschnitte, für die hier kurz einige Kennzeichen genannt werden sollen. In der Frühen Bronzezeit (circa 2200–1600 v. Chr.) wurde zum Teil noch mit dem Metall experimentiert. Die Toten wurden auf der Seite liegend, mit angewinkelten Armen und Beinen in teils sehr tiefen Grabgruben bestattet. In der Mittel- oder Hügelgräberbronzezeit (circa 1600–1300 v. Chr.) wurden die Verstorbenen meist in ausgestreckter Rückenlage auf ebener Erde beigesetzt, weniger häufig wurden die Toten verbrannt. Über diesen Gräbern errichtete man aus Steinen und Erde Grabhügel. Die Leichenverbrennung nahm in der Späten Bronzezeit (circa 1300–780 v. Chr.) stark zu. Die Asche und die Grabbeigaben bestattete man in Urnengräbern, die in großen Friedhöfen zusammenliegen, weshalb dieser Abschnitt auch Urnenfelderzeit genannt wird.

Walter Torbrügge konnte in seiner monografischen Darstellung der Bronzezeit in der Oberpfalz aus dem Jahre 1959 aus den Altlandkreisen Eschenbach, Neustadt und Vohenstrauß insgesamt nur zwei Objekte mit sicherer Ortsangabe auflisten, doch haben sich seither neue Funde aus der

Bronze- und Urnenfelderzeit dazugesellt. Erwähnt werden sollen hier ein 1982 bei Obersdorf gefundenes Lappenbeil, ein von Siegfried Poblotzki 1986 bei Burgtreswitz aufgelesenes Bronzemesser, zwei ebenfalls aus der Umgebung von Burgtreswitz stammende Beile sowie ein Lappenbeil von Weiherhammer. Augenfällig scheint hierbei die kleine „Fundkonzentration" um Burgtreswitz, für die noch keine konkrete Erklärung gefunden werden konnte. Hinzu kommen erste von den Feldern aufgelesene bronze- und urnenfelderzeitliche Keramikscherben.

Besondere Bedeutung haben die Ergebnisse der in den letzten Jahren von Hans Losert und seinem Team auf dem Rauhen

Die Scherben dieser zusammengesetzten Urne wurden bei Lohma gefunden. Neben hallstattzeitlichen Keramikfunden entdeckte man auch feinste Spuren von Leichenbrand. Das Bronzebeil oben ist ein Fund aus der Gegend von Burgtreswitz.

Kulm vorgenommenen Grabungen. Hierbei konnten unter anderem Siedlungsphasen der Frühbronze- und der Urnenfelderzeit nachgewiesen werden. In diesem Zusammenhang ist von Interesse, dass auch vom Parkstein mittlerweile spätbronzezeitliche Keramik bekannt ist.

Wie bereits angedeutet, setzt sich in der Hallstattzeit der Gebrauch des Eisens durch. So werden etwa Schwerter, Messer etc. jetzt meist nicht mehr aus Bronze, sondern aus dem neuen Werkstoff hergestellt. Ein Vorteil des Materials liegt darin, dass Eisenerze nahezu überall verfügbar sind. Einen Nachteil stellt die relativ komplizierte Verhüttungstechnik (Erzeugung hoher Temperaturen etc.) dar.

Die Menschen der Hallstattzeit bestatteten ihre Verstorbenen nicht mehr wie in der Urnenfelderzeit in Flachgräbern, sondern in Grabhügeln. Die wirtschaftlichen Grundlagen dieser Zeit bildeten vor allem Ackerbau und Viehzucht. Aber auch elaborierte Handwerkstechniken (Weberei, Bronzeblecharbeiten, Eisenverarbeitung), Bergbau (z. B. auf Salz) und Handel dürften eine nicht unbedeutende Rolle gespielt haben. Zwar galt das bayerisch-böhmische Grenzgebiet in unserem Raum – vor allem aufgrund seiner klimatischen Ungunst – bislang auch in der Hallstattzeit als nahezu fundleer, dennoch erkannte der Heimatforscher Siegfried Poblotzki aus Pleystein 1989, dass es sich bei den drei im Wald nahe Lohma in einer Reihe gelegenen Erhebungen um Grabhügel handeln könnte. Da die Lage des kleinen Friedhofes nicht auf den Verlust weiterer Gräber durch

Land- oder Forstwirtschaft schließen lässt, kann davon ausgegangen werden, dass die Hügelgruppe seit jeher nur aus den drei heute vorhandenen Tumuli bestand.

Während die beiden äußeren Hügel noch sehr gut erhalten waren, wurde der mittlere von einem forstwirtschaftlichen Weg gequert. Aufgrund dieser, das Denkmal gefährdenden Situation begann das Bayerische Landesamt für Denkmalpflege auf Anregung des Kreisheimatpflegers Peter Staniczek 1990 mit einer ersten Sondage, die durch die neunte Klasse der Hauptschule Vohenstrauß unterstützt wurde.

Im Bereich des Weges wurden mehrere Plana abgetieft, wobei man auf die Reste einer etwa vier mal vier Meter messenden Steinpackung stieß, die jedoch vorerst keine Funde freigab. Während einer weiteren Grabung 1991 konnten erste hallstattzeitliche Keramikfragmente sowie feinste Spuren von Leichenbrand geborgen werden, die vielleicht einer Nachbestattung zuzurechnen sind. In einer dritten – nunmehr personell wie finanziell wesentlich besser ausgestatteten – Kampagne wurde der Tumulus flächig untersucht. In der Hügelmitte zeigte sich unter der Steinpackung ein etwa drei mal drei Meter großer, durch verkohlte Holzbalken gleichsam eingerahmter Bereich, der eine Brandfläche, Leichenbrandschüttungen sowie Gefäßdeponierungen enthielt. Außerhalb des durch die Balken eingefassten Areals zeigten sich weitere Brandstellen bzw. Asche-/Holzkohlekonzentrationen. In der Hügelmitte hatte sich ursprünglich wohl der Scheiterhaufen befunden, der nach der Verbrennung der

Leiche offenbar „weggeräumt" wurde. Den aus dem Scheiterhaufen aussortierten Leichenbrand legte man – zusammen mit den Beigabengefäßen – in drei getrennten Deponierungen auf der Brandfläche nieder, was eventuell als Hinweis auf eine Mehrfachbestattung gewertet werden könnte. Im Osten der untersuchten Fläche trat zudem eine kleine Nachbestattung in Form eines lediglich von einem kleinen Gefäß begleiteten Brandgrabes zutage. Bisherige Keramikvergleiche legen eine Datierung des Hügels in die Stufe Ha D (circa 600–450 v. Chr.) nahe. Weitere Hallstattfunde stammen beispielsweise aus einer Lesefundstelle bei Kirchendemenreuth.

Die jüngere vorrömische Eisenzeit oder Latènezeit (circa 450 v. Chr.–Chr. Geburt) wird gemeinhin mit den Kelten in Verbindung gebracht, über die wir erste historische Aufzeichnungen besitzen und deren bedeutendste archäologische Hinterlassenschaft in Bayern das bekannte Oppidum von Manching ist.

Als wichtigste Fundstelle im Landkreis Neustadt darf wohl der Rauhe Kulm bezeichnet werden. Die bisherigen Grabungen, die im Rahmen des Projektes „Die Oberpfalz und ihre Nachbarregionen im frühen und hohen Mittelalter" ausgeführt wurden, erbrachten reichhaltiges und qualitätvolles Fundmaterial aus dem Frühlatène. Hierzu zählen die Bruchstücke

vielfarbiger Glasperlen sowie Scherben scheibengedrehter und kunstvoll verzierter Tongefäße. Funde der frühen Latènezeit konnten beispielsweise auch in der Umgebung von Etzenricht aufgelesen werden. Eine Grabung auf dem Netzaberg erbrachte mehrere Siedlungsgruben, die ebenfalls Keramikfragmente dieser Zeitstellung enthielten.

Fazit: Paul Reineckes These von weitgehender Siedlungsleere in unserem Gebiet in vorgeschichtlicher Zeit ist nicht aufrechtzuerhalten. Mittlerweile liegen aus dem Landkreis Neustadt a. d. Waldnaab zahlreiche Funde vor, die nahezu alle Zeitstufen der Prähistorie repräsentieren. Diesen Wissenszuwachs verdanken wir in erster Linie der unermüdlichen Tätigkeit begeisterungsfähiger Heimatforscher.

Mark Schmidt

Auch in der Gegend von Neustadt am Kulm gab es bereits früh Menschen. Bei Mockersdorf (Bild) sowie bei der Kirchenruine auf dem Barbaraberg sind ebenfalls uralte Grabanlagen freigelegt worden. Das Steinbeil oben links wurde in der Gegend von Pfrentsch entdeckt und stammt aus der Jungsteinzeit.

Verzeichnis der abgekürzt zitierten Literatur:

Bück, Stephan et al., Wie die Bayern Bauern wurden – Das Neolithikum. In: Sommer, C. Sebastian (Hrsg.), Archäologie in Bayern. Fenster zur Vergangenheit (Regensburg 2006) 54–75.

Eggers, Hans-Jürgen, Einführung in die Vorgeschichte 3 (München 1986).

Eggert, Manfred K. H., Prähistorische Archäologie. Konzepte und Methoden. Uni-Taschenbücher 20923 (Tübingen/Basel 2008).

Eggert, Manfred K. H./Samida Stefanie, Ur- und Frühgeschichtliche Archäologie. Uni-Taschenbücher 3254 (Tübingen/Basel 2009).

Engelhardt, Bernd et al., Der lange Weg in eine neue Gesellschaft – Die Kupferzeit. In: Sommer, C. Sebastian (Hrsg.), Archäologie in Bayern. Fenster zur Vergangenheit (Regensburg 2006) 76–99.

Feldmann, Sven, Welt im Wandel – Das Spätpaläolithikum. In: Sommer, C. Sebastian (Hrsg.), Archäologie in Bayern. Fenster zur Vergangenheit (Regensburg 2006) 44–46.

Feldmann, Sven, Jäger des Waldes – Das Mesolithikum. In: Sommer, C. Sebastian (Hrsg.), Archäologie in Bayern. Fenster zur Vergangenheit (Regensburg 2006) 46–52.

Kromer, Karl, Das Gräberfeld von Hallstatt. Assoc. Internat. Arch. Class. Monogr. 1 (Firenze 1959).

Poblotzki, Siegfried, Schon in der Steinzeit Spuren menschlichen Lebens. In: Landkreis Neustadt a. d. Waldnaab (Hrsg.), Heimat. Landkreis Neustadt a. d. Waldnaab (Amberg o. J. [1993]) 53–64.

Raßhofer, Gabriele, Bemerkungen zur vorgeschichtlichen Archäologie im Landkreis Neustadt a. d. Waldnaab. In: Stadt Grafenwöhr (Hrsg.), Chronik der Stadt Grafenwöhr. 650 Jahre Stadt Grafenwöhr 1361–2011 (Pressath 2011) 11–29.

Reinecke, Paul, Die Grenzen vor- und frühgeschichtlicher Besiedlung Nordbayerns. Bayer. Vorgeschfreund 9, 1930, 3–16.

Rieckhoff, Sabine/Biel, Jörg, Die Kelten in Deutschland (Stuttgart 2001).

Schaich, Martin, Ein hallstattzeitlicher Grabhügel bei Lohma. Das archäologische Jahr in Bayern 1992, 77–80.

Schaich, Martin, Die Ausgrabung eines hallstattzeitlichen Grabhügels im oberpfälzisch-böhmischen Grenzgebiet. In: Rind, Michael M./Schmotz, Karl/Zápotocká, Marie (Hrsg.), Archäologische Arbeitsgemeinschaft Ostbayern/West- und Südböhmen. 3. Treffen. 16. bis 19. Juni 1993 in Kelheim. Resümees der Vorträge (Buch a. Erlbach 1994) 37–44.

Schönweiß, Werner, Letzte Eiszeitjäger in der Oberpfalz. Zur Verbreitung der Atzenhofer Gruppe des Endpaläolithikums in Nordbayern (Pressath 1992).

Sommer, C. Sebastian (Hrsg.), Archäologie in Bayern. Fenster zur Vergangenheit (Regensburg 2006).

Staniczek, Peter, Beile aus der Bronzezeit. In: Heimatmuseum Vohenstrauß. Ausstellungskatalog. Streifzüge 15, 1995 = Informationen der Kreisheimatpfleger des Landkreises Neustadt a. d. Waldnaab 3, 1995 (Vohenstrauß 1995) 107–109.

Thomsen, Christian Jürgensen, Kurzgefaßte Übersicht über Denkmäler und Alterthümer aus der Vorzeit des Nordens. In: Leifaden zur zur Nordischen Alterthumskunde, hrsg. von der königlichen Gesellschaft für Nordische Alterthumskunde (Kopenhagen 1837) 25–93.

Torbrügge, Walter, Die Bronzezeit in der Oberpfalz. Materialh. Bayer. Vorgesch. 13 (Kallmünz 1959).

Torbrügge, Walter, Die Hallstattzeit in der Oberpfalz. I. Auswertung und Gesamtkatalog. Materialh. Bayer. Vorgesch. A 39 (Kallmünz 1979).

Torbrügge, Walter, Die Urnenfelderzeit in Nordbayern. In: Brun, Patrice/Mordant, Claude (Hrsg.), Le groupe Rhin-Suisse-France orientale et la notion de civilisation des Champs d'Urnes. Actes Coll. Internat. Nemours 1986. Mém. Mus. Préhist. d'Ile-de-France 1 (Nemours 1988) 17–31.

Vouga, Paul, La Tène. Monographie de la Station (Leipzig 1923).

Weiß, Rainer-Maria, Die Hallstattzeit in Europa. In: Menghin, Wilfried (Hrsg.), Hallstattzeit. Die Altertümer im Museum für Vor- und Frühgeschichte 2 (Berlin 1999) 7–22.

MITTELALTER SCHENKT UNS SCHÖNE BURGEN

In unserer Region beginnt der Burgenbau wohl im 10. Jahrhundert, der Zeit der Ungarnstürme. Es entstehen zum Schutz zahlreiche Burgen auf dem Nordgau, deren Befestigung aus Erdwällen besteht. Vorher war der Burgenbau ein königliches Regal, das heißt, Burgen durften nur durch den König oder in seinem Auftrag gebaut werden. Nun geht das Recht auch auf den Adel und die Kirche über.

Dass die Angst vor den Ungarn berechtigt war, geht aus einer Notiz des Regensburger Klosters St. Emmeram hervor, in der zum Jahr 948 eine „Occisio paganorum ad flozzun" erwähnt wird, was heute landläufig übersetzt wird mit „der bayerische Herzog besiegt die Ungarn bei Floß".

Ein Jahr später treffen die Heere wieder aufeinander, diesmal an der Luhe, aber mit umgekehrtem Ausgang. Erst nach dem entscheidenden Sieg des Königs über die Ungarn auf dem Lechfeld bei Augsburg im Jahre 955 kehrt vorerst wieder Ruhe ein. Kaiser Otto I. (König 936–973, Kaiser 962) vergibt im Jahr 950 die Markgrafschaft auf dem Nordgau (darunter die heutige Oberpfalz) an die Babenberger. Sie erweitern den archäologisch bis in die karolingische Zeit zurück nachweisbaren Burgsitz in Sulzbach, der sich früh zu einem bedeutenden Herrschaftssitz entwickelt.

Im Jahr 1003 besiegt Heinrich II. (Herzog v. Bayern 995–1004, König 1002–1024, Kaiser 1014) den Markgrafen des baierischen Nordgaus, Heinrich (Hezilo) von Schweinfurt. Dieser hatte sich gegen den König gewandt, weil er sich als Lohn für seine Treue die bayerische Herzogswürde erhofft hatte, die aber letztendlich an den Bruder der Königin Kunigunde vergeben wurde. Infolge seines Sieges lässt der König unter anderem dessen Burgen niederreißen. Der Kaiser teilt danach die Grafschaft auf dem Nordgau neu ein. Nutznießer ist Berengar, der Stammvater der Grafen von Sulzbach, die seither im Nordgau tonangebend sind. Sie gehören dem Hochadel an und sind eng mit dem Königshaus verbunden.

Im 11. Jahrhundert entwickelt sich ein neuer Burgentyp, der hochmittelalterliche Turmhügel oder auch Motte. Diese wurden durch den niederen Adel errichtet, künstlich aufgeworfene Hügel mit umgebendem Wall und Graben, darauf ein Wohnturm aus Holz. Wohn- und Wirtschaftsgebäude des Grundherrn und seiner Leute liegen meist in unmittelbarer Nähe, ebenfalls von Wall und Graben umgeben. Sie dienten der Befestigung neu besiedelter Gebiete und der Sicherung bestehender Altstraßen. Ein schönes Beispiel dafür finden wir bei Waldau (Stadt Vohenstrauß) an der Straße nach Obertresenfeld.

Hier beim „Schanzel" kreuzten sich an einer alten Furt des Löhlbaches mehrere Altstraßen. So führte von Weiden eine Böhmenstraße über Letzau, Albersrieth, das Schanzel, Altenstadt, Vohenstrauß und Eslarn ins böhmische Weißensulz und von West nach Ost eine weitere frühmittelalterliche Fernstraße von Franken über Sulzbach, Luhe, Waldau und Waldthurn nach Böhmen, die „alte Heerstraße". 1396 wird erstmals ein Heinrich von Dressenvelt als Besitzer des „gesess zu Dressenveld mit seiner zugehörung" in einem Leuchtenberger Lehenbuch genannt.

Dieses geschützte Bodendenkmal wird in Unkenntnis seiner wahren Entstehung

Die Burgruine Flossenbürg gehört aufgrund ihrer Bauweise zu den spektakulärsten Burgen Deutschlands. Wunderschön ist die Aufteilung in Vor- und Kernburg sichtbar. Dahinter fällt der Schlossberg fast senkrecht ab: der ideale Schutz vor ungebetenen Gästen.

auch als Schwedenschanzel bezeichnet. Während des Dreißigjährigen Krieges sollen die Schweden es kurzzeitig als Stützpunkt benutzt haben. Schon 1639 werden Burgstall und Hofstatt als „ganz öde" bezeichnet. Schließlich sollen hier laut mündlicher Überlieferung die Pesttoten von Waldau begraben worden sein. Weitere Turmhügelburgen dieses oder ähnlichen Typs finden sich beispielsweise in Unternankau (Gemeinde Leuchtenberg), Rastenhof (Gemeinde Störnstein) und Engleshof (eingeebnet, Gemeinde Pirk).

Seit dem 12. Jahrhundert beginnt der mit Herrschaftsrechten ausgestattete Adel, seine festen Häuser zu wehrhaften Burgen auszubauen, und benennt sich auch nach ihnen, wobei die Grundworte -berg (Leuchtenberg, Tännesberg, Schellenberg), -burg (Burgtreswitz, Flossenbürg), -stein (Parkstein, Pleystein, Störnstein) und -haus (Neuhaus) typenbildend wurden. Die hoch- und spätmittelalterlichen Wehr- und Wohnbauten entstanden an schwer zugänglichen Plätzen im Landkreis als Höhenburgen.

Graf Berengar I. von Sulzbach (um 1080–1125) lässt um das Jahr 1100 die Burg Flossenbürg (castrum flozzen) errichten, eine der wichtigsten Burgen auf dem Nordgau. Die Ruine ist stolzes Wahrzeichen der Gemeinde Flossenbürg und des Naturparks Nördlicher Oberpfälzer Wald.

„Flossenbürg repräsentiert eine mehrteilige, vom Gipfel eines auffälligen Bergrückens hoch aufragende Burganlage, bestehend aus einer jüngeren, zweiteiligen Vorburg mit vorgelagertem Wehrturm und der älteren Kernburg auf steilem Felsriff. Letztere zählt aufgrund ihres Lagerplatzes sicherlich zu den spektakulärsten Burgen Deutschlands, kauert sie doch auf einer rundum fast senkrecht abfallenden, zwanzig Meter hohen Granitklippe, die kaum Platz lässt für mehr als ein Haus und den engen Vorbau. Weit reicht hier der Blick über das Umland und die Tschechei." (Zeune)

Bei einer weiteren Güterschenkung des Grafen Berengar von Sulzbach und Grafen von Floß – er hatte schon „1124 zwei Gutshöfe in der Nähe der in diesem Zusammenhang erstmals genannten Burg Floß dem von ihm gestifteten Kloster Berchtesgaden" geschenkt – im Jahr 1125 erscheint unter anderen Urkundenzeugen Heinrich von Parkstein als Ministerialer der Grafen von Sulzbach. (Sturm)

Parkstein zählt wohl zu den ältesten Burgen der Oberpfalz und wird 1052 anlässlich ihrer Zerstörung durch den Bayernherzog Konrad erstmals urkundlich erwähnt. Neu aufgebaut ist sie dann im Besitz der Grafen von Sulzbach.

Auch die Gründung der Burg Treswitz in der Gemeinde Moosbach geht höchstwahrscheinlich auf die Grafen von Sulzbach zurück. Nach dem Aussterben der Grafen von Sulzbach treten die Grafen von Ortenburg-Murach als Herrschaftsträger im Raum Moosbach und Burgtreswitz auf. „In einer Urkunde vom 8. März 1232 wird Pernold der Jüngere, ein Sohn des Pernold von Draewitz, ausdrücklich als Ministeriale der Grafen von Ortenburg bezeichnet." (Bernd)

Das Jahr 1188 kennzeichnet das Erlöschen der Dynastenfamilie der Sulzbacher Grafen im Mannesstamm, es ist zugleich der Beginn einer gewaltigen Machtveränderung im Nordgau. Die staufische Reichslandpolitik in der nördlichen Oberpfalz zielte auf eine territoriale Verbindung zwischen den Reichsländern um Nürnberg und um

Das Aussehen einer mittelalterlichen Turmhügelburg ist im Geschichtspark Bärnau im Nachbarlandkreis Tirschenreuth rekonstruiert. Da es sich bei diesen Burgen um Holzbauten handelte, sind von ihnen im Original nur noch Erdaufschüttungen sichtbar.

Eger ab. Kaiser Friedrich I. Barbarossa (1122–1190, 1152 König, 1155 Kaiser) erwarb von den Töchtern des letzten Grafen von Sulzbach, Gebhard III., unter anderem die Eigengüter Parkstein, Floß (1189) und Thurndorf. Aus dem Erbe bedienten sich auch die Grafen von Ortenburg, beispielsweise mit Burgtreswitz.

Weithin sichtbares Zeichen der burgenreichen Geschichte unserer Heimat ist die alte Ministerialenburg von Waldau, auf einem Serpentinfelsen über dem jüngeren Schloss gelegen. 1224 wird der erste seines Namens, „Vlricus de Waldauwe", urkundlich erwähnt (Bernd). Die Waldauer, stammesverwandt mit dem bedeutenden Ministerialengeschlecht der Waldthurner, waren sowohl Reichsministeriale als auch Dienstmannen der schon erwähnten mächtigen Grafen von Ortenburg-Murach. Um ihren Sitz bauten sie eine allodiale Rodungsherrschaft (= Eigenbesitz) aus, die mit der Blutgerichtsbarkeit ausgestattet war. Unter anderem besaßen die Waldauer auch die Vogtei über die Güter des Klosters Waldsassen in Albersrieth.

Die Herren von Waldau scheinen schon früh raue Gesellen gewesen zu sein, denn Heinrich von Waldau kam 1315 in den Kirchenbann, weil er bei einem Plünderungszug dem Kloster Waldsassen großen Schaden zugefügt hatte. Schon 1295 hatte er die Kirche zu Pirk beraubt und zerstört. Die Ritter Georg von Waldau und Sebastian von Waldau gehörten auch dem 1489 in Cham gegründeten Löwlerbund an, der sich gegen den bayerischen Herzog Albrecht IV. auflehnte.

Nach dem Tod des letzten Waldauers, Georg von Waldau (1545), wurde die Herrschaft von seinen Erben an die Wirsberger (bis 1632) verkauft.

„Wir Ulrich, Cunrad und Heinrich, Gebrüder von Waldau bekennen öffentlich mit diesem Brief, daß wir durch Gnad, Schirm und Fürderung mit dem Edlen unsern gnädigen Herrn, Herrn Johannsen, Burggrafen zu Nürnberg, um den Bau den wir tun wollen, übereinkommen ... und daß wir und unsere Erben mit derselben Veste, die wir bauen wollen, bei den Edlen unsern gnädigen Herrn Ulrich und Johannsen, Landgrafen zu Leuchtenberg u. ihren Erben bleiben und damit gewarten und dienen ewiglich." (Schmidbauer)

Mit diesem Huldigungsbrief an die Landgrafen von Leuchtenberg vom 23. August 1347 zeigten die Herren von Waldau auf Waldthurn den Baubeginn ihrer Burg auf dem Schellenberg an. Die Waldauer waren nach 1308 in den Besitz der Herrschaft Waldthurn gekommen. Im Laufe der Auseinandersetzungen zwischen Kaiser Ludwig IV. (1281–1347) dem Bayern und dem böhmischen König Karl IV. (1316–1378, 1347 König von Böhmen, 1355 Kaiser) hatten

Raue Gesellen lebten hinter den Mauern der Burg Schellenberg. Heute ist die im Wald versteckte, auf Granitfelsen errichtete Ruine ein beliebtes Wanderziel (links). Die Ruine Leuchtenberg (rechts) ist alljährlich eine beeindruckende Kulisse für die Burgfestspiele des Landestheaters Oberpfalz.

böhmische Truppen auch die Gegend um den Fahrenberg verwüstet. Die Waldauer wurden beauftragt, im gleichen Jahr auf dem Grund und mit Billigung des Klosters Waldsassen die Burg Schellenberg zum Schutz zu errichten. (Schmidbauer).

Wir finden die geheimnisvolle Burgruine Schellenberg, wenn wir den Ort Waldkirch bei Georgenberg ansteuern. Von der Planer Höhe wandern wir in etwa einer halben Stunde auf markiertem Weg ständig den Hang zum Grenzkamm hinauf, bis wir den Bergrücken mit seinen gewaltig aufgetürmten Granitblöcken (Wollsackbildungen) erreichen.

Auf einem der acht bis neun Meter hohen Blöcke (826 ü. NN) stehen die Reste des ehemaligen festen Hauses, früher wie heute über eine Holzbrücke mit dem nördlich gelegenen, ebenso ummauerten Hundsstein verbunden. Eine heute noch im Gelände erkennbare Ringmauer umrundete die Burgfelsen und bildete den Burghof. Vom Aussichtsturm im Inneren der Burgruine bietet sich ein fantastischer Ausblick, nicht umsonst deshalb der alte Name „Lug ins Land".

Auf dem Schlossberg von Tännesberg saßen Ministeriale (Dienstmannen) der Diepoldinger. Um 1150 wird ein Reginger de Tegenisperge sowie ein Otto de Tegenisperge urkundlich erwähnt. Die Diepoldinger gehörten Ende des 11. Jahrhunderts zu den einflussreichsten Adelsdynastien Bayerns und waren mit den Marken Cham und Nabburg auf dem Nordgau belehnt worden. In unserem Raum treten sie in Konkurrenz zu den Sulzbachern, sie erschließen den Nordwald von Nabburg aus, auch entlang der von Nürnberg nach Böhmen führenden Altstraße. Wittschau, Bernrieth, Lohma, Waidhaus und Tännesberg waren Sitze diepoldingischer Ministerialen. (Bernd)

Nach dem Tod Diepolds III. im Jahr 1146 verlieh König Konrad III. die Mark seinem Schwager Graf Gebhard III. von Sulzbach. Nachdem auch dieses Geschlecht 1188 ausstarb, traten die mit ihnen verschwägerten Grafen von Ortenburg deren Erbe an, u. a. auch in Murach und Tännesberg.

Der Landkreis umfasst eine große Zahl an Burgen, Burgruinen und Burgställen. Sie können in diesem Aufsatz nicht alle in der ihnen gebührenden Ausführlichkeit und Vollständigkeit dargestellt werden, viele sind nur noch als Bodendenkmäler im Gelände erkenn-

bar, andere nur noch archivalisch erfassbar. Die Vielfalt wird noch verkompliziert durch die Konkurrenz mehrerer mächtiger Dynastenfamilien, die unsere Region im Zuge verschiedener Phasen des Landesausbaus „im wilden Osten" erschlossen haben und auch wehrhaft verteidigten. Neben den schon erwähnten Herrschaftsgeschlechtern der Diepoldinger, Sulzbacher und Ortenburger dürfen aber die den Landkreis im Hoch- und Spätmittelalter dominierenden Leuchtenberger nicht unerwähnt bleiben.

Die Leuchtenberger, die sich nach ihrer Burg Leuchtenberg nannten, werden erstmals 1118 urkundlich erwähnt, Gebehardus de Lukenberge wird bei einer Schenkung als Zeuge genannt. Sie waren edelfreien Geschlechts und Vasallen (Lehensmänner, liberi homines) des Markgrafen Diepold III., gehörten also zur Führungsschicht der grafbaren Adelsfamilien (Hochadel). Sie steigen zu Landgrafen und Herzögen auf und werden im 15. Jahrhundert in den Fürstenstand erhoben.

Die Stammburg Leuchtenberg war Hauptsitz der Leuchtenberger bis zur Verlegung ihrer Residenz nach Pfreimd. Die Burg zählt zu den größten, schönsten, historisch bedeutsamsten und besterhaltenen Burgen der Oberpfalz. „Man sieht diese Burg schon vom Bahnzug aus auf der Fahrt zwischen Weiden und Wernberg. Da leuchtet sie drüben im Osten auf, auf einer fünfhundertdreiundsiebzig Meter hohen Bergkuppe, hundertsiebzig Meter über dem Tal der Luhe ste-

hend, groß und mächtig mit ihren Türmen, Mauern, Bastionen und Wällen, das Naabbergland in einer Art beherrschend, die in jedem Beschauer einen unvergesslichen Eindruck hinterlässt, noch bevor er den Fuß selbst in den Bereich der Burg gesetzt hat. Wartburg der Oberpfalz hat man die Burg Leuchtenberg schon genannt und nicht nur das, ein Burgenforscher der Oberpfalz von Rang und Namen hat sie sogar mit der weltberühmten Akropolis verglichen." (Sieghardt, 1958). Dem ist eigentlich an Überschwänglichkeit nichts hinzuzufügen.

Peter Staniczek

Weitere Informationen:
www.burgenwelt.de
www.flossenbuerg.de
www.heimat-now.de
www.taennesberg.de

Literatur:

Dieter Bernd, Historischer Atlas von Bayern: Vohenstrauß, 1977

Andreas Boos, Die Burgruine Flossenbürg, 1993 (dort weitere Informationen)

Georg Dehio, Handbuch der deutschen Kunstdenkmäler, Bayern V: Regensburg und die Oberpfalz, 1991

Richard Hoffmann u. Georg Hager, Die Kunstdenkmäler von Oberpfalz & Regensburg, VIII: BA Vohenstrauß, 1907

Karl Ochantel, Flurnamen um Tresenfeld bei Vohenstrauß, in Oberpfälzer Heimat, S. 114 ff., Weiden 1985

Ursula Pfistermeister, Burgen der Oberpfalz, 1976

Georg Schmidbauer, Die Geschichte der Herrschaft Waldthurn, in Festschrift „775 Jahre Waldthurn", 1992

Adolf Schuster: Geschichte der Gemeinde Flossenbürg, 1990

August Sieghardt, Oberpfälzer Wald – Landschaft, Geschichte, Kultur, Kunst, 1958

Heribert Sturm, Historischer Atlas von Bayern: Neustadt an der Waldnaab – Weiden, Nachdruck 2006

Wilhelm Volkert, Kleines Lexikon des Mittelalters: Von Adel bis Zunft, 1999

Joachim Zeune, Salierzeitliche Burgen in Bayern, in Burgen der Salierzeit, Teil 2, Thorbecke 1992

Gerd Zückert, Älteste Burgen, in Oberpfälzer Heimat, S. 11 ff., Weiden 1976

Die Burg Parkstein wird schon im 11. Jahrhundert erwähnt und ist damit eine der ältesten Burgen der Oberpfalz. Heute ist der Weg zum Gipfel, auf dem das Bergkircherl steht, als Kreuzweg gestaltet (oben). Die Burg Neuhaus ist vor allem wegen des ungewöhnlichen Butterfassturms (unten, links) sehenswert und beherbergt heute das Waldnaabtalmuseum des OWV.

Vor knapp siebenhundert Jahren veranlasste der aus dem Hause Luxemburg stammende böhmische König Karl IV., dass der Verbindungsweg von Prag nach Nürnberg in seine Stammlande Luxemburg durch unseren Landkreis führt. Die Spuren dieser alten Handelsstraße finden sich bis heute. Auch als Wanderweg des OWV ist diese Route, die als Goldene Straße in die Geschichtsbücher einging, erlebbar. Von Bärnau kommend durchquert sie den Landkreis in Richtung Sulzbach-Rosenberg. Erste Stationen im Landkreis waren dabei wohl Ilsenbach und St. Quirin, ein Gotteshaus, das einen besonderen Bezug zu Böhmen hatte.

Gesichert ist die alte Route der Goldenen Straße von Lanz über den Rastenhof nach Neustadt. Der ungeteerte Feldweg zeigt aufgrund seiner Höhenlage noch den typischen Charakter einer Altstraße. Bei schönem Wetter erwartet den Besucher ein herrlicher Rundblick. Eine Reihe von sogenannten „Martersäulen", um die sich viele Geschichten ranken, steht am Wegesrand. Die Ursprünge des Rastenhofs reichen weit in die Vergangenheit zurück. Westlich davon liegt ein alter Burgstall aus der Zeit der Salier, heute noch ist der im Herbst gut erkennbare Turmhügel umgeben von einem Wassergraben.

Auch die nicht mehr existente Burg Störnstein mit dem gleichnamigen, heute rund neunhundert Einwohner zählenden Ort ist eng verbunden mit der Goldenen Straße. Für das sichere Geleit bis zur Grenze nach

AUF DER GOLDENEN STRASSE

Bärnau war der Pfleger der örtlichen Burg zuständig. Die Herrschaft Neustadt-Störnstein war über viele Jahrhunderte mit der Krone Böhmens verbunden. Den Höhepunkt des Aufschwungs erlebte Neustadt durch den Böhmenkönig und Kaiser Karl IV. Er erweiterte die Stadt 1358 durch eine Vorstadt, „die Freyung". Weiterhin gab der Böhmenkönig den bedürftigen Bürgern der Stadt und der Freyung am Freitag nach dem Jacobustag 1354 in einer Verfügung das Recht, „auf ewige Zeiten Holz zum Brennen und zur anderen Notdurft zu erhalten", ein staatlicher Eingriff habe tunlichst zu unterbleiben. Die Urkunde des Kaisers liegt im Original im Stadtarchiv der Stadt, trägt keine Unterschrift, aber das Siegel. Als Bekräftigung seines Wortes hinterließ Karl 1354 einen „Pfand-Handschuh" als Faustpfand, der im Original noch heute im Stadtmuseum zu bewundern ist. Im Oktober 1562 sollte eine neue und glanzvolle böhmische Epoche für die heutige Kreisstadt beginnen. Das Geschlecht der Lobkowitzer erhielt Neustadt vom Habsburger Kaiser Ferdinand I. verpfändet. Erst 1806 endete die böhmische Beziehung endgültig.

In Altenstadt a. d. Waldnaab fand unter Karl IV. der Geleitwechsel zwischen dem Pfleger von Parkstein und dem von Störnstein statt. Am Süßenloher Weiher steht übrigens noch ein altes Mauthaus aus böhmischer Zeit. Vorbei an

Die Goldene Straße ist heute ein Wanderweg. Das Bild oben zeigt die Trasse bei Kohlberg. Unten ist die „Goldene Gasse" in Altenstadt zu sehen. Kaiser Karl IV. hat in Neustadt bei einer Waldschenkung einen Handschuh zurückgelassen, der im Stadtmuseum zu sehen ist.

der alten Pfarrkirche Mariä Himmelfahrt schlängelt sich der markierte OWV-Wanderweg zur „Goldenen Gasse", in der man die Geschichte der Goldenen Straße und Neuböhmens studieren kann. Die Soldaten des Pflegers auf der Burg Parkstein übernahmen die Garantie für die weitere Sicherheit der Reisenden, natürlich gegen Bezahlung. Die Kasse des Kaisers brauchte schließlich stets eine Auffrischung! Über Weiden und Etzenricht ging es dann nach Kohlberg. Nach dem böhmischen Salbüchlein vollzog sich dort wieder ein Geleitwechsel.

Auf den Kohlberger Höhen kreuzt sich die Goldene Straße mit einer weiteren Altstraße, der Bernsteinstraße, die aus dem Fränkischen kommend in Richtung Luhe ins Naabtal führte. Als Wanderweg ist die Goldene Straße vom OWV mit dem „Böhmischen Löwen" ausgeschildert worden.

Rainer Christoph

RUHRGEBIET DES MITTEL- ALTERS

Der Landkreis war im Mittelalter eine blühende Industrieregion. Der große Waldreichtum, die Wasserkraft und die Nähe zu Erzgruben boten vielerorts ideale Produktions- und Verarbeitungsmöglichkeiten. Die Region war eine Eisenschmiede von internationaler Bedeutung. Historiker sprechen auch gerne vom „Ruhrgebiet des Mittelalters". Der Dreißigjährige Krieg stürzte die Betriebe jedoch in eine Krise, von der sich die meisten nie mehr erholten. Geblieben sind als stumme Zeugen und Erinnerung an diese Zeit viele Orte mit dem Wörtchen -hammer im Namen sowie stolze Herrensitze, die vom einstigen Reichtum und dem Einfluss der Oberpfälzer Hammerherren künden.

Stumme Zeugen einer großen Zeit: das Hammerschloss Steinfels (oben), das Hammerschloss Neuenhammer (Mitte) und die Radscheibe von Bildhauer Helmuth Langhammer, die an der Bundesstraße bei Zintlhammer steht (unten).

ELEND UND LEID DURCH DREISSIG JAHRE KRIEG

Es war ein Oberpfälzer, der nicht unerheblich, vielleicht sogar ursächlich an der Entstehung des Dreißigjährigen Krieges beteiligt war. Fürst Christian von Anhalt, Statthalter der Oberen Pfalz und einflussreichster Berater von Friedrich V., überredete den jungen, unerfahrenen Kurfürsten der Oberen und Unteren Pfalz, die böhmische Königskrone anzunehmen. Friedrich V. hatte 1613 die englische Königstochter Elizabeth Stuart geheiratet, gegen den Willen der Schwiegermutter, die den kleinen Kurfürsten unter ihrer Würde fand. Aus dem Grunde kam das von Fürst von Anhalt ausgehandelte Angebot der Böhmischen Stände gerade recht, anstelle des designierten Königs Ferdinand von Steiermark die Königskrone von Böhmen anzunehmen.

Schon Anfang des Jahres 1618, bei Ausbruch des konfessionellen Konfliktes, wollte die Pfalz die Grenzen gegen Böhmen gesichert wissen. Die Fähnlein der Ämter Treswitz, Pleystein, Nabburg, Eschenbach usw. wurden mobilisiert und im vierzehntägigen Wechsel an die Grenzen beordert. Kleinere Grenzübergänge wurden verhauen, das heißt unpassierbar gemacht. Bei Waidhaus, dem einzigen Grenzübergang, der auch von größeren Truppenverbänden genutzt werden konnte, richteten die Hilfstruppen die stark beschädigten Schanzen wieder her. Wegen schlechter Bezahlung und Verpflegung meuterten viele Schanzarbeiter oder traten ihren Dienst gar nicht erst an. Sie wollten im Ernstfall lieber bei ihren Angehörigen bleiben.

Das änderte sich, als im September 1618 Ernst Graf von Mansfeld mit etwa achthundert Reitern und tausendzweihundert Mann Fußvolk im Auftrag der Kurpfalz von Ansbach über Amberg, Leuchtenberg, Vohenstrauß, Pleystein und Waidhaus nach Böhmen zur Unterstützung der böhmischen Stände zog. Mansfeld erkannte die strategisch günstige Lage des Waidhauser Übergangs und ließ ihn nach seinen Plänen weiter ausbauen. Im November eroberte er Pilsen und setzte sich dort fest. Fortan gingen über diese Straße zahlreiche Truppenzüge und Nachschubtransporte. Auch Kurfürst Friedrich V. zog mehrmals mit großem Gefolge von Heidelberg über Amberg und Waidhaus nach Prag oder zu Beratungen der Union nach Nürnberg. Die Stellungen bei Waidhaus und Eslarn wurden durch mehrere Pfälzer Fähnlein verstärkt.

Der Name des Grenzortes Tillyschanz erinnert daran, dass sich hier im Grenzgebirge im Dreißigjährigen Krieg einst die Feldherren Ernst Graf von Mansfeld und Johann t'Serclaes Graf von Tilly in einem erbitterten Stellungskrieg mit ihren Heeren gegenüberlagen.

Am 13. November 1620 meldete der Treswitzer Pfleger von Lendersheim, „dass Friedrich am letzten Sonntag eine Niederlage erlitten hat". Nur etwas mehr als ein halbes Jahr war Friedrich König von Böhmen, als ihn die Truppen des Kaisers und Herzog Maximilian von Bayern aus Prag vertrieben und dabei sein Heer vernichtend schlugen. Von seinem holländischen Exil aus, mit Unterstützung einiger Unionsländer und seines Schwiegervaters, König Jakob von England, beauftragte er den mittlerweile zum Generalissimo aufgestiegenen Grafen Mansfeld, neue Truppen zu sammeln und die böhmischen Lande wieder zurückzuerobern. Im Frühjahr 1621 sandte Mansfeld seine Werber aus und richtete Sammelplätze in Nittenau und Neustadt ein. In Letzterem bezog er im März auch sein Hauptquartier. Als ihm aber gemeldet wurde, dass die kaiserlichen Truppen unter General von Tilly Richtung Grenze rückten, verlegte er im Juni sein Hauptquartier nach Waidhaus. Seine Werbetrupps leisteten dank gefüllter Geldtruhen gute Arbeit und musterten etwa achttausend Reiter und zwölftausend Mann zu Fuß. Zu diesem großen Heer kamen nochmals etwa die gleiche Anzahl von Begleitpersonen, der Tross. Kleinere Grenzübergänge und Sperrwerke von Eslarn bis Cham sowie in nördlicher Richtung von Georgenberg über Flossenbürg, Waldsassen bis Bärnau wurden gesichert. Zahlreiche Fähnlein quartierten sich in den umliegenden Orten ein. Nur die wehrhaften Burgen blieben vorerst noch unangetastet.

Tilly setzte sich zur gleichen Zeit auf böhmischer Seite bei Roßhaupt, Pfraumberg und Tachau fest. Beide Befehlshaber ließen Befestigungen, Laufgräben und Schanzen verstärken. In den nächsten Monaten gab es viele Scharmützel, kleinere und größere Gefechte, ohne dass eine Partei einen durchschlagenden Vorteil erlangte. Eine große Entscheidungsschlacht war wegen des unwegsamen Geländes nicht möglich. Aufgrund der katastrophalen hygienischen Zustände starben mit der Zeit mehr Menschen an Krankheit und Seuchen als eines gewaltsamen Todes. Weit ins Land hinein plünderten die Soldaten, was sie nur finden konnten. Bauern und Bürger wurden gefoltert, um die letzten Verstecke auszukundschaften. Im August meldete Richter Veit Sauerzapf aus Waidhaus an die Regierung von Amberg, „dass alle Untertanen ruiniert und auf den Wiesen, Feldern, Bächen und Weihern nicht das Geringste mehr vorhanden ist. Wegen der Plünderungen kann sich niemand mehr halten."

Am 16. September zog Maximilian von Bayern mit frischen Truppen über Cham in die Oberpfalz, um Mansfeld in die Zange zu nehmen. Der entschied sich auszuweichen, sammelte seine Truppen und marschierte Ende September in Richtung Untere Pfalz nach Heidelberg. Herzog Maximilian besetzte die Oberpfalz und verwaltete sie vorerst für den Kaiser. Weil er den protestantischen Oberpfälzern nicht traute, ordnete er die vollständige Entwaffnung an mit der Folge, dass sich

die Bevölkerung noch weniger gegen Marodeure wehren konnte. 1628 erhielt Maximilian die Oberpfalz von Kaiser Ferdinand endgültig als Ersatz für seine Kriegsaufwendungen. Die verbliebenen Bewohner wurden wieder „katholisch gemacht". Wer die neue Konfession nicht annahm, musste das Land verlassen. Der Osten des Landkreises und weite Teile der restlichen Oberpfalz waren ruiniert. Das einst so wohlhabende „Ruhrgebiet des Mittelalters" blieb zerstört zurück. Trotzdem musste die restliche Bevölkerung auch in den folgenden Jahren unter den zahlreichen Truppendurchzügen, Plünderungen, Belagerungen und Erpressungen leiden.

Viele Orte im Westen des Landkreises kamen besser davon oder blieben vorerst unbehelligt. Das änderte sich, als 1630 die Schweden in den Krieg eingriffen. Nachdem sie Süddeutschland verwüstet hatten, setzten sie sich im fränkischen Raum fest. Von dort aus unternahmen sie regelmäßige Beutezüge in den Landkreis. Eschenbach wurde 1631 vollständig zerstört. Mit den fortschreitenden Plünderungen und Gewalttaten zogen Seuchen durch die Dörfer und Städte. Besonders litten in den folgenden Jahren Neustadt am Kulm, Neustadt a.d. Waldnaab und Vohenstrauß an der Pest. Wenig betroffen von den Kriegsfolgen war die Stadt Neustadt a. d. Waldnaab, die sich unter dem Schutz der Lobkowitzer befand, die dem Kaiser sehr nahe standen. Parkstein erwies sich im gesamten Krieg als uneinnehmbar. Von Windischeschenbach und Neuhaus wurden keine nennenswerten Schäden gemeldet.

Josef Forster

Quellen:

Staatsarchiv Amberg; versch. Akten 30-jähriger Krieg, Ämter Pleystein und Treswitz

Generalmajor a. D. Dollacker; verschiedene Abhandlungen in „Die Oberpfalz"

Poblotzki, Siegfried; Chroniken der Stadt Pleystein und des Marktes Waidhaus

Henl, Stefan, „Die Oberpfalz im 30-jährigen Krieg"

Veröffentlichungen der Städte und Gemeinden auf ihren Internetseiten

Forster, Josef; Festschrift zum Heimatfest des Marktes Waidhaus 1998

Aus der Zeit des Dreißigjährigen Kriegs sind etliche Sprichwörter und Lieder überliefert, die vom großen Leid künden, welches diese Zeit mit sich gebracht hat.

Deutsches Kinderlied,
T. M. Böhme, Nr. 1625 a

Die Schweden sind gekommen
Haben alles mitgenommen
Haben's Fenster eingeschlagen
Haben's Blei davon getragen
Haben Kugeln daraus gegossen
Und die Bauern erschossen

Kindergebet

Bet, Kindl, bet.
Etza kimmt da Schwed
Etza kimmt da Oxnsterna
Wird mei'm Kindl bet'n lerna

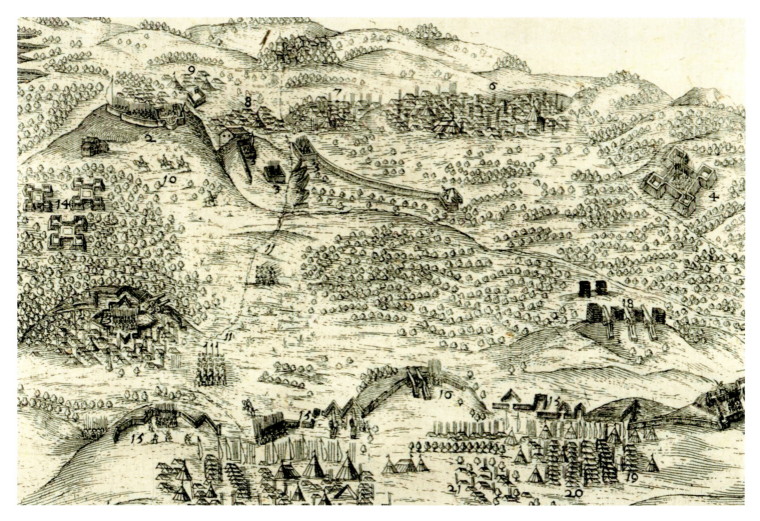

D as Bayerische Landesamt für Denkmalpflege hat entlang der böhmischen Grenze einige Bodendenkmäler
als neuzeitliche Schanzanlagen gelistet.
In Eslarn, am Grenzübergang Tillyschanz,
weist eine Hinweistafel auf eine Schanze
aus dem Dreißigjährigen Krieg hin. Die etwa
200 Meter entfernt liegende Anlage ist trotzdem nicht leicht zu finden. In Waidhaus
befanden sich weitläufige Schanzanlagen,
die aber nur noch in wenigen Staatswaldun-
gen in Umrissen zu erkennen sind. Warum
ist das so? Schanzen, Sperrwerke, Laufgräben usw. entstanden im freien Gelände
durch den Aushub von Gräben, wobei das
Aushubmaterial in verschiedenen Formen
zu Wällen aufgeschichtet wurde. Palisaden
und Befestigungen bestanden aus dem
Holz der umliegenden Wälder. Kanonen
sicherte man hinter erdegefüllten Weide-
körben. Alles vergängliche Materialien, die
im Laufe der Jahrhunderte verwitterten.

Erhalten blieben lediglich die Umrisse der
Gräben und Wälle, die nicht durch intensive
Bewirtschaftung eingeebnet wurden.
Im Besitz des Marktes Waidhaus befindet
sich ein originaler Druck des aus Antwerpen
stammenden Kupferstechers Raphael Sade-
ler, der im August 1621 die Befestigungs-
anlagen der Generäle Mansfeld und Tilly
sowohl auf pfälzischer als auch auf böhmischer Seite detailliert aufgezeichnet und als
Flugblatt zur Information seiner Zeitgenossen in Umlauf gebracht hat. Wahrscheinlich
war er als Spion des bayerischen Herzogs
Maximilian unterwegs. Das lässt zumindest
die Überschrift vermuten.

Betitelt ist das Blatt: Abriss Ihr Fürstlich
Durchlaucht in Bayern und von des Mans-
feldischen Legers wie sie beiderseits zu
Roßhaupten in Böhmen und zu Waidhau-
sen in der Oberen Chur Pfalz gegeneinander gelegen, im 1621. Jahr.

Erläuterung der Ziffern: 9 – Mansfelds
Reiterlager, 8 – Mansfelds Regiment-
lager, 7 – pfälzisches Landvolklager,
6 – des Herzogs von Weimar Lager,
4 – mansfeldische Schanz, 3 – mansfeldische Schanzen und Laufgräben gegen
Waidhaus aufgeworfen, 2 – mansfeldische Hauptschanz, 14 – drei bayerische
Schanzen im Wald, 13 – bayerische
Hauptschanz, 11 – Straße von Roßhaupt nach Waidhaus, 15 – bayerisches
verschanztes Lager, 21/20/19 – verschiedene bayerische Regimenter, 17
– Schanze, darin Franzosen gelegen, 18
– weimarisches Lager

Über zweihundertvierzig Jahre lang herrschte die böhmische Adelsfamilie der Lobkowitzer über Neustadt-Störnstein, hunderteinundvierzig Jahre waren sie Herren über Waldthurn mit dem Fahrenberg. Der Grund für den Erwerb der beiden Herrschaften lag wohl in der Möglichkeit der Erhebung in den Reichsfürstenstand mit Sitz und Stimme im Reichstag.

Die Lobkowitzer sind ein altes Adelsgeschlecht. Sie hießen mit ihrem Familiennamen Popel, d. h. Asche, waren Grundherren, dienten den böhmischen Königen und nannten sich erst Herren von Lobkowitz, als Nikolaus I. 1407 das gleichnamige Gut mit der Burg kaufte. Im Laufe der Zeit trennte sich die Familie in mehrere Linien. Die jüngste der Popel-Lobkowitz war die der Chlumetzer. Hieraus gingen die Herren von Neustadt und Waldthurn hervor.

Die Geschichte der Lobkowitzer in unserem Landkreis beginnt 1562: In diesem Jahr erhielt Ladislaus II., der Ältere, von Kaiser Ferdinand das bisher Heideck'sche Neustadt als Lehen zugewiesen, zunächst auf zehn Jahre. 1575 verlieh dann Kaiser Maximilian das Lehen Ladislaus als freien und erblichen Besitz. Der neue Herr kam zwar nicht in sein neues Gebiet, doch

durch verschiedene Instruktionen und Erlasse wurde alles in Neustadt bestens geordnet: Bürgermeister und Rat erhielten die wichtigsten Vollmachten, die Rechtsprechung wurde in die erforderlichen Bahnen gelenkt, die Märkte und der Handel wurden gefördert. Als oberster Beamter fungierte ein Oberamtmann.

DIE ÄRA DER FÜRSTEN LOBKOWITZ

Eines der bedeutendsten Mitglieder der Familie Lobkowitz war Zdenko Adalbert (1568–1628). Er genoss in besonderer Weise das Vertrauen des Kaisers Rudolf, der ihn zum obersten Kanzler von Böhmen ernannte und ihn mit wichtigen Missionen betraute. Durch die Heirat mit Polyxena von Rosenberg kamen große Besitzungen, darunter auch das spätere Stammschloss Raudnitz, zur Familie. Für seine großen

Verdienste wurde Zdenko Adalbert 1624 in den Fürstenstand erhoben. Unter ihm wurde auch die katholische Religion wieder eingeführt. 1624 kam er nach Neustadt und zeigte sich erfreut über die Treue und den Gehorsam seiner Untertanen.

Sitz und Stimme im Reichstag zu erlangen, das erreichte erst sein Sohn Wenzel Eusebius (1609–1677). 1641 wurde die Herrschaft Neustadt-Sternstein (so die alte Schreibweise) in den Rang einer Gefürsteten Grafschaft erhoben. Damit war Neustadt nun im Immerwährenden Reichstag zu Regensburg vertreten. Kurz darauf bestätigte der Fürst alle Rechte und Freiheiten seiner Untertanen. Als Ministerpräsident war er Stellvertreter des Kaisers. Er versuchte, seinen Besitz weiter zu vermehren: 1666

Das Neue Schloss in Neustadt a. d. Waldnaab hätte eine dreiflügelige Anlage werden sollen. Nach dem ersten Trakt wurden die Bauarbeiten aber eingestellt, weil die Lobkowitzer ihrem Residenzstädtchen den Rücken kehrten. Prunkvoll mit einem Glaubensbekenntnis ausgestaltet ist die Schlosskapelle. Es ist allerdings fraglich, ob dort je Gottesdienst gefeiert wurde.

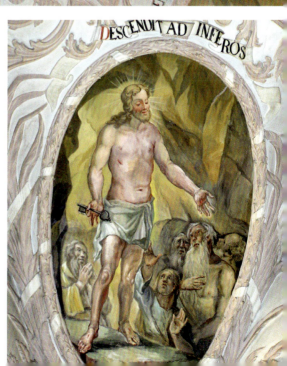

Fürstin Augusta Sophia hatte Waldthurn und den Fahrenberg in ihr Herz geschlossen. Am Fuße des Berges ließ sie sich dieses Sommerschlösschen bauen.

erwarb er nach langen Verhandlungen die vakant gewordene Reichsherrschaft Waldthurn und das Gut Waldheim in Böhmen. Von 1669–1713 war auch die Herrschaft Reichenstein mit Schönsee im Besitz der Lobkowitzer. In zweiter Ehe heiratete Wenzel Eusebius 1653 die sulzbachische Prinzessin Augusta Sophia (1624–1682). Diese tatkräftige und kluge Frau hat den größten Teil ihres Lebens in Neustadt und Waldthurn verbracht. Sie wohnte im Alten Schloss und brachte hier auch ihre fünf Kinder zur Welt, blieb Protestantin und ließ eine evangelische Kapelle einrichten, den heutigen Sitzungssaal des Landratsamtes.

In Waldthurn legte sie gleich im Juli 1666 den Grundstein für ein neues Schloss und verbrachte die Sommermonate gerne am Fuße des Fahrenbergs. Sie war die eigentliche Regentin in Neustadt. 1673 übergab der Gatte ihr dann auch offiziell die Herrschaft. Die gutherzige Fürstin erfreute sich großer Beliebtheit, und sie war – obwohl Protestantin – eine große Wohltäterin der Kirchen. Viel tat sie auch für den Fahrenberg und seine Wallfahrt, z. B. durch die Ausstattung der Kirche mit Paramenten und Gerätschaften.

Öfter wurde sie auch von ihrem Bruder, Herzog Christian August, vor allem in Waldthurn besucht. Da wurde dann „große Politik" gemacht. Die letzten drei Jahre ihres Lebens verbrachte die Fürstin in Nürnberg, wo sie 1682 starb.

Fürst Wenzel Eusebius zog sich 1674 verbittert auf sein Schloss Raudnitz zurück, nachdem er infolge von Intrigen (er soll heimlich mit Frankreich verhandelt haben) vom Kaiserhof verbannt worden war. 1677 starb diese große Persönlichkeit. Nachfolger von Wenzel Eusebius wurde sein Sohn Ferdinand August Leopold. Er wurde in Neustadt geboren und lebte mit seiner Mutter und seiner Ehefrau im Alten Schloss. Ab 1698 ließ er nebenan ein neues Schloss bauen, geplant vom Neustädter Baumeister Franz Joseph Mayer und ausgeführt durch Antonio della Porta. Von den geplanten drei Flügeln wurde allerdings nur einer vollendet, da die fürstliche Familie 1707 Neustadt verließ. Porta erbaute auch 1678 die Wallfahrtskirche St. Quirin auf dem Botzerberg. Der Fürst stiftete dazu die Orgel.

Unter Fürst Ferdinand Philipp Joseph, der seine Besitzungen in der Oberpfalz mehr-

fach besuchte, wurde klar, dass die Familie nicht mehr in Neustadt wohnen würde, und so wurden alle wertvollen Möbel sowie die goldenen und silbernen Geräte abgeholt und in das neu erworbene Palais in Wien gebracht.

Der letzte Regent von Neustadt-Störnstein und Waldthurn war Franz Joseph Maximilian, der wegen seiner angegriffenen Gesundheit einige Sommer in seinem Schloss zu Waldheim verbrachte. Mit ihm endete die Herrschaft der Lobkowitzer im Landkreis Neustadt, denn 1807 verkaufte er für siebenhunderttausend Gulden seine beiden Herrschaften Neustadt und Waldthurn an das neue Königreich Bayern. Vieles erinnert im Landkreis noch an die Herrschaft der Lobkowitzer: Die fürstlichen Wappen in den Kirchen zu Neustadt, zu St. Felix und auf dem Fahrenberg, das Neue Schloss in Neustadt mit der prächtigen Kapelle, das Schloss zu Waldthurn, Straßennamen in Neustadt, Altenstadt und Waldthurn, das Landkreis- und die Gemeindewappen von Störnstein und Theisseil sowie der Name der landkreiseigenen Lobkowitz-Realschule in Neustadt. Einen besonderen Blickfang bei festlichen Anlässen bildet die „Historisch Hochfürstliche Lobkowitzische Grenadier Garde der gefürsteten Grafschaft Sternstein" in ihren historischen Uniformen.

Mit der Rückkehr der Familie Lobkowitz nach Böhmen intensivierte sich auch der Kontakt mit ihrem alten Herrschaftsgebiet in zahlreichen Besuchen, vor allem durch die „Kulturfreunde Lobkowitz" in Neustadt gefördert. Und auch heute noch erinnert sich das Volk dankbar an das „goldene Zeitalter" unter diesem Fürstenhaus, wie ein Spruch aus Waldthurn zeigt: „Wenn einer vom Himmel fällt und er fällt ins Waldthurner Ländchen, so hat er nichts eingebüßt."

Georg Schmidbauer

NEUSTADT WIRD NUN BAYERISCH

Mit dem Verkauf der lobkowitzischen Besitzungen kamen Störnstein-Neustadt und Waldthurn an das neue Königreich Bayern und wurden dem Naabkreis eingegliedert. Seit 1803 gab es schon das Landgericht Parkstein. 1808 wurde Neustadt Sitz dieser Behörde. 1817 hatte das Landgericht Neustadt 21 155 Einwohner. Die Wirtschaftsstruktur war nahezu ausschließlich agrarisch, indem Ackerbau und Viehzucht sowohl auf dem Lande als auch in den Städten und Märkten die wichtigste Erwerbsgrundlage waren. Auch die Hausweberei bildete eine bescheidene Existenzgrundlage, ebenso wie die Steinbrüche. Achtundzwanzig Spiegelglasschleifereien existierten im Landgericht.

Der bekannteste Neustädter Landrichter war Franz Reisner von Lichtenstern, der vierundfünfzig Jahre amtierte und über den es viele humorvolle Anekdoten gibt. Sein Spitzname war „Atn, Atn", zurückgehend auf eine aufgrund eines Sprachfehlers oft gebrauchte Floskel.

1810 wurde der Naabkreis aufgelöst und das Gebiet des heutigen Landkreises dem Mainkreis zugeteilt. Eine weitere Veränderung erfolgte 1838, als aus zwanzig Gemeinden des Landgerichts Neustadt und aus elf des Landgerichts Vohenstrauß ein neues Landgericht Weiden gebildet wurde. Hinsichtlich der kirchlichen Organisation waren für die etwa fünfundsiebzig Prozent Katholiken die Dekanate Sulzbach, Tirschenreuth und Leuchtenberg zuständig. Ein protestantisches Dekanat gab es in Weiden.

Ein wichtiges Jahr war 1848: Damals gingen alle Sonderberechtigungen wie die standes- und gutsherrliche Gerichtsbarkeit definitiv an den Staat über. 1862 wurden die Bezirksämter als reine Verwaltungsbehörden installiert, die dann später als Landratsämter bis zur Gebietsreform Bestand hatten. Das Bezirksamt Neustadt wurde aus den beiden Landgerichten Neustadt und Weiden gebildet mit achtundfünfzig Gemeinden und 25 702 Einwohnern. Im östlichen Teil des Landkreises war 1803 das Landgericht Treswitz gebildet worden, dessen Sitz 1809 nach Vohenstrauß verlegt wurde. Vohenstrauß blieb auch Sitz des Bezirksamtes. Im westlichen Teil des heutigen Landkreises Neustadt lag das Bezirksamt Eschenbach mit einer Fläche von gut fünfhundert Quadratkilometern mit dreiundfünfzig Gemeinden und etwa dreiundzwanzigtausend Einwohnern. Es war entstanden aus den Landgerichten Eschenbach und Auerbach sowie aus den Klosterrichterämtern Michelfeld und Speinshart.

Während in den Bezirksämtern die Bevölkerung nur wenig zunahm, erlebte die Stadt Weiden, verursacht vor allem durch den Ausbau der Eisenbahn und die Verlegung eines regionalen Ausbesserungswerkes hierher, schon seit den Sechzigerjahren des 19. Jahrhunderts einen deutlichen Aufstieg. Zählte die Stadt 1861 noch nicht einmal dreitausend Einwohner, waren es 1910 bereits fünfzehntausend, um dann stetig weiter anzusteigen bis über die Vierzigtausend-Marke hinaus. Dies hatte auch zur Folge, dass Weiden mit Wirkung vom 1. Januar 1919 zur kreisfreien Stadt erhoben wurde und somit aus dem Gebiets- und Verwaltungszusammenhang mit dem Bezirksamt Neustadt ausschied.

Georg Schmidbauer

Die Neustädter Bürgerwehr diente bereits unter den Fürsten von Lobkowitz und wurde dann vom Königreich Bayern übernommen. Sie bestand bis zur Wende 19./20. Jahrhundert. Zum Stadtjubiläum wurde die Truppe, die hier für Ministerpräsident Horst Seehofer Spalier steht, im Jahr 1982 wiederbelebt.

VOM LAND-
GERICHT ZUM
LANDKREIS

Die vollkommene Trennung von Justiz und Verwaltung – bei den Mittelbehörden bereits seit 1808 vollzogen – erfolgte für die unterste Instanz, die Landgerichte älterer Ordnung (ä. O.)., erst 1862. Es entstanden im Bereich der Justiz die Amtsgerichte (1879), für das Urkundenwesen die Notariate und als unterste Verwaltungsinstanz die Bezirksämter. Die am 18. März 1862 im Regierungsblatt Nr. 12 für das Königreich Bayern erfolgte Verkündigung „der Verordnung über die neue Einteilung der Bezirksamtsbereiche" wurde zur Geburtsstunde der Bezirksämter. 1939 erfolgte die Umbenennung der Bezirke in Landkreise, aus den Bezirksämtern entstanden die Landratsämter.

Im Jahre 1803 entstand zunächst für die Gebiete des ehemaligen Gemeinschaftsamtes Parkstein-Weiden, unter Einschluss des Richteramtes Freihung, Erbendorf, Kaltenbrunn, Kohlberg und Mantel, des Amtes Floß und einiger Kronlehen Böhmens, ein Landgericht ä. O. mit Sitz in Parkstein. 1806 wurde das Oberamt Neustadt a. d. Waldnaab gemäß der Rheinbundakte mediatisiert. Am 7. November 1807 verkaufte das Haus Lobkowitz die Grafschaft Störnstein an das Königreich Bayern. Die Besitznahme erfolgte am 27. November 1807. Mit dem Dekret vom 17. Mai 1808 wurde das bisherige Landgerichtsamt ä. O. von Parkstein nach Neustadt a. d. Waldnaab verlegt.

Der erste in Neustadt residierende Landrichter war Karl Franz Reisner, Freiherr von Lichtenstern (1776–1866). Er übte dieses Amt bis 1862 aus.

Mit der Verordnung vom 27. Oktober 1838 wurden zwanzig Gemeinden aus dem Landgericht ä. O. Neustadt a. d. Waldnaab und elf aus dem Landgericht ä. O. Vohenstrauß ausgegliedert. Diese Gemeinden bildeten zusammen mit der Stadt Weiden das neu geschaffene Landgericht Weiden.

1849 wurden weitere sechs Gemeinden aus dem Amtsbezirk ausgegliedert und in das neu geschaffene Landgericht ä. O. Erbendorf eingegliedert. 1862, bei der endgültigen Trennung von Verwaltung und Justiz auch auf der untersten Verwaltungsebene, wurde das Landgericht ä. O. Neustadt a. d. Waldnaab in ein Bezirksamt umgewandelt. Das für die Rechtspflege zuständige Landgericht ä. O. blieb mit Sitz in Weiden. 1919 schied die Stadt Weiden aus dem Bezirksamt Neustadt aus und wurde kreisunmittelbare Stadt.

1939 entstand aus dem Bezirksamt Neustadt a. d. Waldnaab der gleichnamige Landkreis. Auf einem Gebietsumfang von 1429,85 Kilometern lebten im Jahre 1970 92 397 Einwohner. Im Zuge der bayerischen Verwaltungs- und Gebietsreform 1972 wurde der Landkreis Neustadt a. d. Waldnaab um die Altlandkreise Vohenstrauß und Eschenbach i. d. OPf. erweitert.

Das durch Vollzug der Verordnung vom 21. November 1803 gebildete Landgericht ä. O Treswitz entstand aus den alten Landgerichtsämtern Treswitz-Tännesberg, Leuchtenberg, Vohenstrauß und Pleystein. Darüber hinaus aus den Richterämtern Miesbrunn, Burkhardsrieth und Waidhaus. Als Gerichtssitz wurde Treswitz (Burgtreswitz) bestimmt. Mit dem Reskript vom 10. März 1809 wurde der Sitz des Landgerichtes ä. O. Treswitz nach Vohenstrauß verlegt. Die Bezeichnung lautete von da an Landgericht Vohenstrauß. Wie allgemein in Bayern war die Finanzverwaltung bereits 1803 von der untersten Verwaltungsebene abgetrennt und in eigenständigen Rentämtern organisiert worden. Das Rentamt hatte seinen Sitz zunächst in Leuchtenberg und wurde 1842 nach Vohenstrauß verlegt. Sein Amtsbezirk deckte sich mit dem des Landgerichts. Als 1862 in Bayern die Trennung von Verwaltung und Justiz auch auf der unteren Verwaltungsebene entgültig vollzogen wurde, richtete man in Vohenstrauß ein Bezirksamt ein. Das Landgericht war von da an allein für die Rechtspflege zuständig, 1879 wurde daraus das Amtsgericht Vohenstrauß. Bei der 1939 erfolgten Umbenennung der

Bezirke in Landkreise mit einem Landrat an der Spitze der Verwaltung entstand der Landkreis Vohenstrauß. Dieser umfasste auf einem Gebiet von achteinhalb Quadratkilometern, vierundzwanzigtausendsechshundert Einwohner. Seine größten Gemeinden waren Vohenstrauß, Pleystein und Waldthurn. Der Landkreis Vohenstrauß wurde im Rahmen der bayerischen Gebietsreform 1972 aufgelöst und in den Großlandkreis Neustadt a. d. Waldnaab eingegliedert.

Aus dem Landgericht Eschenbach, dem Pflegamt Grafenwürth (Grafenwöhr), dem Richteramt Kirchentumbach, großen Teilen des Landrichteramtes Auerbach, dem Landgericht Thurndorf, den Richterämtern Kloster Speinshart und Michelfeld und dem Kastneramt Neuhaus wurde durch die Behördenreform von 1803 das Landgericht ä. O Eschenbach gebildet. Für die Finanzverwaltung entstanden das Rentamt Eschenbach, bis 1805 mit Sitz im Kloster Speinshart, und das Rentamt Auerbach.

1841 wurden aus dem Amtsbezirk Eschenbach einundzwanzig Gemeinden ausgeglie-

dert. Aus ihnen wurde das Landgericht Auerbach errichtet. Sieben Gemeinden aus dem bisherigen Landgericht Kemnath wurden dem Landgericht ä. O. Eschenbach eingegliedert. Bei der 1862 endgültig ausgeführten Trennung von Justiz und

Verwaltung entstanden in Eschenbach ein Bezirksamt für die Verwaltung und für die Rechtspflege ein Landgericht.

Bei der 1939 erfolgten Umbenennung der Bezirksämter in Landratsämter entstand der Landkreis Eschenbach, welcher bis zur Gebietsreform im Jahre 1972 fortbestand. Mit der Kreisreform verlor Eschenbach den Sitz des Landratsamtes. Der Großteil des ehemaligen Landkreises Eschenbach wurde in den Landkreis Neustadt a. d. Waldnaab eingegliedert. Die größten Orte waren Auerbach, Grafenwöhr, Pressath, Neustadt a. Kulm und Eschenbach. Das Amtsgericht Eschenbach wurde nach 1973 als Zweigstelle fortgeführt und im Jahre 1975 endgültig aufgelöst.

Ursula Wiechert

In Parkstein denkt man gerne an die Zeit der Landrichter zurück. Bei historischen Festen werden die mächtigen Landrichter immer wieder mal zum Leben erweckt (links). Der erste in Neustadt residierende Landrichter war Karl Franz Reisner, Freiherr von Lichtenstern (1776–1866). Er übte dieses Amt bis 1862 aus und gilt als eine Art Ahnherr des Neustädter Landrats (oben).

DIE ZEIT DER GROSSEN KRIEGE

Die erste Hälfte des 20. Jahrhunderts brachte gewaltige Umbrüche. Die Erschließung durch den Eisenbahnbau hatte einigen Bereichen des traditionell landwirtschaftlich geprägten Gebietes, das auch in Bayern eher zu den ärmeren Regionen zählte, einen bescheidenen Industrialisierungsschub verschafft. Vor allem die Ansiedlung von Betrieben der Glas- und Porzellanindustrie zu Beginn des 20. Jahrhunderts in den Bezirken Neustadt und Vohenstrauß brachte neue Arbeits- und Verdienstmöglichkeiten, veränderte aber auch die sozialen und politischen Strukturen in den betreffenden Orten grundlegend. Im Landkreis Eschenbach bewirkte neben dem traditionellen Bergbau in Auerbach die Eröffnung des Truppenübungsplatzes in Grafenwöhr im Jahr 1910 einen bis heute anhaltenden wirtschaftlichen Anstoß. Diese positiven Entwicklungsansätze wurden durch zwei Weltkriege und die daraus resultierenden wirtschaftlichen Krisenzeiten nachhaltig abgebremst.

Nach den Berichten der Bezirksamtmänner (sie entsprechen den heutigen Landräten) wurde der Beginn des Krieges auch hier mit „heller Begeisterung" und „würdevollem Ernst" gefeiert. Schon Mitte September 1914 meldete man vom Truppenübungsplatz Grafenwöhr siebentausend Gefangene; einen Monat später waren es bereits vierzehntausend. Steigende Lebensmittelpreise, umfangreiche Einberufungen zum Kriegsdienst, die den Einsatz von immer mehr Kriegsgefangenen für die landwirtschaftlichen Arbeiten notwendig machten, drückten sehr bald die allgemeine Stimmung. Spätestens ab 1916 kann eine wachsende Friedenssehnsucht in weiten Kreisen der Bevölkerung nicht mehr geleugnet werden. Doch erst die zunehmenden Versorgungsprobleme, knappe Lebensmittel bzw. wachsende Ablieferungspflichten und der Kohlenmangel ließen die Unzufriedenheit gefährlich wachsen. Auf dem Land mehrten sich die Klagen wegen zunehmender Lebensmitteldiebstähle schon von den Feldern, sodass Mitte 1917 in Neustadt zwei berittene Soldaten als Flurschützer eingesetzt wurden.

Nach der Senkung der Brotration und der Brotpreiserhöhung mit der Abgabe von Weißbrot nur für Kranke mit ärztlichem Zeugnis entlud sich im August 1917 erstmals für alle sichtbar der Unmut in einem nächtlichen Aufruhr in Weiden. Der Umzug des Bezirksamts von Neustadt nach Weiden (bis 1922) war eine Reaktion auf die angespannte Situation. Mit dem sich ausweitenden Mangel – als besonders schmerzlich wurde die Bierknappheit beklagt – breitete sich Kriegsmüdigkeit aus, sodass das Bezirksamt Vohenstrauß im Mai 1917 die Presse aufforderte, „das Volk für schwerste Entbehrungen seelisch zu rüsten und zu stärken". Das Jahr 1918 brachte noch einmal ein Wechselbad der Ereignisse und Gefühle: Feier des Separatfriedens mit Russland, neue Siege im Westen, welche neue Zuversicht auf ein gutes Ende verbreiteten, in der Heimat weitere Senkung der Brotration, dann Niederlagen im Westen, dazu von Kriegsurlaubern gestreute Gerüchte sowie eine wachsende Furcht vor Unruhen, vor allem in der Arbeiterschaft.

Nach den jahrelangen Siegesmeldungen (der Vohenstraußer Anzeiger schrieb noch am 31. Oktober 1918: „Feindliche Angriffe überall gescheitert") und den in der Presse bis zuletzt verbreiteten Vorstellungen vom gerechten Krieg und dem vorgeblichen deutschen Friedenswillen scheint das unrühmliche Ende des Krieges nach den Berichten der Bezirksämter eine tiefe Niedergeschlagenheit ausgelöst zu haben, verbunden mit großer Sorge um die Zukunft. Bis in den Oktober 1918 hinein hatte man das letzte Opfer von den Menschen gefordert (Wurz musste z. B. noch Mitte Oktober 1918 die neuen Orgelpfeifen abliefern). Mit pathetischen Worten drängte man sie zur neunten Kriegsanleihe („Der neunte Gang zu den Altären des Vaterlandes", „.... helft zum baldigen, vollen

Sieg!"). Viele hatten Angehörige verloren und standen jetzt vor der Trümmern aller Hoffnungen.

Die einschneidenden politischen Veränderungen (Beseitigung der Monarchie im Reich und in Bayern, Parlamentarisierung und Demokratisierung) erreichten in dieser bedrückten Situation kaum das Bewusstsein der ländlichen Bevölkerungsmehrheit. Die Nachkriegszeit war vielmehr bestimmt von anhaltenden Versorgungsproblemen. Der Kohlenmangel führte 1919 immer wieder zu zeitweiligen Stilllegungen der hiesigen Industriebetriebe. Für kurze Zeit erfassten die Unruhe und die Umbruchsstimmung im November die Menschen in den größeren Orten der drei Kreise. Die lokalen Zeitungen meldeten bereits im November 1918 die Bildung von Arbeiter- und Soldatenräten, z. B. am 10. November in Vohenstrauß, wo der Soldatenrat am 24. November eine Volksversammlung einberief und im Dezember beim Bezirksamt die „schlechte Qualität des hiesigen Brotes" beklagte. Ab Mitte November gab es einen Soldatenrat im Reservelazarett in Wöllershof, einen Bauern- und Arbeiterrat in Windischeschenbach und in Waidhaus und einen Arbeiterrat in Neustadt. Zur gleichen Zeit setzte der Arbeiter- und Soldatenrat Floß den Bürgermeister von Flossenbürg ab, weil er unzufrieden mit der „Belieferung der Arbeiterbevölkerung mit Lebensmitteln" war.

Das Bezirksamt Eschenbach meldete Arbeiter- und Soldatenräte in Eschenbach, Pressath und im Truppenübungsplatz. In der Bergbaustadt Auerbach versuchten die Arbeiter- und Soldatenräte den Bezirksamtmann abzusetzen. Nach dem Mord am bayerischen Ministerpräsidenten Eisner im Februar 1919 erzwangen sie dort

den Rücktritt des Bürgermeisters und gingen gegen die politischen Aktivitäten des Ortspfarrers vor. Zusammenstöße zwischen Arbeitern und der Bürgerschaft werden auch aus Windischeschenbach und Neustadt gemeldet, wo im April 1919 eine große Protestdemonstration stattfand. Allerdings kam es außer in Weiden in keinem dieser Orte zur Ausrufung oder Unterstützung der Räterepublik. Nach der Niederschlagung der Räterepublik in München flackerten politische Unruhen nur mehr punktuell auf und schwappten aus den Zentren des politischen Geschehens in das heutige Landkreisgebiet über: So kam es in der Folge des Kapp-Putsches (März 1920) in den Industriebetrieben zum Generalstreik. In Neustadt versuchten „radikale Arbeiter", die Auflösung der Einwohnerwehren zu erzwingen, die in allen größeren Orten der Altlandkreise gegründet worden waren.

Die harten Friedensbedingungen und die militärische Ohnmacht führten gerade in den Grenzregionen des heutigen Landkreises zu einer tiefsitzenden Furcht vor dem neugegründeten tschechischen Nachbarstaat. Nachdem bereits Anfang November 1918 der „Grenzschutz gegen Böhmen" in Vohenstrauß verstärkt worden war, fragten der „Oberpfälzische Kurier" Ende November und der „Vohenstraußer Anzeiger" einige Tage später auf der Titelseite: „Oberpfalz und Niederbayern von Bayern getrennt?", und berichteten von einem angeblichen Angebot des französischen Ministerpräsidenten an die Tschechen, sich auf Kosten Bayerns territorialen Zuwachs zu verschaffen. Etwas später machten Gerüchte über einen tschechischen Überfall die Runde, falls Deutschland die Friedensbedingungen ablehnen sollte. Während des Ruhrkampfs 1923 waren es wieder Gerüchte, dass Frankreich die Tschechen veranlassen würde, bayerische Gebiete in der Oberpfalz zu besetzen.

Die gespannte Situation an der bayerisch-böhmischen Grenze schlägt sich auch in den regelmäßigen Beobachtungen und Berichten nieder, die das Bezirksamt Vohenstrauß über alle Vorgänge jenseits der Grenze weiterleitete: Tschechisie-

rungsbestrebungen in den Gebieten der Deutschböhmen („in den urdeutschen Grenzbezirken"), Truppenbewegungen und -konzentrationen, Unterdrückung der „deutschen Brüder" sowie die Aufstellung eines Grenzschutzes auf deutscher Seite. Schon hier dürfte sich bei vielen Bewohnern in unserer Region ein Bedrohungsgefühl und daraus folgend die Bereitschaft entwickelt haben, der späteren NS-Politik des „Heim ins Reich" und mit dem Ziel der Beseitigung des tschechischen Staats bereitwillig zu folgen.

Trotz einer Folge von Krisen bis in das Jahr 1933 hinein blieben die politische Orientierung und die Wahlentscheidungen der Mehrheit der Landkreisbürger erstaunlich konstant. Hier zeigte sich die katholisch-konservative Grundhaltung, welche der Bayerischen Volkspartei (Ende 1918 neu gegründet) bis in das Jahr 1933 ein deutliches Übergewicht bei allen Wahlen sicherte. Der Anteil der Stimmen für die gemäßigten Sozialdemokraten hing dagegen stark von der sozialen Zusammensetzung in den jeweiligen Landkreisorten ab.

Eine rasant wachsende Inflation mit einer unvorstellbaren Geldentwertung als Folge des verlorenen Krieges steigerte die Notsituation in weiten Teilen der Landkreisbevölkerung in beängstigendem Maße. Das Bezirksamt Vohenstrauß meldete monatlich den Brotpreis an die Regierung: Kostete das Roggenbrot im Januar 1921 noch 1,12 Mark, so stieg der Preis bis Ende 1922 auf 62 Mark und verlor schließlich 1923 jede Bodenhaftung: im Mai 6000 Mark, im Oktober 5 Milliarden und einen Monat später 1,4 Billionen Mark. Bereits Ende Juli 1923 hatte der „Vohenstraußer Anzeiger" getitelt: „Die deutsche Mark existiert nicht mehr".

Diese Entwicklung spielte der politischen Radikalisierung von links und rechts in die Hände. Die Behörden registrierten und überwachten genau die Aktivitäten der linken Gruppierungen. Zentren scheinen hier in Windischeschenbach und Floß gewesen zu sein. In der Porzellanfabrik Plankenhammer kam es Mitte 1923 zu einem wochenlangen Streik. Einwohnerwehren, völkische und nationale Verbände schlossen sich vielerorts mit der sich auch hier verbreitenden nationalsozialistischen Bewegung zusammen. Kundgebungen der vaterländischen Verbände in verschiedenen Orten des Landkreises schürten die nationalen Emotionen. Nach dem „Deutschen Tag" in Weiden (23. September 1923), an dem auch Vereine aus den Bezirken Eschenbach und Neustadt teilnahmen, kam es zu ähnlichen Feiern in Pressath und Eschenbach, die allerdings teilweise gewaltsame Gegenreaktionen von Seiten der linken Kräfte zur Folge hatten.

Die politische und wirtschaftliche Beruhigung ab dem Jahr 1924 brachte nur eine kurze Atempause, da weder die Wirtschaft auf solidem Boden stand („Scheinblüte") noch die rechten und linken Putschversuche der Anfangsjahre zu einem grundlegenden Umdenken führten. Bereits 1924 klagte das Bezirksamt Vohenstrauß über die Kreditnot in der Landwirtschaft und wies im November 1925 auf die wachsende Zahl von Auswanderern hin (seit April zwanzig). 1926 war von der Verarmung der hiesigen Bevölkerung durch die Inflation die Rede und von „großer Notlage des Grenzbezirks", weshalb man gegen die Streichung der Ostmarkhilfe für die Oberpfalz protestierte. Der Beginn der Weltwirtschaftskrise im Herbst 1929 zerstörte endgültig die Hoffnungen auf wirtschaftliche Stabilisierung und politische Beruhigung im Inneren. Die schnell wachsende Arbeitslosigkeit, die rigide

Steuer- und Sparpolitik des Staates ließen die radikalen Kräfte schnell wachsen. Zwar blieben den Nationalsozialisten im Bereich des Landkreises die Wahlerfolge verwehrt, die sie bald deutschlandweit immer mehr erstarken ließen. Doch die NS-Propagandamaschinerie zeigte auf Dauer auch hier ihre Wirkung. Bereits Anfang 1932 meldete das Bezirksamt Vohenstrauß eine lebhafte Werbetätigkeit der NSDAP mit Versammlungen, Plakaten und Aufmärschen, die „sich auf die kleinsten Landgemeinden" erstreckte.

Vor allem von Seiten der katholischen Kirche und deren Verbänden kamen Anfang der 1930er Jahre eindeutige Stellungnahmen gegen die atheistische NS-Partei. Der Auerbacher Lehrer Maierhofer wandte sich in verschiedenen Veranstaltungen nicht nur in Eschenbach und Umgebung vehement gegen den Vorwurf der Unchristlichkeit und fragte: „Kann ein Katholik Nationalsozialist sein?" Die nicht endende Folge von Wahlkämpfen, welche in den Großstädten immer gewalttätiger wurden, die Dauermobilisierung von allen Seiten Anfang der 1930er Jahre dürften zudem eine politische Verunsicherung und Ermüdung bei der Mehrzahl der politisch wenig interessierten Landkreisbürger bewirkt haben, sodass die Ernennung Hitlers als Reichskanzler am 30. Januar 1933 hier kaum ein Echo fand.

Eine Vohenstrausserin (Jahrgang 1917) fasste die Situation dieser Jahre in einer für die meisten der Landkreisbürger gültigen

Weise zusammen: „Nach der wirklich großen Armut in den zwanziger Jahren fühlten wir uns auf einmal schwerelos. Wir glaubten an das Gute, während andere bereits wussten, was gespielt wurde. Die Person Hitlers hat weniger bedeutet, aber die Stimmung, welche die Zeit mit sich brachte, hat uns mitgerissen. Von Politik war nicht die Rede, Demokratie ein Fremdwort. Die Standesunterschiede so gut wie verwischt." Diese die Mehrheit mitreißende Stimmung des Aufbruchs, dieses Gefühl einer neuen Zusammengehörigkeit in der nun permanent beschworenen „Volksgemeinschaft" war in den ersten Monaten nach der sogenannten Machtergreifung in allen Orten zu spüren als eine Hoffnung auf eine bessere Zukunft für jeden Einzelnen und für Deutschland. Dadurch wurden offenbar die von Anfang an sichtbaren Rechtsbrüche und Brutalitäten verdeckt und von der Mehrheit ausgeblendet. So berichtete der „Vohenstraußer Anzeiger" bereits am 14. März 1933 von elf Personen in Schutzhaft im Amtsgerichtsgefängnis. Während die letzte, nur mehr bedingt freie Wahl am 5. März 1933 der NSDAP deutschlandweit 43,9 Prozent der Stimmen brachte, blieb die Partei in den meisten Landkreisgemeinden deutlich unter dieser Marke: In Eschenbach waren es 25,3 in Pressath, 26,8 in Neustadt 19,17, in Grafenwöhr 35,8 und in Vohenstrauß 37,5 Prozent. Etwas höher fielen die Prozente meist in den vorwiegend protestantischen Gemeinden aus. Zwei sehr unterschiedliche Konsequenzen hatten diese Ergebnisse: Zum einen gab es in einigen Orten des Landkreises Widerstand gegen das Hissen der Hakenkreuzfahne auf den Amtsgebäuden (in Eschenbach protestierte der Stadtrat, und in Neustadt versuchte der Bezirksamtmann Medicus einzuschreiten, was seine spätere Zwangsversetzung zur Folge hatte). Zum anderen ließen sich die neuen Machthaber durch kein noch so bescheidenes Wahlergebnis von ihren politischen Umsturzplänen auf allen Ebenen abbringen.

Der rigoros gleichgeschaltete NS-Staat, der in erstaunlich kurzer Zeit auch noch das letzte Dorf erfasste, erzwang von oben einen bisher nicht gekannten Gleichschritt

Als treibende Kräfte der frühen nationalsozialistischen Mobilisierung in allen drei Altlandkreisen gelten neben den Propagandisten aus Weiden, wo eine Ortsgruppe bereits 1922 entstanden war, der Erbendorfer Bergwerksdirektor Adolf Wagner und der Flosser Lehrer Franz Maierhofer (ab 1925 Lehrer in Auerbach). Sie traten in vielen Orten des heutigen Landkreises erfolgreich als Parteiredner und Agitatoren auf. Zusammen mit SA-Männern aus Windischeschenbach, wo Wagner auch eine frühe Ortsgruppe gegründet hatte, nahm er im November 1923 sogar am Hitlerputsch in München teil.

Nach dessen Scheitern und dem Verbot der NSDAP hielt er diese in verdeckter Form am Leben. Als Führungspersönlichkeit und Zugpferd der Rechten entfaltete er in der nördlichen Oberpfalz eine große Aktivität, zog als Abgeordneter des völkischen Blocks und der später wieder zugelassenen NSDAP in den Landtag ein. Als Gauleiter der Oberpfalz betrieb er mit seinem Nachfolger Maierhofer nach März 1925 auch die Neugründung von zahlreichen NS-Ortsgruppen im Landkreis (z. B. 1927 Floß, 1928 Eschenbach und Pleystein, 1930 Pressath, 1931 Neustadt).

der Entwicklung in den einzelnen Orten und stellte damit auch ein Funktionieren der NS-Diktatur bis zum bitteren Ende sicher. Die politische Gleichschaltung entmachtete zuerst die gewählten Bürgermeister sowie die Stadt- bzw. Gemeinderäte und ersetzte sie meist durch willfährige Parteigänger. Viele SPD-Stadträte mussten vom KZ Dachau aus den Verzicht auf ihr Mandat erklären. Viele BVP-Mandatsträger wurden durch kurzzeitige Schutzhaft in Angst und Schrecken versetzt und so zum Mandatsverzicht bzw. zur Mitarbeit in den gleichgeschalteten Gremien gebracht. Selbst der Bezirksamtmann von Vohenstrauß schrieb kurz nach der Wahl ganz lapidar: „Die nationale Revolution ist ohne jede Störung verlaufen", und meldete gleichzeitig die Verhängung der Schutzhaft über je eine Person aus Vohenstrauß, Eslarn, Waidhaus und Waldthurn. Der zweite Schritt der Gleichschaltung erfasste alle gesellschaftlichen Gruppierungen, die entweder auf NS-Linie gebracht oder aber verboten wurden bzw. (wie die kirchlichen Vereine) in ihren Aktivitäten immer mehr eingeschränkt und bedrängt wurden. So konnte das Bezirksamt Eschenbach Anfang 1938 melden: „Die aufgelösten Parteien und Verbände sowie Vereine sind tot."

Die Unterschiede, welche sich in den kommenden zwölf Jahren in den Orten zeigten, ergaben sich aus der örtlichen Personenkonstellation: Mehr oder weniger fanatische Parteianhänger und NS-Führungspersonen beeinflussten den Verlauf dieser Jahre und die Situation vor Ort. In ähnlicher Weise prägten mehr oder weniger mutige Einzelpersonen, ihr Handeln gegen inhumane NS-Vorschriften im Alltag die Lebensqualität in einzelnen Orten. So waren es z. B. einige Ortsgeistliche, die wenigstens punktuell bei Angriffen gegen die Kirche aktiv wurden, Anklage, Haft und teilweise auch das Leben riskierten. Eine beeindruckende Persönlichkeit ist in diesem Zusammenhang der Miesbrunner Pfarrer Josef Losch, der nach Denunziationen im November 1944 vom Volksgerichtshof in Berlin wegen „Wehrkraftzersetzung und Feindbegünstigung" zum Tode verurteilt und am 29. Januar 1945 hingerichtet wurde. Auch

einzelne Privatleute und Amtsträger ließen sich zumindest in Einzelfällen nicht von der Verfolgungs- und Unterdrückungsmaschinerie einschüchtern und handelten nach ihrem Gewissen. Stellvertretend hierfür steht das Beispiel des kommissarischen Landrats Dr. Beck in Eschenbach, der schon früh in verschiedenen Ämtern durch rechtsstaatliches Handeln Anstoß erregt hatte. 1939 weigerte er sich, am Aufbau einer deutschen Verwaltung im besiegten Polen mitzuarbeiten, und wurde daher nach Eschenbach versetzt. Auch hier ging er bis März 1945 gegen kriminelle Handlungen von NS-Hoheitsträgern vor und verhinderte Unrecht gegenüber Einzelnen. Die Mehrheit der Menschen hier und überall in Deutschland dagegen duckte sich und versuchte, nicht aufzufallen. Viele machten mit mehr oder weniger Überzeugung, manchmal vielleicht auch gedankenlos, mit. Mancher profitierte. Mancher zog sich hilflos und zweifelnd zurück.

Der Masse der Landkreisbürger wurde zu spät bewusst, dass dieser Staat ein totalitär fordernder war, der alles und alle kontrollieren und verbrecherisches und inhumanes Handeln erzwingen wollte, der zu Verrat und Denunziation ermutigte und damit die Grundlagen des Zusammen-

Die Situation vor Ort war abhängig von Einzelpersonen. Fanatische Parteigänger forcierten in etlichen Gemeinden die Ausbreitung des rechten Gedankenguts. Das Bild zeigt einen NS-Triumphbogen in Eschenbach – vermutlich anlässlich der Durchfahrt von Adolf Hitler.

lebens in vielen kleinen Orten nachhaltig beschädigte.

Die kleine jüdische Gemeinde in Floß konnte zwar noch im Jahr 1934 ihr zweihundertfünfzigjähriges Bestehen feiern, musste jedoch 1938 in der Pogromnacht die Zerstörung ihrer Synagoge mit ansehen und wurde Opfer der antisemitischen Gewalt, was die Mehrheit zur Emigration veranlasste. Die verbleibenden drei Gemeindemitglieder wurden 1942 nach Theresienstadt deportiert, von wo sie nicht mehr zurückkehrten.

Weit über die Grenzen des Landkreises hinaus bekam die Gründung des Konzentrationslagers im entlegenen Flossenbürg im Jahr 1938 Bedeutung bis auf den heutigen Tag. Die Demütigung und Vernichtung von Gegnern durch unmenschliche Arbeitsbedingungen, Rechtlosigkeit, Willkür und

Brutalität, die Ermordung von unzähligen Opfern aus vielen europäischen Ländern vollzog sich inmitten unseres Kreises, teilweise unter den Augen von vielen Menschen in den verschiedensten Orten, auch wenn die meisten erst nach dem Krieg richtig wahrnahmen, was hinter den Toren des Lagers wirklich geschehen war.

Die bald einsetzende Aufrüstung und Kriegsvorbereitung verschaffte dem Truppenübungsplatz Grafenwöhr nach Jahren der wirtschaftlichen Flaute einen Aufschwung ohnegleichen. Die Erweiterung des Platzes – begleitet von zahlreichen Enteignungen und der Zerstörung vieler Gemeinden – sicherte eine Vielzahl von Arbeitsplätzen. Hitler selbst unterstrich die militärische Bedeutung des Übungsplatzes für die moderne Kriegsführung mit der Panzerwaffe durch seinen zweimaligen Besuch.

Die Entfesselung des Krieges am 1. September 1939 zwang von Anfang an alle Orte des Landkreises in die „Heimatfront". Bewirtschaftung und Kontingentierung von immer mehr Gütern, permanente Sammelaufrufe für Rohstoffe aller Art kennzeichnen die Kriegsjahre. Dem Arbeitskräftemangel versuchten die Parteiführer durch Zwangsverpflichtungen von Frauen und durch den Einsatz von vielen tausend Zwangsarbeitern und Kriegsgefangenen in fast allen Orten entgegenzuwirken. Die neue Situation

stellte viele Bürger in der Landwirtschaft, in einer Unzahl von kleinen und großen Betrieben alltäglich vor moralische Bewährungsproben – human bleiben oder die Fremdarbeiter als Feinde betrachten und behandeln.

Das Landkreisgebiet blieb bis in die letzten Kriegswochen hinein von direkten Kriegshandlungen verschont. Lediglich die Auswirkungen des Krieges in anderen Teilen Deutschlands bekam man hier zu spüren – in Form von Flüchtlingen, die man wenigstens kurzzeitig aufnehmen musste, und in Form von Großstadtkindern, die im Rahmen der sogenannten Kinderlandverschickung in den verschiedenen Orten des Landkreises in Sicherheit gebracht wurden. Erst als sich die alliierten Verbände im Frühjahr 1945 Richtung Süddeutschland wandten, begannen auch hier die unmittelbaren Schrecken des Krieges Einzug zu halten. Große Bomberverbände überquerten die Landkreise Richtung Süden und Westen und zwangen die Menschen in Schutzräume. Die totale Luftüberlegenheit der Alliierten zeigte sich in den letzten Tagen vor allem durch unberechenbare Tieffliegerangriffe auf alles, was sich bewegte, auf militärische Ziele ebenso wie auf Bauern bei der Feldarbeit oder einen Zug mit KZ-Häftlingen. Große Verbände der 3. US-Armee kämpften sich in der zweiten Aprilhälfte 1945 in mehreren Keilen von Hof und Bayreuth aus nach Süden. Eines der Hauptziele war zunächst der Truppen-

übungsplatz Grafenwöhr, was bereits am 5. und 8. April zu verheerenden Bombenangriffen führte. Zwischen dem 19. April und dem Ende des Monats wurden alle Orte des Landkreises von amerikanischen Verbänden besetzt. Da überall SS-Truppenteile zusammen mit dem Volkssturm die Verteidigung der Orte erzwingen wollten, kam es in zahlreichen Gemeinden kurz vor der Übergabe noch zu dramatischen Zuspitzungen und teilweise zu sinnlosen Zerstörungen. Beispiele hierfür sind Vorbach/Oberbibrach, Neustadt am Kulm, die Kreisstadt Vohenstrauß, ebenso Pleystein und Lohma. In vielen Fällen erreichten mutige Bürger die kampflose Übergabe ihres Heimatortes an die Amerikaner.

Die hastige Evakuierung des völlig überbelegten Konzentrationslagers Flossenbürg kurz vorher zog eine blutige Spur der Barbarei durch den Osten des Landkreises: In verschiedenen Gruppen wurden die entkräfteten Häftlinge von den SS-Wachmannschaften nach Süden getrieben, viele starben am Weg oder wurden erschossen zurückgelassen. Die Befreiung des KZs durch die amerikanischen Truppen erlebten tausendsechshundert zurückgelassene Häftlinge am 23. April 1945. Für die Menschen im Landkreis waren Ende April 1945 NS-Diktatur und Krieg vorbei, auch wenn irregeleitete Werwolf-Verbände im Raum Schönsee und Eslarn noch eine Zeit lang glaubten, den Krieg in Partisanenmanier fortführen zu können.

Fünf Jahre Krieg fast überall in Europa hinterließ auch in der Bevölkerung des Landkreises tiefe Spuren. Die Zahl aller Gefallenen und Vermissten in allen Orten einigermaßen zuverlässig zu ermitteln, ist fast nicht möglich. Noch weniger sind für uns heute Angst, seelische Not und das Leiden der Familien nachvollziehbar. Dazu kommen die Traumata der aus Krieg und Gefangenschaft Zurückgekommenen, für die es oft viele Jahre außer Schweigen keine Lösung gab. Als besiegtes Land, besetzt und den Siegern völlig unterworfen, hatten die Menschen in diesem Raum nur wenig Hoffnung auf eine bessere Zukunft. Die schon oben zitierte Vohenstraußerin schildert das Lebensgefühl der meisten in diesen Jahren so: „Das Gefühl bei Kriegsende: belogen und betrogen worden zu sein, weil man allen Versprechungen geglaubt hatte. ... Nach Kriegsende haben wir nur noch stillgehalten als die verlorene Generation und nichts gesagt."

Die amerikanische Besatzungsmacht ließ von Anfang an keine Zweifel an der neuen Situation aufkommen: Strikte Verhaltensregeln für das tägliche Leben, rigorose Ausmerzung aller Spuren des Nationalsozialismus, Belegung von zahlreichen Wohnungen und Gebäuden in den einzelnen Orten machten deutlich, wer jetzt der Herr im Haus war. Überall wurden kommissarisch Bürgermeister und Landräte eingesetzt, welche die zahllosen Bestimmungen durchzusetzen hatten und bei Missfallen zum Teil nach kurzer Zeit wieder abgesetzt und ersetzt wurden.

Die Besatzungsmacht, jetzt für alles verantwortlich, stand vor einem großen Berg an Problemen: die Versorgung der Bevölkerung mit allem Lebensnotwendigen, die Sicherheit im Lande, die Unterbringung

In Grafenwöhr war der Stadtplatz im Jahre 1936 im Rahmen des staatlich verordneten Winterhilfswerks Schauplatz eines Eintopfessens (links). Auch in Speinshart wurde eine Ortsgruppe der NSDAP aus der Taufe gehoben (oben).

von vielen tausend Displaced Persons (Menschen aus KZs und Gefangenenlagern) und eines stets anschwellenden Stroms von Flüchtlingen und Vertriebenen. Sie war daher auf die Mitarbeit schnell wieder eingesetzter staatlicher Stellen im Landkreis und in den einzelnen Orten angewiesen. Die sich steigernde Notzeit, die erst gegen Ende der 40er Jahre allmählich überwunden wurde, war eine Folge des von Deutschland entfesselten Krieges und der Niederlage sowie der beginnenden deutschen Teilung, verschärft durch die großen Flüchtlingsströme. Deren menschenwürdige Unterbringung stellte viele Gemeinden des Kreises vor fast unlösbare Probleme. „Der neue Tag" meldete im Mai 1947 für die Oberpfalz die größte Wohndichte in Bayern. Der Kreis Vohenstrauß verzeichnete seit 1939 eine Zunahme von sechstausend Personen, im Kreis Neustadt waren es 1947 rund zwölftausend Flüchtlinge. Auf jeden Wohnraum kamen im Kreis Vohenstrauß 2,30, im Kreis Eschenbach 2,13 und im Kreis Neustadt 2,08 Bewohner. Viele Gemeinden mussten auf Baracken als Notbehelf zurückgreifen, die kurz zuvor noch von Zwangsarbeitern oder KZ-Häftlingen bewohnt worden waren. Die notdürftige Versorgung mit Lebensmitteln wurde von Monat zu Monat problematischer, die Lebensmittelrationen schrumpften besorgniserregend, sodass der Neustädter Landrat im Juli 1947 der Militärregierung ins Stammbuch schrieb:

„Man sieht vielfach auf den Straßen nur mehr wandelnde Leichen." Für die landwirtschaftlichen Betriebe des Kreises führte der allgegenwärtige Mangel zu strikten Ablieferungsvorschriften. Gerade weil in dieser Phase viele Menschen den Amerikanern die Schuld für Hunger und Mangel zuschrieben, strich „Der neue Tag" immer wieder heraus: „Ohne Amerikaner verhungern wir", „Ohne Hilfe der Besatzungsmacht bereits im Juli ohne Brot". In vielen Orten des Kreises führten die Amerikaner die Kinderspeisung ein. In Vohenstrauß versorgten sie z. B. durch diese Aktion zweihundertfünfzig unterernährte Kinder, einundfünfzig Schulen waren es 1948 im Kreis Neustadt, an denen die Schulspeisung organisiert wurde.

Da sich der Mangel auf fast alle Güter bezog, kam es schnell zu gefährlichen Auswüchsen: Die Anzahl von Diebstählen wuchs, Schwarzschlachtung und Tauschhandel griffen um sich. Vor allem der sich überall etablierende Schwarzmarkt, dem man nicht Herr wurde, zerstörte die Grundlagen einer funktionierenden Wirtschaft und führte zur Bereicherung von wenigen. Erst die Einführung der D-Mark mit der Währungsreform ab dem 20. Juni 1948 schaffte wieder Vertrauen in das Geld, brachte Waren in die Läden und eine langsame Gesundung der Wirtschaft. Nicht geringen Anteil an einer langfristigen Verbesserung hatte eine ganze Anzahl von aktiven und mutigen Flüchtlingen, welche in den drei Kreisen neue Betriebe ins Leben riefen, sich und anderen damit eine neue Existenz schufen.

Nicht nur aus der Not heraus und wegen der Problemfülle setzten die amerikanischen Militärbehörden schon sehr früh auf demokratisch gewählte Verantwortliche. Als Teil ihres Besatzungszieles der Demokratisierung des Staates begannen sie diesen von der Basis der Gemeinden her aufzubauen. Bereits am 27.1.1946 fanden die ersten Gemeindewahlen statt. Inzwischen hatten sich zögerlich die Parteien neu gebildet bzw. neu organisiert. Gewählte Bürgermeister lösten nun die kommissarisch von den Militärbehörden bestellten ab. Nach den Wahlen zu den Kreistagen im Juni dieses Jahres wurden von diesen in den drei Altlandkreisen die ersten Landräte bestimmt. Alle drei gehörten der neu gegründeten CSU an. In Eschenbach wurde Josef Prüschenk gewählt, 1908 in Kirchenthumbach geboren. Schon vorher war er kommissarisch als Bürgermeister und Landrat eingesetzt. Ähnliches galt für den Landrat von Vohenstrauß, Johann Pösl, 1907 in Saubersrieth geboren. Aus dem Landkreis Vohenstrauß stammte auch der Landrat für Neustadt, der 1912 in Rückersrieth geborene Hans Bodensteiner. Er war vorher Leiter des Wirtschaftsamtes und der Sparkasse in

Vohenstrauß gewesen und hatte dort als Vorsitzender die Spruchkammer aufgebaut. Unter der Kontrolle der Militärregierung machten sich diese drei daran, eine effektive Verwaltung zu organisieren, und nahmen die drängendsten Probleme in Angriff. Alle drei nannten in ihrer Vorstellung im „Neuen Tag" an erster Stelle die Wohnraumbeschaffung sowie die Eingliederung der Flüchtlinge und Kriegsversehrten in die Arbeitswelt.

Eine schwierige, kurzfristig kaum zu bewältigende Aufgabe blieb die Auseinandersetzung mit den zurückliegenden zwölf Jahren der NS-Diktatur und den damit verbundenen Verfehlungen und Ungerechtigkeiten. Die ersten Schritte dazu kamen von der Besatzungsmacht, die von Anfang an sehr pauschale Maßnahmen ergriff: Alle NS-Amtsträger und Parteiführer (Bürgermeister, Ortsgruppenleiter, Propagandaleiter) wurden entlassen und oft für lange Zeit interniert. Etwas später wurden in Ämtern und Behörden alle entlassen, die vor 1937 Parteimitglieder waren, was die Arbeit in den verschiedenen Abteilungen der staatlichen Verwaltung und Schulen vor größte Probleme stellte. Im Landratsamt Neustadt betraf dies im Jahr 1947 z. B. achtundzwanzig Personen, was ein ergiebiges Arbeiten in den Behörden fast unmöglich machte. In gleicher Weise untersagten die Amerikaner ehemaligen

NS-Parteigängern die Führung von Wirtschaftsbetrieben. Erst mit dem „Gesetz zur Befreiung von Nationalsozialismus und Militarismus" vom 5. März 1946 übertrug die amerikanische Militärregierung die Verantwortung für die sog. Entnazifizierung auf die bayerischen Behörden. Jeder Landkreis hatte nun diesen Prozess eigenständig nach den Vorgaben des bayerischen „Befreiungsministeriums" und unter der Kontrolle der Besatzungsmacht vorzubereiten und durchzuführen. „Der neue Tag" berichtete Ende Juli 1946 von den ersten Sitzungen dieser Spruchkammern. Für Eschenbach tagte die Spruchkammer zunächst im Amtsgericht Auerbach unter dem Vorsitz von Friedeberg und dem öffentlichen Ankläger Bleß. In Vohenstrauß leitete Hans Bodensteiner die Spruchkammer, als öffentlicher Ankläger fungierte Lorenz. In Neustadt nahm die Spruchkammer etwas verspätet ihre Arbeit unter dem Vorsitzenden Auvera und dem öffentlichen Ankläger Dietl auf, der später von Christian Kreuzer abgelöst wurde. Grundlage für die Verhandlungen bildeten ein Fragebogen und Ermittlungen der Spruchkammer. In einer ersten Phase wertete die Spruchkammer tausende Fragebogen aus und kam zu einer vorläufigen Eingliederung jedes Erwachsenen in eine von fünf Gruppen, von hauptschuldig bis entlastet. In öffentlichen oder schriftlichen Verfahren konnten sich die

Betroffenen rechtfertigen, ehe ein Spruch erging. Die Schwierigkeiten dieser zum Teil recht bürokratischen Prozedur zeigten sich schnell. Eine neue Welle von Denunziationen, eine Welle von Gefälligkeitsgutachten (sog. Persilscheinen) vergiftete das Klima in vielen Orten und verhinderte so die bewusste Auseinandersetzung und innere Abkehr. Schon wegen der teilweise einschneidenden, teilweise existenzbedrohenden Strafen versuchten die meisten nur, möglichst gut aus der Sache herauszukommen. Das Beispiel der drei Landräte zeigt exemplarisch die Problematik: Landrat Pösl aus Vohenstrauß trat im März 1947 wegen angeblicher Unklarheiten bei seinem Parteieintritt zurück. Kurze Zeit später wurde er jedoch durch die Spruchkammer entlastet, da nachgewiesen werden konnte, dass Pösl ohne sein Wissen und gegen seinen Willen durch seinen Vater zur Parteiaufnahme angemeldet worden war. Einen Monat später wurde der Eschenbacher Landrat Prüschenk nach Denunziationen verhaftet, nach wenigen Tagen allerdings wieder freigelassen und Ende 1947 von der Spruchkammer völlig entlastet. Gegenüber der Militärregierung, welche zugab, innerhalb von neunzehn Tagen im Amt fünfzig Denunzierungen bekommen zu haben, äußerte er, dass die Betätigung im öffentlichen Leben allmählich einem Selbstmord gleichkomme. Auch der Neustädter Landrat Bodensteiner, zugleich Vorsitzender der Spruchkammer in Vohenstrauß, sprach sich im April 1947 gegenüber der Militärregierung in ähnlicher Weise aus: „Ich erlaube mir, darauf hinzuweisen, dass die Tätigkeit als Spruchkammer-Vorsitzender z. Zt. diejenige ist, welche einem den größten Haß einbringt." Nach der Internierung eines wichtigen Mitarbeiters im Landratsamt durch den Neustädter Spruchkammerkollegen Auvera erklärte er voller Zorn den Rücktritt von seinem Spruchkammervorsitz und geriet

in einen heftigen Streit mit der Neustädter Kammer. Wegen Fragebogenfälschung wurden z. B. auch zwei der Ankläger der Spruchkammer Eschenbach, zwei Leiter des Flüchtlingsamtes und ein Eschenbacher Schulrat verhaftet. In Neustadt traf zwei stellvertretende Vorsitzende der Spruchkammer und den Flüchtlingskommissar ein ähnliches Schicksal. Das Ende der Entnazifizierung 1949 ließ viele Verletzungen zurück und wenig Einsicht, viele Mitläufer und wenig entschiedene Neuorientierung, was nicht nur in den Landkreisen über die 50er Jahre hinaus spürbar wurde.

Im Rahmen dieser Neuorientierung spielten die Informationen über die Verbrechen des nationalsozialistischen Deutschland und vor allem über die Unmenschlichkeiten im Konzentrationslager Flossenbürg für die Menschen in dessen Umgebung eine besondere Rolle. Die seit Ende Mai 1946 von der Militärregierung lizenzierte Heimatzeitung „Der neue Tag" widmete sich dieser Aufgabe in zahlreichen Artikeln. Sie berichtete eindringlich von „Bestialitäten" und „Schauoperationen", zeichnete den „Todesmarsch durch die Oberpfalz" nach und informierte über Verlauf und Abschluss des Flossenbürg-Prozesses in Dachau, der mit dem Todesurteil für über fünfzehn Angeklagte endete. Die ersten Aktivitäten zur Schaffung einer Gedenkstätte ab Juni 1946, an denen auch die beiden Landräte von Neustadt und Vohenstrauß beteiligt waren, machten die „Pflicht der Deutschen" zur mahnenden Erinnerung deutlich. Anfang September

1946 wurde der Grundstein zur Sühnekapelle gelegt. Sie wurde am Pfingstfest 1947 im Beisein zahlreicher Gäste feierlich eingeweiht.

Obwohl sich einige Landräte gegenüber der Militärregierung immer wieder skeptisch über den Stand der Demokratisierung äußerten und die politische Zurückhaltung bzw. Gleichgültigkeit einer Mehrheit beklagten, zeigte sich in den ersten freien, landesweiten Wahlen zur verfassungsgebenden Versammlung am 3. Juli 1946 der in Gang kommende demokratische Lernprozess. Im Ergebnis führte er in den drei Altlandkreisen zurück zu den konservativen politischen Prägungen der Zeit vor 1933. Die sich hier abzeichnende ruhige politische Entwicklung in dieser Region bleibt kennzeichnend bis auf den heutigen Tag.

Günther Langhammer

Die KZ-Gedenkstätte Flossenbürg ist heute ein Erinnerungsort von europäischem Rang. Bis vor wenigen Jahren galt Flossenbürg allerdings noch als das „vergessene Konzentrationslager" schlechthin. Dies lag nicht zuletzt am parkähnlichen Erscheinungsbild der Gedenkstätte, das den räumlichen Eindruck des ehemaligen Lagers buchstäblich weichzeichnete und damit die historischen Dimensionen des Lagers marginalisierte. Die von der Bayerischen Verwaltung der staatlichen Schlösser, Gärten und Seen von 1952 bis 1988 gepflegte Stätte umfasste nämlich kaum historische Bausubstanz des Konzentrationslagers. Mehr noch: Sofern diese vorhanden war, störte sie das ebenso einheitliche wie eindeutige Pflegekonzept, die Erinnerung in Form eines in die Landschaft eingepassten Waldfriedhofes, und wurde schlicht abgerissen.

Dafür fanden sich umso mehr bauliche Relikte des ehemaligen Konzentrationslagers außerhalb des Gedenkstättengeländes.

KZ-GEDENK-STÄTTE IN FLOSSENBÜRG

Pragmatik, Pietät, Protest und purer Zufall: Mit diesen Begriffen lässt sich der Umgang mit Hinterlassenschaften des Konzentrationslagers Flossenbürg für einen Zeitraum von mehr als einem halben Jahrhundert wohl am trefflichsten beschreiben. Als amerikanische Einheiten das Konzentra-

tionslager Flossenbürg am 23. April 1945 erreichten, fanden sie ein fast leeres Lager vor. Die SS hatte mehr als fünfzehntausend Häftlinge zuvor auf Todesmärschen Richtung Süden getrieben. In läuterungspädagogischer Absicht und aus sehr pragmatischen Gründen richtete die amerikanische Militärverwaltung im Juli 1945 in den Baracken des soeben befreiten Konzentrationslagers ein Kriegsgefangenenlager für SS-Einheiten ein. Diese POW-Enclosure No. 422 umfasste den ehemaligen Häftlingsbereich sowie das riesige Areal des KZ-Steinbruches mit den Flugzeughallen der Firma Messerschmitt. Die amerikanische Militäradministration richtete sich im früheren SS-Bereich ein. Die KZ-Kommandantur wurde zum zentralen Verwaltungsgebäude, das SS-Casino zur Officers Messhall, und in den SS-Offiziershäusern, schmuck am Südhang des Ortes gelegen, logierten nun höhere

Chargen der US-Army. Einzig das KZ-Krematorium blieb eine Art exterritorialer Bereich, hierfür gab es in einem amerikanischen Kriegsgefangenenlager keinen Bedarf.

Auch nach Auflösung der POW-Enclosure 422 blieb der Umgang mit dem früheren KZ-Gelände ein überaus pragmatischer. Im April 1946, exakt ein Jahr nach der Befreiung des Konzentrationslagers, eröffnete die Flüchtlingsverwaltung der Vereinten Nationen (UNRRA, United Nations Relief and Rehabilitation Administration) in Flossenbürg ein Durchgangslager für polnische Displaced Persons (DPs). Diese nicht-jüdischen polnischen Kriegsopfer verband keinerlei persönliches Haftschicksal mit dem KZ Flossenbürg. Dennoch formierte sich aus ihrem Kreis ein Denkmalkomitee mit dem Ziel, auf dem Gelände des ehemaligen Lagers eine Erinnerungsstätte für die Opfer dieses Konzentrationslagers zu errichten. Durch polnische Initiative entstand in den Jahren 1946 und 1947 in Flossenbürg eine der ersten KZ-Gedenkstätten Europas. Die gesamte Anlage befand sich in einer Senke unterhalb des ehemaligen Häftlingsbereichs, dem Wohnraum der DPs, und hatte die inhaltliche Matrix eines Kreuzweges. Das ehemalige Krematorium fungierte als Relikt und Reliquie. Als Relikt, an dem der tausendfache Tod und auch die Toten am präsentesten waren. Als Reliquie, in deren Umfeld reale und symbolische Grabzeichen

errichtet wurden. Fixpunkt der Gedenkanlage war eine aus abgebrochenen Wachtürmen neu errichtete Kapelle, die über dem „Tal des Todes" thronte und dem gesamten Ensemble eine christliche Sinnstiftung verlieh. Diese Gedenklandschaft wurde nach langwierigem Beschluss des bayerischen Ministerrates am 28. April 1949 unter „staatlichen Schutz und Pflege" gestellt. Sie war damit nicht nur eine der ersten in Europa, sondern auch die erste KZ-Gedenkstätte Bayerns.

Was „Schutz und Pflege" bedeuten und wer sie leisten sollte, war zunächst aber völlig unklar. Eindeutig war nur die pragmatische Weiterverwendung des restlichen Lagergeländes. Zeitgleich mit der Unterschutzstellung des „Tals des Todes" wurde vom bayerischen Finanzministerium der KZ-Steinbruch an ein Gewerkschaftsunternehmen verpachtet. Gleiches geschah mit dem Appellplatz, der ehemaligen Lagerwäscherei und der früheren Häftlingsküche, die an eine sudetendeutsche Holzspielzeugfabrik vermietet wurden. Verschiedene Verantwortliche wie Flüchtlingsverwaltung, Landkreis oder Kommune brachten in den noch bestehenden Gebäude des Lagers – die meisten Holzbaracken waren 1948/49 bereits abgebrochen worden – unterschiedlichste Personengruppen unter. Das ehemalige Lagergelände war also bereits Ende der 1940er Jahre de facto in einen

Links ist der älteste Teil der Gedenkstätte zu sehen, der immer noch parkähnlich angelegt ist. Zwei innovative Dauerausstellungen zur Lager- und zur Nachkriegszeit informieren mittlerweile auch über viele Einzelschicksale (rechts).

kleinen Gedenkbereich, ein Gewerbeareal und einen Wohnbereich aufgeteilt.

Die Entwicklungen der nächsten Jahrzehnte sollten diese Separierung noch verfestigen. Daran änderte auch der Protest französischer und belgischer Häftlingskomitees nichts. Angesichts eines bayernweiten Skandals im Umgang mit den Gräbern von Todesmarschopfern (sog. Dachauer Leitenberg-Skandal) konzentrierten sich die internationalen Verbände in ihren Forderungen in den 1950er Jahren auf den pietätvollen Umgang mit KZ-Opfern und weniger auf den Erhalt historischer Bausubstanz. Im Zuge des Leitberg-Skandals wurde im Freistaat endlich die Zuständigkeit für diese Gräber und die Flossenbürger Gedenkanlage geregelt. Mehr aus purem Zufall, denn aus konzeptionellen Gründen wurde die Schlösserverwaltung mit dieser Aufgabe betraut – sie verfügte schlicht über eine Dependance und damit auch Personal auf dem Dachauer Schloss.

„Pietät" entwickelte sich fürderhin zur Zentralvokabel, mit der in Flossenbürg, aber auch anderswo in Bayern die Zerstörung historischer Bausubstanz legitimiert wurde. Als Ende der 1950er Jahre, als späte

Konsequenz aus dem Gräberskandal, in Flossenbürg ein neuer Ehrenfriedhof für mehr als fünftausend umgebettete Opfer der Todesmärsche angelegt werden sollte, formulierte die Schlösser- und damit Gedenkstättenverwaltung ihren baulich-räumlichen und somit ihren erinnerungs-politischen Imperativ deutlich und zwei-felsfrei: „Zur Gestaltung einer würdevollen und friedvollen Anlage ist die Erschließung

eines Geländes vorgesehen, das mit der vorhandenen Gedenkstätte verbunden, unmittelbar in die Landschaft einbezogen wurde. (...) Hinterbliebene und Besucher sollen eine friedliche, gewaltlose Stätte vorfinden, die mit Überlegung aber unauf-dringlich geplant, liebevoll gepflegt ist und die Erinnerung an das Gewesene mildert." Die Milderung des Gewesenen, die Minimie-rung der Relikte zur Maximierung dieser Sinnstiftung sollte bis Mitte der 1990er Jahre die handlungsleitende Programmatik der zuständigen bayerischen Behörden bleiben. Mit der Anlage des Ehrenfriedhofes wurde das Gedenkensemble im „Tal des Todes" räumlich erweitert und dessen inhaltliche Matrix, eine christlich versöh-nende Wirkung, verlängert. Bauliche Hinter-lassenschaften, die diese störten, wurden weitestgehend dem Erdboden gleichge-macht. Es gelang immer nur partiell und durch massive öffentliche Proteste, weitere Demolierungen und Destruktionen zu verhindern. So den Erhalt wenigstens eines Rest-Stücks des ehemaligen Arrestbaus Ende der 1960er Jahre, als evangelische Kreise bundesweit gegen den Abbruch des Todesortes von Dietrich Bonhoeffer intervenierten.

Die Dreiteilung des historischen Ortes KZ-Flossenbürg in parkähnliche Gedenkstätte, Gewerbeareal und Wohnsiedlung zemen-tierte sich bis in die Mitte der 1990er Jahre. Ausgelöst durch den 50. Jahrestag der Befreiung und die seitdem entschiedene Präsenz ehemaliger Häftlinge am histo-rischen Ort, begann aber allmählich eine Entwicklung, die das KZ Flossenbürg histo-risch und räumlich neu dimensionierte. Die Rückübertragung des seit 1948 industriell

verwendeten ehemaligen Appellplatzes und der Originalgebäude Lagerwäscherei und Häftlingsküche durch den letzten gewerblichen Nutzer an das nunmehr zuständige bayerische Kultusministerium ermöglichte die grundlegende Neukonzep-tion der KZ-Gedenkstätte Flossenbürg. Die beiden Originalgebäude und der Appellplatz wurden seitdem sensibel saniert und sind der Öffentlichkeit nun zugänglich. In der Lagerwäscherei wird nach mehr als sechzig Jahren erstmals die Gesamtgeschichte des Konzentrationslagers Flossenbürg in einer modernen zeithistorischen Ausstellung präsentiert. 2010 wurde der komplexen Nachgeschichte dieses Lagers und seines Geländes eine eigene, inzwischen mit dem Bayerischen Museumspreis prämierte, zweite Dauerausstellung gewidmet. In den folgenden Jahren werden die Gedenkstätte um ein Besucherzentrum und ein Semi-narhaus ergänzt sowie das Außengelände landschaftsplanerisch neu gestaltet.

Das alles geschieht unter höchstmöglichen denkmalkonservatorischen und zugleich innovativ-konzeptionellen Prämissen. Dies bedeutet selbstverständlich auch, dass die problematischen Überformungen und Sinn-stiftungen der Nachkriegszeit keineswegs „weg"-konzipiert beziehungsweise „geheilt" werden. Gerade das Nebeneinander von Zeit- und Nutzungsschichten, von me-morialästhetischen Interpretationen und Interventionen sowie deren heutige museo-logisch-pädagagogische Verknüpfung macht die Besonderheit des europäischen Erinnerungsortes Flossenbürg aus. Sie lässt diesem Ort jene Bedeutung zukommen, deren Geschichte er repräsentiert.

Jörg Skriebeleit

Ehemalige Häftlinge helfen in der KZ-Gedenkstätte Flossenbürg, die Ver-gangenheit aufzuarbeiten. Das Bild entstand bei einer Gedenkfeier zum Abschluss eines Treffens im Jahre 2009.

Über hundert Jahre ist es her, dass der erste Schuss im Truppenübungsplatz Grafenwöhr fiel. Der 30. Juni 1910 gilt als Geburtsstunde des „Lagers". In der Früh um acht Uhr gaben die königlich-bayerischen Soldaten den ersten, offiziellen Artillerie-Schuss ab. Erkundet worden war das damalige, zirka neuntausend Hektar große Gelände des alten Platzes bereits um das Jahr 1904. Im Jahr 1908 gab Prinzregent Luitpold von Bayern dann die Verfügung für den „Truppenübungsplatz Grafenwöhr". In den Jahren 1909 bis 1915 wurden rund zweihundertfünfzig Gebäude im Truppenlager errichtet.

Der Truppenübungsplatz hat das einstige Ackerbürger-Städtchen Grafenwöhr aus einem Dornröschenschlaf gerissen. Die Einwohnerzahl der Stadt stieg innerhalb nur eines Jahres von gut neunhundertsechzig auf über tausendachthundertsechzig an.

Während des Ersten Weltkrieges diente der Platz der bayerischen Armee zur Aufstellung und Ausbildung für den Fronteinsatz bestimmter Verbände. Andererseits wurde die Einrichtung als Kriegsgefangenenlager genutzt. Noch heute erinnert der letzte Teil des Gefangenenfriedhofs an diese Zeit. Nach dem Ersten Weltkrieg kamen die Entmilitarisierung und die Zeit des Hunderttausend-Mann-Heeres.

Das Reichskriegsministerium erweiterte das Übungsgelände in den Jahren 1937/38 auf insgesamt 23 365 Hektar. Dreitausendfünfhundert Menschen aus siebenundfünfzig Ortschaften, Gehöften und Weilern verloren ihre angestammte Heimat. Die Erweiterung brachte zahlreiche neue Bauprojekte mit sich, in Vilseck entstand das

Der Wasserturm ist das Wahrzeichen der Stadt und des Übungsplatzes Grafenwöhr (links). Ein schlichtes Marterl erinnert nahe der Stelle, an der das Artilleriegeschoss einschlug, an den ersten Schuss im Jahre 1910 (rechts oben). Achthundert Meter vor dem Ziele gab das Geschoss seinen Geist auf, so steht dort geschrieben.

Südlager. Mit dem Ausbruch des Zweiten Weltkrieges wurden nacheinander auf dem Truppenübungsplatz neue Divisionen für den Einsatz an der Front aufgestellt und ausgebildet, darunter waren auch verbündete ausländische Kontingente. Das traurige Finale des Zweiten Weltkrieges wurde für Grafenwöhr markiert durch die beiden verheerenden Bombenangriffe vom 5. und 8. April 1945. Am 19. April 1945 besetzten amerikanische Truppen das Lager und die Stadt Grafenwöhr. Noch im gleichen Jahr nahmen sie zunächst auf Teilen des Platzes den Schieß- und Übungsbetrieb wieder auf. 1947 entschied die amerikanische Besatzungsmacht, den Truppenübungsplatz Grafenwöhr neu anzulegen und auszubauen. In den Jahren 1950 bis 1953 wurden die großen Camps errichtet. Die umfangreichen Baumaßnahmen haben damals viele deutsche Arbeitslose von der Straße geholt. Aus der Besatzungsmacht wurde im Laufe der Zeit Schutzmacht, Verbündeter und insbesondere größter Arbeitgeber der Region.

1956 zogen die ersten Einheiten der Bundeswehr in Grafenwöhr ein. Mit einem Verbindungskommando, dem jetzigen Deutschen Militärischen Vertreter (DMV), und einer zivilen Verwaltung, dem Bundeswehrdienstleistungszentrum, bilden sie den Juniorpartner zur amerikanischen Administration.

Umfangreiche Modernisierungsmaßnahmen in Höhe von über hundert Millionen US-Dollar gab es ab dem Jahr 1982. Schießbahnen und Übungseinrichtungen wurden unter der US-Regierung von Präsident Ronald Reagan ausgebaut und machten Grafenwöhr schließlich zum modernsten Truppenübungsplatz in Europa. Der Aus- und Neubau des Südlagers Vilseck ab dem Jahr 1985 brachte erneut einen Aufschwung. Es wurde Platz für eine US-Brigade geschaffen. Mit über dreitausend-

sechshundert deutschen Arbeitnehmern bei der US-Armee und Contract-Firmen erreichte 1987 die Beschäftigung ihren Höchststand. 2010 wurde die Zahl der deutschen Arbeitnehmer in Grafenwöhr und Vilseck mit rund dreitausend beziffert.

Zur Optimierung ihrer Standorte in Europa begann bei der US-Armee 2004 das Programm „Efficient Basing Grafenwöhr" (EB-G). Für einen neuen Gefechtsverband von über dreitausendfünfhundert Soldaten und etwa fünftausend Familienangehörigen wurde ein enormes Bauprogramm gestartet. Innerhalb des Lagers wurden fünfzig Neubauten erstellt und rund hundert bestehende Gebäude umgebaut. Es entstanden neue Wohnblocks, ein Sportzentrum, eine riesige Einkaufsmeile, Tankstelle, Kompanie- und Bataillonsgebäude, Fahrzeughallen, Werkstätten, technische Bereiche und weitere Einrichtungen wie die NCO-Akademie im Camp Normandie. Ergänzt wird EB-G von einem privaten Mietwohnungsprojekt mit tausendsechshundert Wohneinheiten. Achthundertdreißig Wohneinheiten, die größte amerikanische Siedlung in der Region, wurden auf dem Netzaberg nahe Eschenbach gebaut. Der Bau von Kasernen und der private Mietwohnungsbau bildeten ein Gesamtvolumen von nahezu einer Milliarde Euro.

2010 jährte sich der erste offizielle Artillerieschuss zum hundertsten Mal. Gemeinsam feierten Deutsche und Amerikaner das Jubiläum. Mit einem erneuten Artillerieschuss wurden bei den Feierlichkeiten die nächsten hundert Jahre militärisches Training begonnen. Die umfangreiche Geschichte des Platzes, die derzeitige Entwicklung, die Geschichte des Bundesforstes und die einzigartige Natur, die das zu fünfundachtzig Prozent unter FFH-Schutz stehende Gelände aufweist,

wurden in einem zweisprachigen Übungsplatzbuch „Grafenwöhr, gestern – heute" detailliert dokumentiert. Im Gegensatz zu früheren Jahren üben insbesondere im JMTC, dem gemeinsamen Multinationalen Ausbildungskommando der US-Armee, Nationen aller Herren Länder Seite an Seite. Neunundreißig Länder aus NATO und Partnership for Peace waren erst im September 2012 bei einer gemeinsamen Kommunikationsübung vereint. Entgegen den Gerüchten von Rückzugsplänen sicherte die US-Armee zu, dass Grafenwöhr weiter ein permanenter Standort des US-Heeres in Europa bleiben werde.

Gerald Morgenstern

DER TRUPPEN-ÜBUNGSPLATZ GRAFENWÖHR

Der Truppenübungsplatz Grafenwöhr hat viele verschiedene Seiten: die übenden Truppen mit ihrer Hightech-Ausrüstung bilden einen krassen Gegensatz zu den großen Rotwildrudeln, die auf dem Gelände leben. Die Luftaufnahme oben verdeutlicht, wie eng in Grafenwöhr Stadt und Truppenübungsplatz verzahnt sind. Im Hintergrund ist die Silhouette des Rauhen Kulms zu sehen, der wichtigsten Landmarke im Westen des Landkreises. Am linken oberen Bildrand spitzen die roten Dächer der Siedlung Netzaberg hervor.

Gebietsreform: Das Wort lässt wohl keinen ungerührt, der die 1970er Jahre bewusst erlebt hat. Notwendige und nützliche „Flurbereinigung" oder rüdes Zerschlagen bewährter und vertrauter, historisch gewachsener Strukturen? Darüber gingen die Meinungen der Zeitgenossen auseinander, und so ganz sind auch viele von uns „Heutigen" noch immer nicht in den neuen Verwaltungseinheiten angekommen. Oder wie sonst ist es zu erklären, dass nicht wenige nur zu gern bereit wären, ihr Auto wieder mit einem der Kennzeichen der vor vierzig Jahren ausgelöschten Kreise zu schmücken? Doch was gern vergessen wird: Der Wandel auf Landkarten und Ortstafeln hat Tradition. Im Großen und Ganzen waren auch die vielbetrauerten, „historisch gewachsenen" Verwaltungseinheiten der Zeit vor 1972 Amtsstubenkonstrukte einer noch viel einschneidenderen „Verwaltungs- und Gebietsreform" der Zeit von 1803 bis 1862. Und bei deren Grenzziehung war man oft nicht einmal besonders einfühlsam oder

DIE GRENZEN WERDEN NEU GEZOGEN

zweckmäßig vorgegangen. Kuriositäten bewahrte oder schuf vor allem die Gemeindeneuordnung. Ein solches Gebilde war die Landgemeinde Pichlberg bei Pressath, die aus vier verstreuten Dörfern und Weilern eher zusammengewürfelt als zusammengefügt worden war. Bis 1966 bestand nicht einmal ein einheitlicher Standesamtsbezirk für das Gemeindegebiet. So einigte man sich 1972 auch schnell auf eine Trennung entlang der Scheidelinien, die vor allem durch uralte kirchliche und schulische Verbindungen gezogen worden waren: Pichlberg fand zum 1. Juli 1972 Anschluss an die Gemeinde Preißach, Zettlitz zog es nach Speinshart, die Weiler Hammermühle und Schmierhütte durften sich der Stadt Eschenbach anschließen, vor deren Toren sie lagen.

Kaum weniger eigenartig war die Nachbargemeinde Feilersdorf abgemarkt. Ihr südlichster Ortsteil Moos lag gute sechs Kilometer von „seinem" Hauptort entfernt, aber nur zwei Kilometer vor Grafenwöhr. Jahrzehntelang bemühten sich die Einwohner vergebens, Teil der Garnisonsstadt zu werden. Erst 1975 wurde dieser Wunsch erfüllt. Schon sechzehn Jahre zuvor hatte man eine andere „Kauzigkeit" bereinigt: Bis dahin war das Dorf Zintlhammer längs der Hauptstraße zwischen Feilersdorf und Pressath geteilt gewesen. Weil Ordnung herrschen musste, schrieb man den Pressather Südteil amtlich mit e, also „Zintelhammer", während für den Feilersdorfer Nordteil die Schreibung ohne e galt. Letztere wurde nach der Vereinigung 1959 auf den ganzen Ort übertragen.

Als wenig glücklich erwies sich auch der Zuschnitt von Riggau, das die Stadt Pressath im Nordosten wie ein sieben Kilome-

Im Bereich des Altlandkreises Eschenbach (Bildmitte) hielt sich die Begeisterung für die Neugliederung in Grenzen. Auerbach sprach sich zum Beispiel für einen Wechsel in den Landkreis Amberg-Sulzbach aus. Für den Truppenübungsplatz Grafenwöhr brachte die Gebietsreform eine Vereinfachung. Vorher war das Gebiet, wie in dieser Karte zu sehen ist, auf vier Landkreise aufgeteilt.

ter langer Kragen umschloss. 1952 beklagte der Ortsvorsteher des namengebenden Dorfes in einem Brief an den Pressather Stadtrat: „Die Gemeinde ... setzt sich aus 5 Ortschaften zusammen, von denen der Ort Riggau mit den übrigen verkehrstechnisch und wirtschaftlich keinen Kontakt hat." Ein „Außenseiterdasein" friste seine Ortschaft, beklagte der Verfasser und resümierte: „So hat die antragstellende Ortschaft bis heute nur die Ehre gehabt, den Namen der Gemeinde zu führen." Der genannte „Antrag" lief darauf hinaus, über einen Wechsel des Dorfes Riggau von „seiner" Gemeinde in die Stadt Pressath nachzudenken. Daraus wurde allerdings nichts, weil der Pressather Stadtrat einer für die nahe Zukunft erwarteten kommunalen „Flurbereinigung" im Kreis Eschenbach nicht vorgreifen wollte.

Ganz abwegig waren derartige Erwartungen nicht: Pläne für „Staatsvereinfachungen" gab es nicht erst vor gut vierzig Jahren. Vor allem in den 1920ern kochten hitzige Diskussionen hoch, und als ab 1929 die große Wirtschaftskrise ihre Schatten auch auf Bayern warf, verschwanden einige Bezirksämter und Amtsgerichte als Sparmaßnahme von der Landkarte. Unsere Region blieb davon weitgehend verschont: Aufgelöst wurde 1929 lediglich das Amtsgericht Erbendorf, und sein Sprengel wurde auf Kemnath (Hessenreuth), Tirschenreuth und Neustadt a. d. Waldnaab verteilt. An diese neue Grenzziehung glich man 1931 auch die Grenzen der Bezirksämter an – mit der Folge, dass der ganze Erbendorfer Raum zum Bezirksamt Neustadt a. d. Waldnaab kam. In Erbendorf fand man das durchaus natürlich: „Das Wasser läuft vom Steinwald nach Süden, genauso sind die Menschen orientiert", meinte noch 1997, fünfundzwanzig Jahre nach der neuerlichen Trennung seiner Heimatstadt vom Kreis Neustadt, der Erbendorfer Horst Eigner. Und Neustadt konnte sich über einen gewissen Ausgleich für den Verlust Weidens freuen: Die Reger-Stadt war nämlich 1919 „kreisunmittelbar", also nach heutigem Sprachgebrauch kreisfrei geworden.

So einschneidend und tragisch sich die Machtübernahme durch die Nationalso-

Amerikanische und deutsche Dienststellen gingen bei der Neuordnung der Gemeinden 1945/46 zwar zügig, aber keineswegs willkürlich vor – und sie hatten mit ähnlichen Vorbehalten zu kämpfen wie die „Gebietsreformer" ein gutes Vierteljahrhundert später. Der folgende Bericht vom 2. Januar 1946 stammt zwar von der Militärregierung Kemnath, dürfte aber als repräsentativ anzusehen sein (Übersetzung aus dem Englischen):

„Hier in Bayern wie in allen ländlichen Gebieten ist die einheimische Bevölkerung stolz auf ihre vielfältigen Rechte, über die sie eifersüchtig wacht, und misstrauisch gegen ihre größeren Nachbargemeinden. Jene Dörfer, die durch das Prädikat ‚Markt' hervorgehoben sind, fühlen sich den anderen überlegen, die nur ‚Dörfer' sind. Andererseits wehren sich die Menschen in den Dörfern dagegen, mit dem Markt zusammengeschlossen zu werden. Sie wenden ein, dass sie weniger Rechte und Vergünstigungen erhalten würden, als sie als selbständige Gemeinden besäßen. Die Einwohner der kleineren Gemeinden machen zudem geltend, dass die Verwaltungskosten ihrer Gemeinden äußerst gering seien und dass es sehr viel nützlicher sein würde, die bestehende Verwaltung zu bewahren, die den Kreisbehörden Informationen aus erster Hand zu Sachverhalten von öffentlichem Interesse liefern könnte.

Um eine befriedigende Gemeindeverschmelzung zu erreichen, hat man sich vorrangig bemüht, jene Gemeinden zusammenzuschließen, zwischen denen religiöse und wirtschaftliche Verbindungen bestehen. Auf Pfarreisprengel wurde Rücksicht genommen, und nach Möglichkeit wurden kleine Gemeinden mit anderen kleinen Einheiten zusammengeschlossen statt mit größeren Städten. Unter der bestehenden Regelung bewegt sich die Einwohnerzahl der Gemeinden zwischen 280 und 2000, wobei der Durchschnitt etwa bei 600 liegt."

zialisten 1933 als Auftakt zu Gewaltherrschaft und Kriegspolitik auch auswirken sollte: Auf der Verwaltungslandkarte unseres Gebietes änderte sich dadurch wenig. Gewiss, das Hitlerregime gab sich gern „revolutionär", und ein Gesetz vom 1. Dezember 1933 verkündete die „Einheit von Partei und Staat". Aber es kam nicht zu einer durchgreifenden Neugliederung im Zuge der vollmundig angekündigten „Reichsreform" oder zu einer Angleichung der staatlichen Verwaltungsgebiete an die mit ihnen nicht deckungsgleichen „Gaue" und „Kreise" der nationalsozialistischen Partei. Nur die Namen der bayerischen Verwaltungseinheiten wurden per Reichsverordnung in ganz Deutschland vereinheitlicht: Für die bisherigen Kreise wurde 1939 endgültig der Name „Regierungsbezirke" verankert, der als Bezeichnung des Zuständigkeitsbereiches von (Kreis-)Regierungen auch vorher schon gebräuchlich gewesen war. Aus Bezirksämtern wurden „Landkreise", und die „kreisunmittelbaren Städte" – die heutigen „kreisfreien Städte" – hießen für einige Jahre „Stadtkreise". Mit dem Ende von Nazidiktatur und Krieg 1945 begann für Bayern eine Zeit unter

US-amerikanischer Militärverwaltung. In jedem Landkreis wurde eine Kreis-Militärregierung, ein sogenanntes „Detachment", eingerichtet, Weiden und Neustadt bildeten ein gemeinsames „Detachment". Diese „Verbindungs- und Sicherheitsdienststellen", wie sie ab 1946 hießen, bestanden mit nach und nach verminderten Befugnissen bis 1952. Mit einem „Gemeindeverschmelzungsprogramm" („consolidation of Gemeinden") wollten die Amerikaner die deutschen Behörden ermuntern, „zur Vereinfachung der Verwaltung und Hebung der Leistungsfähigkeit der Gemeinden Kleingemeinden oder Teile von Gemeinden ... mit anderen Gemeinden zuammenzulegen", wie am 19. Dezember 1945 in Weiden bei einer amerikanisch-deutschen Besprechung als Ziel formuliert wurde. Das schien notwendig, denn bei der Volkszählung von 1939 hatten in den drei Vorgängerkreisen unseres heutigen Großlandkreises Neustadt neunundsechzig der hundertzweiundfünfzig Kommunen weniger als dreihundert Einwohner gezählt. Fünfzehn blieben sogar unter der Hundertfünfzig-Einwohner-Marke, wobei die Volkszähler in vier Fällen lediglich zweistellige Einwohnerzahlen gemeldet hatten. Von einer „schüchternen Reform", wie Willy Schrem in seinem Landkreis-buch-Aufsatz von 1993 urteilte, kann man eigentlich nicht sprechen: In Niederbayern und der Oberpfalz – und nur dort fand diese Reform statt – wurde damals ein gutes Drittel der Gemeinden aufgehoben, in einem ländlichen Kreis wie Eschenbach reduzierte man die Anzahl der Kommunen sogar um weit mehr als die Hälfte: von vierundvierzig auf sechzehn. Doch sollte diese Nachkriegs-„Gebietsreform" von „Siegers Gnaden" die zunehmende Lockerung des Besatzungsregimes nicht überstehen. 1948/49 wurden die meisten Gemeindefusionen nach Bürgerprotesten rückgängig gemacht: „Im Gefühl der wiedergewonnenen Souveränität, Demokratie und des Selbstverwaltungsrechtes wollte man es zunächst einmal allen Bürgern recht machen." (Willy Schrem)

Schon 1950 gab es in den drei Landkreisen Eschenbach, Neustadt a. d. Waldnaab und Vohenstrauß wieder hundertfünfunddreißig Städte, Märkte und Gemeinden, darunter zehn mit nur hundertfünfzig bis zweihundert Einwohnern. Bei der Volkszählung 1970 sah es noch unerquicklicher aus: Neben elf Gemeinden mit hundertfünfzig bis zweihundert Bürgern wurden vier mit hundert bis hundertfünfzig

Einwohnern ermittelt. Die Gesamtbevölkerung der drei Kreise stieg noch – aber offenkundig profitierten viele Landgemeinden davon nicht mehr, im Gegenteil. Ein Menetekel? Die Politik deutete es offenbar so. Während Pläne zur Zusammenfassung von Kleingemeinden unter dreihundert Einwohnern 1959 noch in der Schublade geblieben waren, machte man nun Ernst mit der „Hebung der Leistungsfähigkeit" der Kreise und Kommunen, die mehr Lebensqualität vor allem auf dem Land sicherstellen sollte.

Das Fernziel einer Neugliederung des Staatsgebietes hatte Ministerpräsident Alfons Goppel schon 1967 gesetzt, mit neu abgegrenzten, größeren Schulverbänden und Standesamtsbezirken wurden erste Weichen auch in Richtung auf neu zugeschnittene Gemeinden und Kreise gestellt. Die Marschroute gab der bayerische Innenminister Bruno Merk schließlich im März 1970 vor. In einem Merkblatt an „alle, die in Gemeinden, Landkreisen und Bezirken Verantwortung tragen", verwies er auf die laufenden Beratungen über ein „Gesetz zur Stärkung der kommunalen Selbstverwaltung" und rief zu freiwilligen Gemeindezusammenschlüssen auf. Dies werde dazu beitragen, dass die Gemeinden dank einer professionellen Verwaltung ihren immer komplexeren Aufgaben und dem

wachsenden „Leistungsanspruch der ländlichen Bevölkerung" besser gerecht werden könnten: „Es gilt dafür zu sorgen, daß die Bürger in allen Bereichen unseres Landes gleiche Chancen haben. ... Echte Selbstverwaltung muß Raum und Möglichkeit zu kraftvoller Entfaltung haben." Als Anreiz stellte der Minister zusätzliche Schlüsselzuweisungen für fusionsbereite Kommunen in Aussicht. Neu ins Gespräch gebracht wurde die „Verwaltungsgemeinschaft", die kleineren Gemeinden erlauben sollte, auch ohne einen eigenen kostspieligen Verwaltungsapparat selbstständig zu bleiben. Gemeinden mit eigener Verwaltung sollten in der Regel mindestens fünftausend Einwohner aufweisen, für die kommunale Autonomie innerhalb einer Verwaltungsgemeinschaft sollten schon etwa tausend genügen. Damit gab sich Bayern recht moderat: In Niedersachsen etwa sollten Kommunen nicht weniger als fünftausend Einwohner haben, in Nordrhein-Westfalen setzte man den Eichstrich bei etwa achttausend.

Während die Staatsregierung also bereit war, den Gemeinden Zeit zu lassen, sollte die Neuabgrenzung der Landkreise und kreisfreien Städte mit mehr Nachdruck – böse Zungen nannten es „Hektik" – durchgesetzt werden. Anfang 1971 beschloss das Kabinett, diesen Teil der Gebietsreform

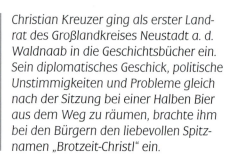

Christian Kreuzer ging als erster Landrat des Großlandkreises Neustadt a. d. Waldnaab in die Geschichtsbücher ein. Sein diplomatisches Geschick, politische Unstimmigkeiten und Probleme gleich nach der Sitzung bei einer Halben Bier aus dem Weg zu räumen, brachte ihm bei den Bürgern den liebevollen Spitznamen „Brotzeit-Christl" ein.

bis zu den Kommunalwahlen des Jahres 1972 umzusetzen. Die Bezirksregierungen hatten erste Neugliederungsvorschläge auszuarbeiten, die erkennbare wirtschaftliche, verkehrstechnische und kulturelle, aber auch „stammesmäßige" und historische Verbindungen berücksichtigen sollten. Um eine hohe Leistungsfähigkeit der Verwaltung sicherzustellen, ohne die Bürgernähe und Überschaubarkeit gänzlich preiszugeben, wurde eine Einwohnerzahl von etwa achtzigtausend als Richtwert gesetzt: auch dies ein im bundesweiten Vergleich eher niedriger Richtwert. Damit hatten sich Gedankenspiele, die Regierungsbezirke und Landkreise durch „Regionalkreise" etwa von der Größe der heutigen „Planungsregionen" zu ersetzen, frühzeitig erledigt.

Wie sollte es nun mit den drei Kreisen unseres Gebietes weitergehen? Keiner von ihnen erreichte für sich allein auch nur annähernd die vorgegebene Einwohnerzahl: Im Kreis Neustadt hatte man bei der Volkszählung von 1970 genau 57 497, im Kreis Eschenbach 35 621 und im Kreis Vohenstrauß 24 887 Einwohner gezählt. Trotzdem mochte weder Vohenstrauß, wo selbst CSU-Kommunalpolitiker die von „ihrer" Staatsregierung angekündigte Auflösung des Kreises als „Vergewaltigung der Bürger" empfanden, noch Eschenbach einfach klein beigeben. Eschenbach, das sich nicht gern an den Rand des Weiden-Neustädter Schwerefeldes gerückt sehen wollte, hätte sich am liebsten mit dem Nachbarkreis Kemnath zusammengetan. Gemeinsam hätte man es allerdings nur auf knapp sechzigtausend Einwohner gebracht – zu wenig. Fast fünfundsiebzigtausend Einwohner hätte die zweite von Eschenbach zur Diskussion gestellte Option gehabt: ein Kreis Pegnitz-Eschenbach. Während diese Lösung im Pegnitzer Kreistag und bei fast alle Gemeinden des fränkischen Nachbarkreises Zustimmung fand, zog der Pressath-Grafenwöhrer Raum nicht mit, weil als Kreisstadt das von dort aus weit entfernte Pegnitz vorgesehen war. Im Osten des Eschenbacher Kreisgebietes plädierte man nachdrücklich für einen Anschluss an Neustadt – freilich in der Hoffnung, dass das verkehrsgünstiger gelegene Weiden

Kreissitz würde. Diese Erwartung hegten auch Kreis- und Gemeindeverantwortliche in Vohenstrauß, die sich schweren Herzens mit einer Angliederung an Neustadt abgefunden hatten.

Letztlich waren alle diese Vorschläge „in den Wind gesprochen". Im Neugliederungsentwurf der Staatsregierung vom Juni 1971 war schon der Großlandkreis Neustadt annähernd in der Form abgesteckt, wie wir ihn heute kennen. Auf der Landkarte mutete der lang gestreckte „Bandkreis" fast wie eine Karikatur an, doch die Experten beteuerten, dass dieses Gebilde durchaus einen Raum einheitlicher „sozioökonomischer" und verkehrsmäßiger Ausrichtung auf Weiden und Neustadt mit ausgewogener Wirtschaftsstruktur abdecke. Als ab Herbst 1971 klar wurde, dass man in München an diesem Vorschlag festhalten würde, begann es im Westen des Noch-Landkreises Eschenbach, fernab der beiden als künftige Kreissitze zur Debatte stehenden Städte Neustadt und Weiden, zu bröckeln. In Gemeinderatsbeschlüssen und Bürgerbefragungen stimmten Penzenreuth und Troschenreuth für die Zugehörigkeit zum oberfränkischen Pegnitz, der Auerbacher Raum votierte für die Angliederung an den künftigen Kreis Amberg-Sulzbach. In Neuhaus an der Pegnitz hatte es schon seit den 1930er Jahren Neigungen zugunsten des damaligen Bezirksamtes Hersbruck in Mittelfranken gegeben; nun kam die Marktgemeinde zum neuen Kreis Nürnberger Land.

Kein Gehör fand das Votum der Bürger von Neustadt am Kulm, die gern nach Oberfranken gewechselt wären. Dorthin bestanden traditionell enge Beziehungen: Immerhin war das evangelische Städtchen bis 1791/1803 Teil des Markgraftums Bayreuth gewesen. Eine geheime Bürgerbefragung bestätigte den Wechselwunsch mit neunzig Prozent der Stimmen, ebenso ein Anhörungstermin mit den kommunalpolitisch Verantwortlichen. Kurzzeitig schien die Staatsregierung geneigt, dem Willen der Einwohner zu entsprechen, doch letztlich blieb es bei der ursprünglichen Planung. Fruchtlos blieben auch die Wünsche nach einer Zuweisung zu Ober-

franken, die in einigen anderen westlichen Grenzgemeinden mehr oder minder laut artikuliert wurden.

Buchstäblich ausgegrenzt wurde der Raum Erbendorf, trotz eindeutiger Bekenntnisse zu „seinem" Kreis Neustadt a. d. Waldnaab: Bürgerbefragungen in den Gemeinden hatten Ergebnisse zwischen achtundsiebzig und hundert Prozent für den Verbleib in diesem Kreis ergeben. Doch „strukturpolitische Gründe" gaben letztlich den Ausschlag für die Entscheidung der Staatsregierung: Der eher strukturschwache Großkreis Tirschenreuth konnte das wirtschaftlich starke Gebiet mit seinem hohen Steueraufkommen gut brauchen. Außerdem hatte der Neugliederungsvorschlag der Staatsregierung die „einheitliche Entwicklung des Fremdenverkehrsgebiets Steinwald" und ganz allgemein „eine wünschenswerte Abrundung des neuen Landkreises (Tirschenreuth)" als Argumente ins Feld geführt. Ebenfalls gegen den Willen der Bevölkerung gliederte man Holzhammer von Neustadt a. d. Waldnaab nach Amberg um.

Um die Kreisfreiheit Weidens zu untermauern, deren Beibehaltung die Staatsregierung 1971 „angesichts der Bedeutung und Leistungsfähigkeit der Stadt" bejaht hatte, wurde das Stadtgebiet zwischen 1972 und 1978 um bisheriges Kreisterrain erweitert, wobei als wichtigste, aber auch strittigste „Erwerbung" Rothenstadt zu nennen ist. Ein schwacher Trost dürfte es gewesen sein, dass dafür 1972 Mockersdorf und 1978 Hessenreuth – beide bis 1972 zum Kreis Kemnath gehörig – in unseren Kreis einbezogen wurden.

Aus Zweckmäßigkeitsgründen wurde schließlich fast das gesamte Gebiet des Truppenübungsplatzes Grafenwöhr dem Kreis Neustadt zugeteilt, das bis 1972 auf vier Kreise verteilt gewesen war.

Am 1. Juli 1972 trat der neue Großlandkreis Neustadt a. d. Waldnaab ins Dasein und wurde von der namengebenden Stadt aus „regiert". War die Kreisgebietsreform 1973, nach zwei Jahren, im großen Ganzen abgeschlossen, so gönnte man den

Bürgern bei der Gemeindeneuordnung mehr Eingewöhnungszeit und Mitsprache. Das war durchaus im Sinne der Erfinder, die 1970 als Grundsatz verkündet hatten: „Die Entwicklung soll vom Bewußtsein und von der Überzeugung der Bürger getragen werden. Deshalb sollen freiwilliges Zusammengehen und freiwilliger Zusammenschluß Vorrang haben." Bis Anfang 1976 konnten die Gemeinden freiwillige Zusammenschlüsse vereinbaren, die von der Bezirksregierung zu bestätigen waren und vom Freistaat finanziell gefördert wurden. In unserem Gebiet waren die fünf Gemeinden Brünst, Dimpfl, Georgenberg, Neudorf und Waldkirch – Letzteres mit sechshundert, die anderen mit je etwa dreihundert Einwohnern – im Kreis Vohenstrauß Vorreiter: Sie schlossen sich zum 1. Januar 1971 zu einer Großgemeinde Georgenberg mit über tausendsiebenhundert Einwohnern zusammen. Zum gleichen Zeitpunkt ging Gröbenstädt (263 Einwohner) im Markt Moosbach (983) auf. Zum 1. Januar 1972 verringerte sich die Zahl der Gemeinden im künftigen Kreisgebiet (Stand nach 1978) um weitere achtundzwanzig, zum 1. Juli um siebzehn. 1975 fanden nochmals drei, 1976 vier Eingemeindungen statt. Von den hundertzehn Gemeinden, die 1970 im heutigen Kreisgebiet bestanden hatten, waren damit nach Ablauf der „Freiwillig-keitsphase" noch dreiundfünfzig geblieben – die Zahl der Kommunen hatte sich gut halbiert.

In der Regel wurden die Eingemeindungsentscheidungen vorab durch Bürgerbefragungen abgesichert. Deren Ergebnisse fielen mitunter überraschend aus. So entschieden sich die Bürger der Gemeinde Dießfurt nicht etwa für die Eingemeindung in das fast „vor der Haustür" gelegene Schwarzenbach, die der Gemeinderat favorisiert hatte, sondern für die sechs Kilometer entfernte Stadt Pressath. Demgegenüber lockte die Aussicht, „Städter" zu werden, weder Einwohnerschaft noch Gemeindeverantwortliche in Feilersdorf und Weihersberg: Zwar hätte die Vereinigung mit Pressath auch geografisch „nahe gelegen", doch in der kleineren ländlichen Gemeinde Preißach erhoffte man sich mehr Aufmerksamkeit für die lokalen Anliegen als im größeren Pressath.

Parallel zur Gemeindefusion war die Bildung von Verwaltungsgemeinschaften im Gange. Die erste Verwaltungsgemeinschaft (VG) der Oberpfalz war die VG Neustadt an der Waldnaab, über deren Gründung die fünf Gemeinden Kirchendemenreuth, Parkstein, Püchersreuth, Störnstein und Theisseil ab August 1972 miteinander und mit den übergeordneten Behörden verhandelt hatten. Am 1. Juli 1973 wurde die Verwaltungsgemeinschaft – der die Kreisstadt selbst nicht angehört, obwohl dort die Geschäfte geführt werden – per Verordnung der Oberpfälzer Regierung gegründet. Exakt zwei Jahre später wurden Pressath, Preißach (heute Trabitz) und Schwarzenbach in der von ihnen angeregten VG Pressath zusammengeschlossen, und Anfang 1976 nahm die

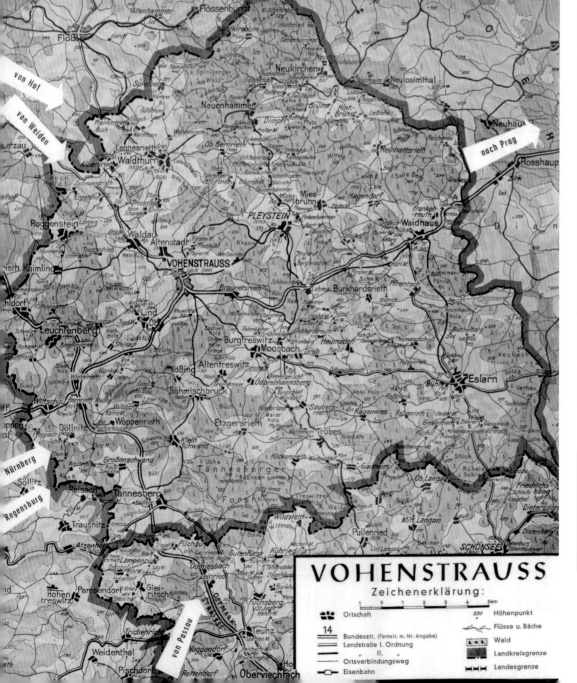

Bei der Gemeindereform übernahmen Brünst, Dimpfl, Georgenberg, Neudorf und Waldkirch im Kreis Vohenstrauß eine Vorreiterrolle. Sie schlossen sich zum 1. Januar 1971, also noch vor der Bildung des Großlandkreises Neustadt a. d. Waldnaab, zur Großgemeinde Georgenberg zusammen.

VG Weiherhammer mit den Mitgliedsge- meinden Weiherhammer, Etzenricht und Kohlberg ihre Arbeit auf.

Ein Dauerproblem während der „Freiwil- ligkeitsphase" war der Umstand, dass sich die Gemeinden fortwährend mit Gegenvorschlägen der übergeordneten Behörden, vor allem der Bezirksregierung, auseinanderzusetzen hatten. Bereits er- reichte Einigungen zwischen den Kommu- nen wurden des Öfteren „von oben her" in Frage gestellt. Wer kann sich beispiels- weise die Verblüffung der drei Gemeinden Feilersdorf, Preißach und Weihersberg vorstellen, die sich auf ihren Zusammen- schluss zu einer Großgemeinde Preißach in einer Verwaltungsgemeinschaft Pressath geeinigt hatten – um sich dann im April

1973 plötzlich mit einer Zielplanung aus Regensburg konfrontiert zu sehen, die das zur allseitigen Zufriedenheit ausgehandel- te Arrangement zu durchkreuzen drohte? In eine Verwaltungsgemeinschaft mit dem dreizehn Kilometer entfernten Eschenbach sollte Preißach nach diesen Visionen vom „grünen Tisch" eingefügt, die Gemeinde Weihersberg und Teile der Gemeinde Fei- lersdorf nach Pressath eingemeindet wer- den. Die Gemeinden legten hiergegen ent- schiedenen Protest ein, und tatsächlich gab die Regierung nach. Wesentlich war dies auch der Rückendeckung durch Landrat Christian Kreuzer zu verdanken, der noch am 18. April 1973 in Pressath betont hatte, „dass das Landratsamt die Wünsche der Be- völkerung und der Gemeinden respektiere". Der Landrat führte weiter aus, dass er keine

Gemeinde verplanen und keine zwangswei- sen Verbindungen schaffen wolle.

1976 ging die Gemeindereform in die Zielgerade, die „Amtsphase". Trotz zahlrei- cher Gemeindefusionen waren Staats- und Bezirksregierung noch immer nicht zufrie- den: Nach wie vor hatten im Neustädter Kreisgebiet vierundzwanzig der dreiund- fünfzig Gemeinden weniger als tausend, fünfzehn davon sogar weniger als fünfhun- dert und vier nicht einmal zweihundert- fünfzig Einwohner. Doch waren viele der kleineren Gemeinden, die sich bisher noch dem Beitritt zu einer größeren Kommune oder Verwaltungsgemeinschaft entzogen hatten, durchaus keine kategorischen Reformgegner. Oft wollten sie schlichtweg nur so lange wie möglich ihre Angelegen- heiten selbst regeln und hatten längst Absprachen mit Nachbarn für den Fall ge- troffen, dass Bezirks- und Staatsregierung von ihnen verlangen würden, ihre Eigen- ständigkeit aufzugeben. Typisch waren Be- schlüsse wie dieser der Gemeinde Dießfurt bei Pressath vom 30. November 1971: „Der Gemeinderat beschließt, daß die Gemein- de ... bis zum längst möglichen Zeitpunkt

Als der Großlandkreis am 1. Juli 1972 nach hundertzehn Jahren die alten Kreise Eschen- bach, Neustadt a. d. Waldnaab und Vohenstrauß „beerbte", waren Kreisname und -sitz nur vorläufig bestimmt. Der Neugliederungsvorschlag vom Juni 1971 hatte Neustadt als Kreisstadt favorisiert – aus „strukturpolitischen Erwägungen", was wohl bedeu- tete, dass das kleinere Neustadt den Behördensitz besser brauchen konnte als das große, zudem kreisfreie Weiden. Trotzdem hatte die Reger-Stadt nach wie vor Fürspre- cher vor allem aus den „neuen" Gebieten um Eschenbach und Vohenstrauß, für deren Bevölkerung Weiden leichter zu erreichen war.

Monatelang tobten erbitterte Diskussionen, gaben sich die „Lobbyisten" beider Städte in München die Klinke in die Hand, eine Bürgerinitiative sammelte Unterschriften pro Weiden, und die Kreistagsabstimmung vom 14. Dezember 1972 schien die Frage ab- schließend zu beantworten: sechsunddreißig Stimmen für Weiden, fünfundzwanzig für Neustadt. Die Staatsregierung beharrte allerdings auf ihrer Vorentscheidung von 1971 und verfügte am 13. Februar 1973: Neustadt bleibt Kreissitz. Hierbei mag auch eine Rolle gespielt haben, dass in Weiden ein Kreishaus erst hätte gebaut werden müssen, während in Neustadt mit dem Lobkowitz-Schloss ein auch für den Großland- kreis ausreichend geräumiges Landratsamt verfügbar war.

... selbständig bleiben soll. Die Gemeinde Dießfurt zählt zu den Finanzkräftigsten im Landkreis Eschenbach und will die noch anstehenden größeren Probleme in eigener Selbständigkeit erledigen."

Ihre Wünsche konnten auch diese Gemeinden gegenüber der Regierung der Oberpfalz in einem Anhörungsverfahren vorbringen, das sich über das zweite Halbjahr 1975 hinzog. Diskussionsgrundlage war eine neue Zielplanung der Regierung, die Vorschläge und Diskussionsergebnisse aller Beteiligten aus den zurückliegenden Jahren berücksichtigte, allerdings auch manches enthielt, was für Missfallen sorgte. Vor allem einige der vorgesehenen Verwaltungsgemeinschaften sollten noch zu Steinen des Anstoßes werden. Zunächst aber meinte die Regierung, über Einwände hinweggehen zu können: An der Zielplanung wurde nichts Wesentliches geändert, und zwei Regierungsverordnungen strichen die Zahl der Gemeinden zum 1. Januar 1978 um weitere zehn und zum 1. Mai 1978 nochmals um sechs auf siebenunddreißig zusammen. Wir erinnern uns: 1970 hatte es im jetzigen Kreisgebiet noch hundertzehn Städte, Märkte und Landgemeinden gegeben – fast dreimal so viele. Ab Mai 1978 wurde obendrein die Bildung von sechs neuen Verwaltungsgemeinschaften verfügt; der Markt Mantel musste der bestehenden VG Weiherhammer beitreten.

Damit erntete die Regensburger Regierung allerdings „Sturm" bei einigen Gemeinden,

die sich durch den Verlust der eigenen Verwaltung in ihrem Selbstbewusstsein verletzt fühlten. Im Mai 1978 wurde Mantel fast zu einem zweiten Ermershausen, das immer wieder als Rebellendorf gegen die Gebietsreform in den Schlagzeilen ist: Weil die Marktgemeindeverantwortlichen die Standesamtsakten nicht freiwillig an die Verwaltungsgemeinschaft Weiherhammer übergeben wollten, rückten Bedienstete des Landratsamtes an, um die Dokumente einzufordern und ins Rathaus der Nachbargemeinde zu bringen. Von dort kehrten die Akten aber bereits Anfang 1980 zurück, denn nach zwanzigmonatigem Widerstand durfte der Zweitausendsiebenhundert-Einwohner-Markt aus der erzwungenen „Bürogemeinschaft" mit Weiherhammer ausscheiden. Die früheren

Neugliederungsrichtlinien wurden nämlich flexibler gehandhabt, und so reichten nun bereits zwei- statt fünftausend Einwohner, um als „Einheitsgemeinde" mit eigenem Verwaltungsapparat bestehen zu können. Hiervon profitierten auch Flossenbürg und Waldthurn, deren VG-Zwangsehen mit Floß beziehungsweise Pleystein ebenfalls 1980 „geschieden" wurden.

Schlagzeilen machte die Gebietsreform nochmals 1992/93 mit dem „Fall Bechtsrieth". Die Gemeinde war 1978 mit Irchenrieth verschmolzen worden, doch so recht zusammengewachsen war man nie. Das Fass zum Überlaufen brachte 1992 ein Streit um den Standort eines neuen Kindergartens. Mit einem handfesten Schuss vor den Bug der „Staatspartei" kam der

Hans Götz (links) wurde nach der Wiedererlangung der Selbstständigkeit 1994 als Bürgermeister von Bechtsrieth vereidigt. Vierzehn Jahre stand er an der Spitze der Gemeinde und baute wieder eine Infrastruktur auf. Es gab anfangs weder einen Winterdienst noch ein Rathaus. Rund zehn Jahre später ging es um die Zukunft von Theisseil. Oben sind Bürgermeister Herbert Hösl, Landrat Simon Wittmann und zweite Bürgermeisterin Marianne Rauh (von rechts) in der VG Neustadt zu sehen, als das Endergebnis feststand.

Stein ins Rollen: Siebenundsechzig Bechtsriether CSU-Mitglieder traten aus ihrer Partei aus, und gemeinsam mit der SPD stritt und warb man für die Wiedererlangung der Eigenständigkeit. Am 8. August 1993 stimmten bei einer Bürgerbefragung fast achtzig Prozent für die Trennung von Irchenrieth, die zu Neujahr 1994 per Gesetz vollzogen wurde. Das 1995 angenommene Bechtsriether Gemeindewappen zeigt übrigens einen Phönix, der sich aus einer Flamme erhebt – es war ein glücklicher Zufall, dass der auch das Wappenzeichen einer einst im Ortsteil Trebsau ansässigen Adelsfamilie war. 2003 erregte dann nochmals Theisseil Aufsehen, wo eine Bürgerinitiative für die Selbstauflösung der Kommune eintrat, die 1972 aus drei Gemeinden entstanden war. Neben der prekären Finanzlage wurde auch vorgetragen, dass Theisseil nur unvollkommen zusammengewachsen sei, und einer Aufteilung oder dem Anschluss an Weiden das Wort geredet. Doch eine Volksabstimmung endete mit einer Mehrheit für den Erhalt der Gemeinde.

Vier Jahrzehnte Gebietsreform: Das bedeutete auch im neuen Landkreis Neustadt nicht nur Friede, Freude, Harmonie. Von manchen Illusionen der Reformzeit haben sich wohl auch Optimisten inzwischen verabschiedet: Es war naiv zu glauben, die Zusammenfassung kleiner, anheimelnder Gemeinden und Kreise zu größeren Einheiten hätte ohne Verlust an Bürgernähe abgehen können. Eine Fahrt in die

Kreisstadt wird aus manchen Randgebieten – zumal wenn man kein Auto besitzt – fast zur Expedition. Kaum verwunden ist für die Eschenbacher und Vohenstraußer der Verlust an Dienstleistungsangeboten, Zentralität und Prestige, den die Aberkennung des Kreisstadtstatus heraufbeschwor. Zumindest auf der Gemeindeebene mag man sich heute auch fragen, ob der Druck, größere Einheiten zu schaffen, stets nötig war.

Zugegeben: Die meisten Bürger haben in „ihren" neuen Großgemeinden und Verwaltungsgemeinschaften Wurzeln geschlagen, und in anderen Bundesländern ging man noch weit rücksichtsloser vor. Aber Rheinland-Pfalz zeigt mit seinem Mit-

einander von Orts- und Verbandsgemeinden, dass auch noch kleinere kommunale Einheiten durchaus den Aufgaben unserer Zeit gewachsen sein können, wenn sie dort, wo komplexere Aufgaben es erfordern, das Miteinander suchen. Doch ist es wohl müßig, derartige Gedankenspiele anzustellen. Und die Vielzahl an neuen Schulhäusern und Freizeiteinrichtungen, Mehrzweckhallen und Feuerwehrhäusern, der Ausbau des Straßennetzes und noch vieles mehr belegen eindrucksvoll, dass in puncto Leistungsfähigkeit die neuen Einheiten des Landkreises und der Großgemeinden die Erwartungen ihrer Wegbereiter nicht enttäuscht haben.

Dr. Bernhard Piegsa

Den Raum Erbendorf (oben) verlor der Landkreis Neustadt a. d. Waldnaab bei der Gebietsreform an den Nachbarlandkreis Tirschenreuth – entgegen dem Wunsch der Einwohner, die sich mehrheitlich für einen Verbleib im Landkreis Neustadt ausgesprochen hatten. Aus wirtschaftlichen Überlegungen setzte sich die Regierung über den Bürgerwillen hinweg. Die Karte zeigt den Landkreis Neustadt vor der Reform.

Es gibt viele Arten von Grenzen. Die meisten sind willkürlich gezogen, durch menschlichen Willen. Eine Ausnahme bildet die Grenze zwischen Bayern und Böhmen. Hier ist es der schwer zu überwindende Höhenzug des Bayerischen und Oberpfälzer Waldes auf der einen Seite und des Böhmerwaldes auf der anderen Seite. Dieses Mittelgebirge bildet seit jeher eine natürliche, wenn auch meist durchlässige Barriere. So drängten in der zweiten Hälfte des ersten Jahrtausends Slawen oder Wenden in den Westen. Ortsnamen mit den Bestandteilen „Winden", „Wing", „Windisch" entstanden. Auch Lohma und Döllnitz scheinen slawischen Ursprungs zu sein.

Nach der Jahrtausendwende siedelten die Sudetendeutschen in Böhmen, Mähren und Schlesien. Die tschechischen Randgebiete befanden sich fast ausschließlich in deutschsprechender Hand. Ob nun an der Goldenen, Verbotenen oder sonst einer der vielen Straßen, der Handel zwischen Ost und West blühte. Die Grenzen waren zwar gut bewacht, aber in gut nachbarschaftlichem Einvernehmen. Vielfältige Kontakte bestanden zwischen den Menschen beider Länder, bis das Hitlerregime dem abrupt ein Ende setzte.

Noch 1945 schloss die tschechoslowakische Republik die Grenze, legte Sichtstreifen frei, installierte Drahtzäune, Hoch-

VOM RAND ZUR MITTE EUROPAS

spannungsleitungen, Stolperdrähte, Wachtürme und zahlreiche Kasernen. Da die eigentlichen Grenzanlagen von westlicher Seite nicht direkt einzusehen waren und oft bis zu drei Kilometer im Landesinnern lagen, wies das Landratsamt Neustadt a. d. Waldnaab in zahlreichen Hinweisschildern auf die Gefahren eines unbeabsichtigten Grenzübertritts hin. Direkt betroffen waren die Grenzgemeinden Flossenbürg, Georgenberg, Waidhaus und Eslarn. Ein Streifen von fünfzehn Kilometern Breite bildete einen besonderen Schutzbereich mit einer Flugverbotszone. Aber es war nicht nur ein Nachteil, nach einer Seite vom Leben abgeschnitten zu sein. Bayern und die Bundesrepublik Deutschland mussten den starken Grenzverbänden auf der tschechischen Seite eigene Grenzorgane entgegensetzen. So entstanden bei Grenzpolizei, Zoll und Bundesgrenzschutz zahlreiche Arbeitsplätze.

Bis 1954 blieb Waidhaus der einzige geöffnete Straßen-Grenzübergang in die Tschechoslowakei. In den Anfangsjahren führten die US-Constabulary, eine Polizeieinheit der US-Armee, die Pass- und

Personenkontrollen aus. Ab 1947 durften ausgewählte Beamte der neugegründeten Zollbehörde und der Landesgrenzpolizei mit den US-Soldaten gemeinsam Dienst verrichten. Erst 1948 gingen die Personenkontrollen ganz in bayerische Zuständigkeit über. Der Zoll arbeitete noch weitere Jahre mit den US-Behörden zusammen.

In den Folgejahren nutzten neben dem langsam steigenden Warenverkehr vor allem auch Künstler, Sportler, hochrangige Politiker und Diplomaten den Grenzübergang. Die B 14, die als einzige Verbindung zwischen Nürnberg und Prag über Leuchtenberg, Vohenstrauß, Pleystein und Waidhaus in den Ostblock führte, avancierte nach der Goldenen Straße und der Verbotenen Straße unter Kaiser Karl IV. nunmehr zur Diplomatenstraße. Viele Reisende übernachteten noch in den Gemeinden an der Bundesstraße und deckten sich mit frischen Waren ein, bevor sie die Grenze überschritten. Vor allem die Diplomaten, die wegen ihres Immunitätsstatus keinen Kontrollen unterlagen, nutzten dies ausgiebig. Ganz zaghaft begann ab 1957 der touristische Verkehr, verbunden mit Zwangsumtausch und strengen Kontrollen, der vorwiegend an Feiertagen lange Rückstaus an der B 14 verursachte.

Unter dem Vorsitzenden der tschechoslowakischen Kommunistischen Partei, Alexander Dubček, setzte 1968 ein Liberalisierungs- und Demokratisierungsprozess ein, den am 21. August 1968 sowjetische Truppen gewaltsam niederschlugen. Auch die westlichen Militärs wurden in Alarmbereitschaft versetzt und die Grenzen gesichert. Truppen und Panzer marschierten beziehungsweise fuhren im Osten des Landkreises auf. Wenn auch keine Verteidigungsmaßnahmen erforderlich wurden, die Beziehungen zum Nachbarstaat kühlten wieder ab.

Michail Gorbatschow leitete 1986 in der Sowjetunion den Umbau und die Modernisierung des politischen und wirtschaftlichen Systems ein, genannt Perestroika. Eng verbunden damit war „Glasnost", mit

Mit diesen Schildern wurden die Leute darauf aufmerksam gemacht, dass die Grenze nicht erst beim Stacheldraht beginnt.

Ein Bild, das um die Welt ging. Außenminister Hans-Dietrich Genscher und sein tschechischer Kollege Jiří Dienstbier durchschnitten am Tag vor Heiligabend 1989 bei Waidhaus den Stacheldraht. Ein zweisprachig gestalteter Gedenkstein erinnert daran.

mehr Meinungs- und Pressefreiheit. Diese Bestrebungen hatten auch Einfluss auf die verbündeten Länder. Viele DDR-Bürger nutzten alle Möglichkeiten zur Staatsflucht. Einige stürmten in die deutsche Botschaft in Prag, wo ihnen Außenminister Hans-Dietrich Genscher in der aufsehenerregenden „Balkonrede" die Freiheit versprach. Die ersten beiden Busse mit Flüchtlingen brachte der Deutsche Botschafter Herrmann Huber am 24. Oktober 1989 unter großem Medieninteresse noch persönlich über den Übergang Rozvadov (Roßhaupt) nach Waidhaus. Von da an überschlugen sich die Ereignisse. Die Tschechoslowakei erlaubte ab dem 3. November 1989 den DDR-Bürgern freien Transit durch ihr Land. In vielen Orten im Landkreis wurde Begrüßungsgeld als erste Hilfe für die Aussiedler ausbezahlt. Am 9. November

des gleichen Jahres fiel die Mauer in Berlin. Noch ahnte niemand, dass einige Wochen später auch die Grenze zu Tschechien geöffnet würde.

Am 23. Dezember 1989, also einen Tag vor dem Heiligen Abend, fiel der „Eiserne Vorhang". In den Morgenstunden kam Außenminister Genscher per Hubschrauber aus Bonn. Die Waidhauser Blasmusik konnte bereits vorher ungehindert die Grenze passieren und sich vor Ort aufstellen.

Als der Außenminister am Grenzübergang ankam, erwartete ihn dort eine unüberschaubare Menschenmenge, darunter viele, die seit ihrer Vertreibung beziehungsweise Aussiedlung den „heimatlichen" Boden nicht mehr betreten hatten. Genscher forderte die Leute auf, ihm zu folgen. Die Einreise in die ČSSR erfolgte für alle Teilnehmer ohne Visum und Pflichtumtausch. Auf beiden Seiten gab es keine Probleme. Bei Nové Domky (Neuhäusl) wurde dann von beiden Außenministern unter lautem Jubelgeschrei und unbeschreiblicher Freude aller Teilnehmer der Stacheldraht mit einem Bolzenschneider durchtrennt. Es waren auch viele tschechische Bürger anwesend, die ebenso begeistert waren.

Anschließend ging die Fahrt entlang des Grenzzaunes und der aufgestellten Wachtürme, die erstmals aus nächster Nähe zu sehen waren, zurück nach Waidhaus. Im Gasthaus Biehler hielten die beiden Minister eine internationale Pressekonferenz ab. Beide Staatsmänner zeigten sich sehr angetan von der positiven Stimmung der deutschen und tschechischen Bevölkerung. Sie sahen dies als einen guten Anfang für ein friedliches Verhalten und ein Leben miteinander.

Sowohl der amtierende Landrat Anton Binner als auch der damalige Bundestagsabgeordnete Simon Wittmann begleiteten tatkräftig die sich ab 1990 rasant verändernde Entwicklung des Landkreises und seiner Gemeinden. In den ersten Jahren deckten sich die tschechischen Bürger im Landkreis mit Waren ein, die bisher im Osten nicht zu haben waren. Ein ungeheuerer Wirtschaftsboom setzte ein. Die ersten tschechischen Arbeitskräfte mit deutschen Sprachkenntnissen verdingten sich in der Gastronomie und im Gewerbe. Aber auch viele Betriebe mit lohnintensiven Produktionen verlagerten

ihre Produktionsstätten in den Osten. Nach IHK-Angaben siedelten sich bis 1997 über zweitausend Firmen in der Grenzregion zwischen Karlovy Vary (Karlsbad) und Domažlice (Taus) an. Die größte Herausforderung stellte allerdings der sprunghaft steigende Verkehr dar, dem sich die Gemeinden und Orte an der B 14 ausge-

setzt sahen. Waren es 1989 noch 378 880 Pkw und 134 753 Lkw, so benutzten 1994 bereits 3 660 515 Pkw, 280 083 Lkw und 80 110 Busse den Grenzübergang. Regelmäßige Staus von Waidhaus über Lohma bis Vohenstrauß waren die Folge. Für die Menschen, die an der Bundesstraße wohnten, wurde der Verkehr zum Albtraum. Die größten Anstrengungen zu verkehrsregelnden Maßnahmen, darunter der Bau von Standspuren und eines neuen Zoll-Abfertigungsterminals, brachten kaum Verbesserungen.

Eine spürbare Entlastung für die Landkreisgemeinden an der B 14 brachten erst die Eröffnung des Autobahngrenzüberganges und die Freigabe eines zwölf Kilometer

Als Bürgermeister der Grenzgemeinde Waidhaus erlebte August Reichenberger den überraschenden Staatsakt an vorderster Stelle. In einem Interview, aufgezeichnet von Hans Beck, erinnerte er sich: „Am 21. Dezember 1989 erhielt ich von Oberamtsrat Schneider vom Auswärtigen Amt in Bonn einen Anruf. Er teilte mir mit, dass am 23. Dezember der tschechische Außenminister Jiří Dienstbier und sein deutscher Amtskollege Hans-Dietrich Genscher in der Nähe des Grenzüberganges Waidhaus-Rozvadov den Stacheldrahtzaun symbolisch durchtrennen werden. Er werde deswegen noch heute nach Waidhaus reisen, um vor Ort mit mir und den zuständigen Stellen die Angelegenheit zu besprechen.

Anlässlich des alljährlichen obligatorischen Weihnachtsessens der deutschen und tschechischen Grenzbehörden (Zoll und Grenzpolizei) am 22. Dezember 1989 im Waidhauser Zollgebäude teilte ich allen Anwesenden mit, was am nächsten Tag passieren sollte. Die tschechischen Behörden wussten von alldem nichts und wollten dies auch nicht glauben. Am Abend wurde dann in der Gaststätte Biehler alles durchgesprochen. Unter anderem wurden für jede Seite je zwei deutsche und tschechische Flaggen benötigt. Als ich den Tschechen zwei deutsche Fahnen übergab und sie um zwei ihrer Fahnen bat, die ich auch sofort erhielt, glaubten sie erst, was passieren würde."

Der Waidhauser Bürgermeister Gustl Reichenberger (rechts) tauschte vor der Öffnung der Grenze mit den Vertretern der tschechischen Behörden die Landesfahnen, um sie beim Festakt hissen zu können.

langen Teilstückes der A 6 am 10. November 1997. Der deutsche Verkehrsminister Matthias Wissmann und sein tschechischer Amtskollege Martin Riman sowie der bayerische Staatminister des Innern Günther Beckstein tauften die A 6 auf den Namen „Via Carolina".

Mit dem 1. Mai 2004 trat das Nachbarland Tschechien als Vollmitglied der Europäischen Union bei. Dadurch fielen an der Grenze die Zollkontrollen weg. Verbunden war damit nochmals ein sprunghafter Anstieg des Lkw-Verkehrs, um achtzig Prozent noch im Mai 2004. Mit dem EU-Beitritt Tschechiens rückte die Region Oberpfalz-Nord endgültig von der Randlage in die Mitte Europas. Während sich der Zoll am 1. Mai 2004 eher leise verabschiedete, versammelten sich am 21. Dezember 2007 Vertreter von Behörden und Polizei, Politiker aus beiden Ländern, zahlreiche Pressevertreter und viele Schaulustige, um dem historischen Moment des Wegfalls der Grenzkontrollen an der deutsch-tschechischen Grenze beizuwohnen. Pünktlich

um 24 Uhr hob sich die am Schlagbaum befestigte Europafahne und gab so den Weg frei für ein ungehindertes Reisen von Deutschland nach Tschechien und umgekehrt. In diesem Zusammenhang hat auch die Granittafel bei Hildweinsreuth, Gemeinde Flossenbürg, die auf den geografischen Mittelpunkt Mitteleuropas hinweist, eine besondere Bedeutung erlangt.

Es gab in der Folgezeit etliche Städte- und Gemeindepartnerschaften mit tschechischen Kommunen. Nach der Grenzöffnung Ende 1989 waren viele Landkreisgemeinden neugierig auf die tschechischen Nachbarn. Viele tschechische Kommunen suchten Kontakte im Westen. Zahlreiche Gemeinde- und Städtepartnerschaften entstanden in lockerer Gemeinschaft oder mit offiziellen Partnerschaftsvereinbarungen, die die Zusammenarbeit auf den verschiedensten Ebenen der Gesellschaft und kommunaler Politik regeln. Über die Jahre hinweg zeigt sich, dass nur diese Partnerschaften mit Leben erfüllt sind, in denen auch die persönlichen Beziehungen

Nach der Grenzöffnung kam der Ost-West-Handel in Schwung. Kilometerlange Lkw-Staus diesseits und jenseits der Grenze wurden zur nervenaufreibenden Geduldsprobe. Oft staute sich der Verkehr bis nach Vohenstrauß zurück.

zwischen Bürgern, Vereinen, Feuerwehr, Schule, Kindergarten und nicht zuletzt den Stadt- und Gemeinderäten in guter Nachbarschaft funktionieren. Daraus entstanden mittlerweile viele Freundschaften. Höhepunkte sind die gemeinsamen Feste und kulturellen Aufführungen, aber auch außergewöhnliche Veranstaltungen wie die internationalen Meisterschaften im Bierfassrollen, organisiert durch die Gemeinden Störnstein und Chodová Planá, oder die jährliche Oldtimer-Rundfahrt „Sascha Kolowrat" durch verschiedene Grenzlandgemeinden.

Dem Reisenden werden auf jeder Seite der Autobahnbrücke Kunstwerke auffallen, die mit der wechselvollen Geschichte und der rigorosen Trennung der beiden Länder in Zusammenhang stehen. Der von beiden Seiten betriebene Bau der Autobahn und der gemeinsam bewirtschaftete Grenzübergang wurden nach den Zeiten des „Eisernen Vorhanges" als positive Veränderung der nachbarschaftlichen Beziehung verstanden. Der geschichtlich verbindende Name der Magistrale „Via Carolina" war Grundlage für einen Künstlerwettbewerb. Neun Künstlerinnen und Künstler aus beiden Ländern wurden eingeladen, ihre Entwürfe abzugeben.

Vier tschechische und vier deutsche Preisrichter sowie der Botschafter des Großherzogtums Luxemburg als Vorsitzender entschieden sich für die Arbeiten des Bildhauers Helmuth Langhammer aus Pressath in der Oberpfalz.

Das Kunstwerk auf tschechischer Seite ist eine Skulptur aus einem Rahmenelement mit gotischem Tympanon und einem Bronzetor. Um die Dynamik der Situation zu verdeutlichen und im Kontrast zu den statischen Brückenbauwerken sind alle Elemente aus der Lotrechten in eine leichte Schräglage versetzt. Das Tor ist endgültig offen. Normalerweise öffnet und schließt man ein Tor nach Bedarf. Anders hier: Das Tor steht, neben den Angeln gelehnt, als Zeichen eines Prozesses an der Grenze. Die Plastik ist sechseinhalb Meter hoch und besteht aus Edelstahl und Tombak, einer Kupfer-Zinn-Legierung.

Auf deutscher Seite umschließt ein Rechteck rahmenartig einen kreisrunden Binnenraum, der sich zum Horizont hin in freier Bewegung öffnet. Zwei verschiedene Metalle verdeutlichen und steigern das Spannungsspiel von „Zusammenhalten" und „Öffnen", das auch in der Politik Karls IV. zum Ausdruck kam. Als unmittelbarer Gegenwartsbezug bietet sich die Erinnerung an das Durchschneiden des Grenzbandes Ost-West an. Die Plastik ist sechs Meter hoch und besteht aus Edelstahl und Bronzeguss.

Josef Forster

Folgende Kommunen im Landkreis unterhalten offizielle Partnerschaften:

Eslarn – Bělá nad Radbuzou (Weißensulz) seit 1990
Luhe-Wildenau – Freundschaft mit Bratronice (Bratronitz) und Lhota seit 2000
Pleystein – Bor (Haid) seit 2003
Püchersreuth – Chlum Svaté Maří (Maria Kulm) seit 2009
Störnstein – Chodová Planá (Kuttenplan) seit 2005
Vohenstrauß – Stríbřo (Mies) seit 1992
Waidhaus – Rozvadov (Roßhaupt) seit 1993
Waldthurn – Hostouň (Hostau) seit 2004

Daneben existieren noch eine Bayerisch-Böhmische Innovationsallianz, der Mähring, Bärnau, Plößberg, Flossenbürg, Floß und Georgenberg angehören, und verschiedene grenzüberschreitende Arbeitsgemeinschaften.

Ein großer Augenblick für den Landkreis
Neustadt a. d. Waldnaab sowie die
Nachbarschaft von Bayern und Böhmen
war am 6. Oktober 2006 die Einweihung
der A 6 von Lohma bis zur Grenze bei
Waidhaus. Zwei Tage vorher war die
„Via Carolina" für den Verkehr frei-
gegeben worden. Bundesverkehrs-
minister Wolfgang Tiefensee (vorne,
Dritter von rechts) durchschnitt mit
Innenminister Günther Beckstein
(vorne, Dritter von links) und zahlreichen anderen Gästen das in den
deutsch-bayerischen Landesfarben
gestaltete Absperrband. Rund zweihundertfünfzig Gäste aus Deutschland
und Tschechien feierten in einem
Festzelt auf dem Brummiparkplatz bei
Waidhaus das historische Ereignis.

VIA
CAROLINA

STEINREICHE ECKE BAYERNS

Ein ganz normaler Landkreis ist Neustadt a. d. Waldnaab sicher nicht. Dazu gibt es hier viel zu viele ungewöhnliche Dinge zu entdecken. Da ist zum Beispiel das tiefste Loch der Erde, das die Geowissenschaftler bei Windischeschenbach gebohrt haben, da ist das südlichste Vulkangebiet Bayerns, das die Region mit faszinierenden Feuerbergen übersät hat, da ist der Bockl-Radweg, der längste und wohl auch einer der schönsten Bahntrassen-Radwege Bayerns. Und da ist natürlich der Zoigl, das Kultbier aus der Oberpfalz, um nur einige Besonderheiten zu nennen. Dies alles sind auch Glanzlichter des Naturparks Nördlicher Oberpfälzer Wald, der das ganze Landkreisgebiet umspannt.

„Feldspat, Quarz und Glimmer, die vergess' ich nimmer", so lernte früher jedes Kind in der Region in der Schule die Bestandteile des Granits, der prägenden Gesteinsart des Oberpfälzer Waldes. Dieses Tiefengestein hat der Region viele ungewöhnliche Naturdenkmäler beschert, die neuerdings im Geopark Bayern-Böhmen zusammengefasst sind.

Wunderschön spiegelt sich am Flossenbürger Schlossberg der zwiebelschalenartige Aufbau der Granitschichten im Wasser. Oben thront die Hohenstaufenfeste auf dem einzigartigen Naturdenkmal.

Der ganze Landkreis Neustadt a. d. Waldnaab bietet Erholung in gewachsenen, naturnahen Kulturlandschaften. Da war es irgendwie logisch, das gesamte Kreisgebiet in den Naturpark Nördlicher Oberpfälzer Wald einzubeziehen, welcher ein grünes Band entlang der Grenze zum tschechischen Nachbarn bildet. Der Naturpark unter der Regie des gleichnamigen Fördervereins hat sich dabei in den letzten Jahren zum Muntermacher der Region weiterentwickelt. Als Moderator übt er hier gleichsam eine Bündelungsfunktion für den Ausgleich zwischen Ökonomie und Ökologie aus. Naturparke sind schließlich in erster Linie dafür geschaffen worden, um einzigartige Landschaften, die aus Naturschutzgründen sowie wegen ihrer besonderen Eigenart und Schönheit herausragende Bedeutung genießen, zu erhalten, zu entwickeln oder wiederherzustellen. Nachhaltiger Tourismus, umweltgerechte Landnutzung oder effiziente Regionalentwicklung lauten die Schlagworte.

DER GANZE LANDKREIS VORBILD-LANDSCHAFT

Dabei sah es anfangs nicht sehr rosig für diese mittlerweile in Politik und Gesellschaft fest verankerte Institution aus. In zähen und langwierigen Verhandlungen konnte erst im Herbst 1997 ein tragfähiges Konzept auf den Weg gebracht werden. Vor allem der Konsens mit der Landwirtschaft bereitete damals Bauchschmerzen. Heute ist das alles Schnee von gestern. So hat beispielsweise die Naturparkverwaltung die Trägerschaft für die Landschaftspflege anstelle eines Landschaftspflegeverbandes im Landkreis

Fläche: 128 100 Hektar

Schutzzone: 62 Prozent

Wahrzeichen: Burgruine Flossenbürg

Mitglieder: über 200

Auszeichnungen: Ehrenurkunden in den Bundeswettbewerben 2000, 2002 und 2005, Gütesiegel Viabono, Nationale Naturlandschaft, Deutscher Qualitätsnaturpark

1975	Gründung der beiden Naturparkvereine Hessenreuther und Manteler Wald mit Parkstein sowie Nördlicher Oberpfälzer Wald
1997	Rechtskräftige Ausweisung des Nördlichen Oberpfälzer Waldes als Schutzgebiet
1998	Verschmelzung beider Naturparke zum Nördlichen Oberpfälzer Wald
2005	Offizielle Erklärung des gesamten Gebiets zum Naturpark
2008	Ernennung zur Nationalen Naturlandschaft
2011	Verleihung der Antaios-Medaille für vorbildlichen Umweltschutz

inne. Als Dienstleister übernimmt sie hier, im Auftrag ihrer Mitglieder, die Nutzung von naturschutzfachlich wertvollen Flächen, um sie mit ihren prägenden Elementen und Strukturen auch weiterhin für nachfolgende Generationen zu sichern. Es sind überwiegend Landwirte, welche ihre Arbeitskraft samt landwirtschaftlichen Geräten in den Dienst der guten Sache sowie ihres betrieblichen Fortkommens stellen. Nicht ohne Grund ist der Landkreis stolz auf seinen Naturpark und sieht ihn zu Recht als ein großes Zukunftskapital an, gemäß dem Slogan „Dort leben und arbeiten, wo andere Urlaub machen".

Der Naturpark sorgt für einen Einklang zwischen Natur und Mensch. Am Obersee bei Eschenbach wurden Beobachtungskanzeln geschaffen, von denen aus Naturfreunde die Kinderstube der Möwen beobachten können, ohne den Brutbetrieb zu stören (links oben). In Tännesberg unterstützt der Naturpark die Vermarktung von Rotviehprodukten (rechts oben). Mit dem Maskottchen „Butzlkouh", das nach einem alten Mundartausdruck für Kiefernzapfen benannt ist, erreicht der Naturpark schon die kleinsten Einwohner des Landkreises.

Der Nördliche Oberpfälzer Wald kann gleich mit mehreren Naturräumen aufwarten: dem Oberpfälzer Hügelland, dem eigentlichen Oberpfälzer Wald und der Naab-Wondreb-Senke. Durch die verschiedenen Ausgangsgesteine, Landschaftsformen und Nutzungen haben sich zahlreiche Biotope ausgebildet, die von Intensivkulturen bis zu sehr naturnahen Flächen reichen. Nicht umsonst wurden im Bereich des jetzigen Naturparkgebietes seit 1937 mehrere Schutzgebiete ausgewiesen, von regionaler bis zu internationaler Bedeutung. Es galt, die Lebensraumvielfalt und damit die zahlreichen Arten zu erhalten und durch geeignete Pflegemaßnahmen zu fördern.

Das Spektrum der Pflanzen im Naturpark ist ungemein groß. Es erstreckt sich von

Erstbesiedlern auf Gestein und offenen Böden, den Flechten und Moosen, bis zu jahrhundertealten, landschaftsprägenden Bäumen, oft als Naturdenkmäler ausgewiesen. Es reicht von Zwergen und Riesen, zum Beispiel dem nur zwei bis fünf Zentimeter großen Kleinen Mastkraut, das oft und gern in Pflasterfugen wächst, bis zu der Arzneiengelwurz, die zweieinhalb Meter hoch werden kann und in Staudenfluren an Flussufern anzutreffen ist. Alteingesessene, die Eiszeitrelikte, zu denen viele unserer Moorpflanzen gehören, sind ebenso darunter wie Neusiedler, die sich gerne entlang der Verkehrswege ausbreiten. Aktuell ist hier das Beifußblättrige Traubenkraut zu nennen. Giftige wie das gut duftende Maiglöckchen kann man ebenso entdecken wie die wohlschmeckenden, köstlichen Himbeeren. Es gibt Pflanzen, um die sich Mythen ranken, wie die Hexenpflanze Bilsenkraut und anerkannte Heilpflanzen wie die geschützte Arnika, die auf mageren montanen Wiesen wächst. Das Spektrum erstreckt sich von unscheinbaren, grünen Raritäten wie der Mondraute bis zu höchst attraktiven und in Vielzahl der Landschaft einen Farbtupfer aufsetzenden Blühpflanzen wie dem Klatschmohn.

Auch in der Tierwelt reicht die Spanne von sesshaften Tieren, die auf unseren Felsen

und Mauern in Spalten vorkommen, wie dem Steinpicker bis hin zu wandernden Arten, die einen anderen Winterlebensraum haben oder zu Laichgewässern aufbrechen wie die Amphibien. Zu den Lieblingen gehört zweifellos der Kulturfolger Weißstorch, der relativ zahlreich im Landkreis nistet. Aber es gibt auch Problemtiere wie den putzigen Biber, der sich nicht mit dem ihm zugedachten Lebensraum in abgelegenen Flusstälern begnügt. Es gibt hier viele ungewöhnliche Tiere, von leicht beobachtbaren wie den Schmetterlingen, die lange auf Blüten Nektar saugen, bis hin zu scheuen Reptilien wie der Kreuzotter, die meist schon verschwunden ist, bevor sie gesehen wird. Die einen, wie der Buchfink, der mit seinem wunderschönen Gesang erfreut, sind tagaktiv, die anderen,

wie die Zwerg-Fledermäuse, die erst in der Dämmerung auf Nahrungssuche gehen, sind nachtaktiv. Sie alle sind ein Teil des Artenspektrums des Naturparks, das sich stetig ändert und einer Dynamik unterliegt. Gerade das macht Natur so spannend. Der Naturpark versucht mit seinen Aktivitäten, die Vielfalt durch gezielte Schutzmaßnahmen für gefährdete Tiere und Pflanzen zu erhalten, damit auch unsere Enkel noch die Möglichkeit haben, all die faszinierenden Lebewesen in freier Natur zu entdecken.

Martin Koppmann/Mathilde Müllner

Der Weißstorch ist ein Kulturfolger, der die Nähe des Menschen sucht. Links oben ist der Horst auf dem Alten Schloss in Neustadt a. d. Waldnaab zu sehen. Selten geworden ist die Arnika, eine anerkannte Heilpflanze (links unten). Die Kreuzotter ist die einzige Giftschlange im Naturpark (unten Mitte). Der Grasfrosch gehört zu den Amphibien, die im Frühjahr ein Laichgewässer aufsuchen (oben rechts). Auch seltene Arten wie die Fransenfledermaus (rechts Mitte) sind noch anzutreffen. Ein Rückkehrer ist der Fischotter, der wieder an Flüssen im Landkreis zu beobachten ist (unten rechts).

Mit Walderlebniswelten und -pfaden ermuntert der Naturpark, sich auf das Abenteuer Natur einzulassen und im Landkreis auf Entdeckungsreise zu gehen. Im Westen des Landkreises gibt es den Walderlebnispfad Winterleite bei Pressath, den Walderlebnispfad Bierlohe bei Grafenwöhr, den Holzweg bei Eschenbach und den Rundweg Weihersberger Kulturlandschaft zu erkunden (von oben nach unten).

Weitere beliebte Einrichtungen sind der „PleySteinpfad" mit Fotorahmen, der Walderlebnispfad „Lust" in Waidhaus, die Kiefer-Föhra-Vielfalt nahe Rupprechtsreuth bei Mantel, der Unratgarten in Michldorf (rechts, von oben nach unten) und die Walderlebnisbühne auf dem Eslarner Stückberg (unten Mitte).

KINDERSTUBE MIT TOLLEM AUSBLICK

Die nördliche Oberpfalz und besonders der Landkreis Neustadt a. d. Waldnaab mit dem Truppenübungsplatz Grafenwöhr sind wieder Heimat der Adler geworden. Fisch- und Seeadler ziehen am Oberpfälzer Himmel ihre Kreise. Das gut gehütete Geheimnis, dass nach dem Fischnun auch der noch viel prächtigere Seeadler zurück ist und hier nistet, gab die Bundesforstbehörde im April 2010 in einer Pressemitteilung bekannt. Die Schlagzeile lautete „Bundesadler im Aufwind", und die Meldung sorgte für reichlich Gesprächsstoff, nicht nur unter Naturliebhabern.

Von der Öffentlichkeit nahezu unbemerkt hat sich auf dem Truppenübungsplatz Grafenwöhr seit Ende der 1980er Jahre eine eigenständige Population des Seeadlers entwickelt. Im Schutz militärischer Sicherheitsbereiche und unter der Obhut der Förster und der Umweltabteilung der US-Armee zog der größte europäische Adler, dessen beeindruckende Flügelspannweite 2,40 Meter erreichen kann, Jahr um Jahr erfolgreich Junge groß. Mittlerweile gibt es mehrere Nistpaare dieses Greifvogels, der seit der Jahrtausendwende langsam in Bayern wieder heimisch wird. „Die Seeadler profitieren vom Arten- und Wildreichtum auf dem Übungsplatz und dessen Betretungsverbot", sind sich die Spezialisten sicher.

Die Naturschützer hoffen nun auf eine ähnlich sensationelle Entwicklung, wie es sie beim Fischadler gegeben hat. Der kleinere „Bruder" wurde 1990 als Brutvogel auf dem Truppenübungsplatz erstmals wieder entdeckt. Seitdem wird dieser Horst bebrütet. Jahr für Jahr schlüpfen dort junge Fischadler und sorgen für eine Ausbreitung der Population. Mittlerweile gibt es wieder rund ein Dutzend Brutpaare in der Oberpfalz, die meisten davon nisten im Landkreis Neustadt a. d. Waldnaab. Bevorzugt lebt der Greifvogel in lichten Kiefern-Altholzresten größerer, geschlossener Waldgebiete. Ein Fischgewässer in seinem Umfeld ist wichtig. In Eschenbach, im Hessenreuther und Manteler Wald sowie im Muckenthaler Teichgebiet im Landkreis Tirschenreuth wurden Voraussetzungen geschaffen und künstliche Nisthilfen angebracht. Ansiedlungsbemühungen, die mittlerweile von Erfolg gekrönt sind. Auch in der Waldnaabaue im Landkreis Tirschenreuth und im Seengebiet im Landkreis Schwandorf zieht der Adler wieder seine Kreise.

Fischadlerexperte Dr. Daniel Schmidt vom NABU-Vogelschutzzentrum hat im Jahr 2012 sieben Jungadler in der Oberpfalz beringt. Somit ist davon auszugehen, dass die Verbreitung weiter anhält und man an immer mehr Stellen künftig den Fischadler in der Oberpfalz fliegen, fischen und fressen sehen kann.

Gerald Morgenstern

Ständige Sommergäste in unserer Region sind die Fischadler. Die Jungen im Horst werden jedes Jahr beringt und genießen von ihrer Kinderstube aus, wie hier am Großen Rußweiher in Eschenbach, einen grandiosen Ausblick (links). Das Sperrgebiet des Truppenübungsplatzes bei Grafenwöhr ist zur Heimat des Seeadlers geworden. Der beeindruckende Greifvogel sitzt hier auf der verrosteten Luke eines alten Panzers, der als Ziel auf einer Schießbahn steht.

GRANITE, QUARZE UND BASALTE

Sie könnten unterschiedlicher nicht sein, die beiden geologischen Eckpfeiler im Landkreis: der aus dunklem, schwarzem Basaltgestein bestehende Hohe Parkstein und der helle, weiße Rosenquarzfelsen von Pleystein – der Parkstein mit einem Alter von rund zwanzig Millionen Jahren geologisch verhältnismäßig jung, der Pleysteiner Rosenquarz mit rund dreihundert Millionen Jahren dagegen einer der „Ahnen". Und noch mehr ungleiche Paare lassen sich finden: der durch Steinbrucharbeiten angeschnittene Zwiebelberg aus Granit des Flossenbürger Schlossberges und der von einer prächtigen Blockhalde verkleidete „Vesuv" unter den Vulkanen der Oberpfalz, der Rauhe Kulm. Alle vier sind markante Landmarken, die früh zur Anlage von Siedlungen, Burgen oder Kirchen einluden. Heute sind sie unverwechselbare Wahrzeichen der Region. Die Frage, warum sie überhaupt da sind,

führt schnell zu den geologischen Anfängen Europas. Dreht man die Zeit fünfhundert Millionen Jahre zurück, muss man den Landkreis Neustadt bis in Regionen verschieben, in denen heute Ausläufer der Antarktis liegen. „Kontinentaldrift" und „Plattentektonik" sind die Motoren, die ihn in seine heutige Position verfrachtet haben. Unterwegs nicht ohne Karambolage mit langsameren Kontinenten und die Folgen einer Gebirgsbildung vor dreihundert Millionen Jahren. Hierbei entstanden die Gesteine im Osten des Landkreises, die des „Alten Gebirges" östlich der Linie Weiden–Erbendorf und südlich der Linie Weiden–Schnaittenbach. Fachleute lesen aus den Gesteinen schier Unglaubliches, von entstehenden und verschluckten Ozeanen und übereinandergeglittenen Gebirgen. Ein bisschen erzählen uns davon die tonnenschweren Exponate entlang des Geologischen Lehrpfades in Tännesberg.

Das bekannteste Gestein des Landkreises ist der Granit. Um kaum ein anderes Gestein und seine Felsformationen ranken sich so viele Sagen, Mythen und Geschichten wie um dieses Material aus der Tiefe, erstarrt aus glutflüssigem Magma im Erdinneren. Und oft soll der Teufel mit im Spiele sein: Teufelsbutterfass, Teufelspranken, Teufelstisch. Es sind die dem Granit eigenen Verwitterungs- und Landschaftsformen, die den Volksmund zumindest früher das Fürchten lehrten. Heute erfreuen wir uns auf vielen gut erschlossenen Wanderwegen dieser granitenen Steinriesen. Und für die Natursteinindustrie der Region ist der Granit seit mehr als hundert Jahren ein bedeutender Arbeitgeber, wie auch schon davor, als aus Granit die Burgen, andere Bauwerke, Straßenpflaster, Türstöcke, Grenzsteine, Viehtränken und vieles mehr geschaffen wurden.

Und das „Junge Gebirge"? Wir finden es in den regelmäßigeren Landschaftsbildern im Westen des Landkreises, im Oberpfälzer Hügelland. Sandsteine, Tone und Kalksteine stammen aus geologischen Zeiten, als das „Alte Gebirge" nach seiner Entstehung weitgehend eingeebnet war und im

Wechsel flache Meere, Binnenseen oder trockene Sandwüsten ihre Ablagerungen hinterließen. Eine Gebirgsbildung haben diese Gesteine allerdings nicht mehr erlebt. Wie sie einst abgelagert wurden, folgt heute noch Schicht auf Schicht. Sie sind vielerorts jedoch durch Brüche gegeneinander verschoben.

Das jüngste Kapitel der Erdgeschichte der Region beginnt vor rund dreißig Millionen Jahren. Der Schub Afrikas nach Norden wölbt seitdem die Erdkruste bis weit nach Nordböhmen hinein auf. Erzgebirge, Kaiserwald, Fichtelgebirge und Oberpfälzer Wald werden emporgehoben, und dazwischen senken sich die großen Becken ein: Egergraben, Egerer Becken, Marienbader Furche, Waldershof-Neusorger Senke und im Landkreis das Nordoberpfälzer Becken zwischen Oberpfälzer Wald und Steinwald. Dabei öffnen sich zeitweilig Spalten in der Erdkruste, über die Magma aus dem Erdmantel bis an die Erdoberfläche aufsteigt und die „Berge aus Feuer und Stein", die Vulkane, versorgt.

Gleichzeitig gestalten die Flüsse im Wechselspiel mit Wind und Wetter und den Bewegungen der Erdkruste das Landschaftsbild. In den Eiszeiten kamen Eiseskälte und Dauerfrostboden hinzu. Sie setzten vor allem den Felsbastionen zu und schufen Blockmeere und Blockhalden, wie sie uns mit grandiosen Meisterwerken der Natur im Doost oder am Rauhen Kulm begegnen. Im erdgeschichtlichen „Jetzt" wirkt der Mensch als geologischer Faktor. Jahrhundertelange Landwirtschaft, Bergbau und moderner Straßenbau prägen vielerorts unsere heutige Kulturlandschaft, eingebettet in eine faszinierende Naturlandschaft, die ihresgleichen sucht.

Dr. Andreas Peterek

Bei Diepoltsreuth zeigen die gewaltigen Granitbrocken des Doosts, welche Kräfte in der Natur stecken (links). Der Rosenquarzfelsen bei Pleystein (rechts) ist vor rund dreihundert Millionen Jahren entstanden.

Wahrzeichen des Landkreises sind die Vulkankuppen. Die wunderschöne Basaltwand am Hohen Parkstein, an der man die eckigen Basaltgarben sehen kann, ist durch einen Steinbruch freigelegt worden (links oben). Von der Kuppe hat man eine wunderschöne Aussicht. Eine Bronzescheibe erleichtert die Orientierung im Gelände (unten links). Beliebte Ausflugsziele im Landkreis sind auch das Lerautal (Mitte) mit der „Hand Gottes" (rechts oben) und der Geologische Lehrpfad Tännesberg (rechts unten).

GEOPARK ERMÖGLICHT ZEITREISEN

Eine Zeitreise zu den geologischen Anfängen Europas? Zurück in eine Zeit, in der Dinosaurier die Herrscher über die Kontinente waren oder Vulkane die Landschaft prägten? Oder gar eine Reise ins Innere der Erde? Was nach Jules Verne und seiner „Reise zum Mittelpunkt der Erde" klingen mag, ist Programm des Geoparks Bayern-Böhmen. Wie der berühmte erste Science Fiction-Autor der Literaturgeschichte will der Geopark seine Besucher mitnehmen auf eine abenteuerliche Entdeckungsreise zu den fantastischen Geheimnissen unter unseren Füßen im Landkreis Neustadt an der Waldnaab und darüber hinaus.

Der Landkreis ist einer der Initiatoren dieses ersten grenzüberschreitenden Geoparks in Europa. In dem geotouristischen und umweltbildenden Zusammenschluss mit den Landkreisen Bayreuth, Tirschenreuth und Wunsiedel im Fichtelgebirge, der Stadt Weiden, der tschechischen Region Karlovy Vary (Karlsbad) und dem Bezirksgebiet Tachov (Tachau) bringt der Landkreis die größte Fläche und die größte Vielfalt geologischer Besonderheiten ein. Leuchttürme sind neben den großartigen Geotopen wie dem Parkstein, dem Rosenquarzfelsen von Pleystein oder dem Flossenbürger Schlossberg insbesondere das GEO-Zentrum an der KTB mit einem der weltweit tiefsten Blicke ins Innere der Erde oder der geologische Lehrpfad Tännesberg.

Über die Geschäfts- und Koordinationsstelle des Geoparks in Parkstein entstehen mit Mitteln der Europäischen Union und des Freistaates Bayern und in Zusammenarbeit mit zahlreichen Kooperationspartnern viele weitere Möglichkeiten, die Geheimnisse unseres lebendigen Planeten zu entdecken. Mit seinen engagierten Rangern bietet der Geopark dazu zusätzlich eine ganz besondere Möglichkeit an. In zwei- bis dreistündigen Führungen quer durch die geologischen Einheiten vermitteln diese „Botschafter des Geoparks" kurzweilig und spannend nicht nur Erdgeschichte. Immer liegt der Blick auch auf den archäologischen, montanhistorischen und landeskundlichen Aspekten des durchstreiften Gebietes. Ein Naturerlebnis der besonderen Art.

Dr. Andreas Peterek

Ein großer Augenblick für den Geopark Bayern-Böhmen. Am 4. Februar 2011 erhielt der Vorsitzende des Trägervereins, Landrat Simon Wittmann, in einer Feierstunde in der Schlosskapelle im Neustädter Landratsamt vom Präsidenten der Geo-Union, Prof. Dr. Dr. h. c. Rolf Emmermann, die Zertifizierungs-Urkunde „Nationaler Geopark". Von links: Landrat Hermann Hübner (Landkeis Bayreuth), Prof. Dr. Dr. Rolf Emmermann, Landrat Simon Wittmann, Staatsminister Dr. Markus Söder, Landrat Dr. Karl Döhler (Landkreis Wunsiedel), Landrat Wolfgang Lippert (Landkreis Tirschenreuth) und Oberbürgermeister Kurt Seggewiß (Weiden).

Die Geopark-Ranger (links unten) sind eine echte Bereicherung für die Region. Einheimische und Urlauber nehmen die Angebote der geführten Touren gerne an. Die Landkreise Bayreuth, Neustadt a. d. Waldnaab, Tirschenreuth und Wunsiedel sowie die Regionsregierungen in Karlsbad und Pilsen sind unter dem Dach Geopark vereint.

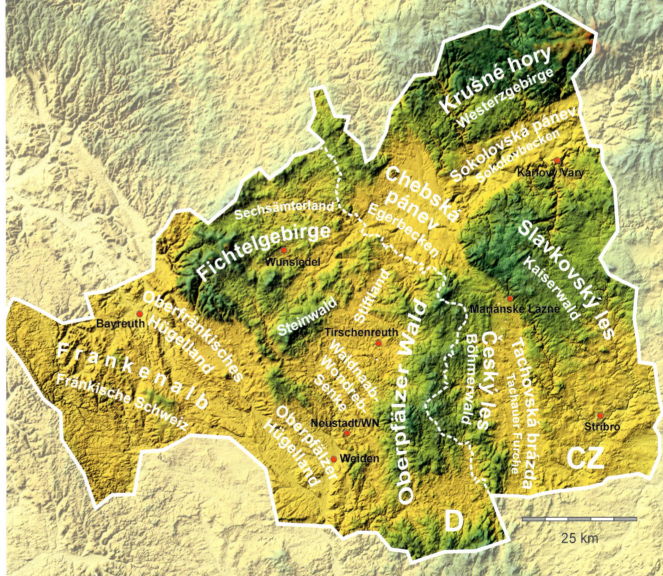

Die Erde verstehen – das möchte man im GEO-Zentrum an der Kontinentalen Tiefbohrung (KTB). Sensationelle Neuigkeiten versprachen sich die Geowissenschaftler, als sie in der Nähe von Windischeschenbach mit einem spektakulären Forschungsprojekt begannen. Zwei Bohrungen sollten tief in die feste Erdkruste vordringen und das Archiv der Erdgeschichte öffnen. Die Struktur und die Zusammensetzung der Erdkruste und das Verhalten von Gesteinen bei hohen Drücken und Temperaturen sollte erforscht werden.

Schon seit vielen Jahrtausenden schaut der Mensch ins Erdinnere. Er wohnte in Höhlen, schürft in Bergwerken nach Rohstoffen, und er ersinnt physikalische Messmethoden, um den Planeten zu durchleuchten. Seine Vorstellungen vom Aufbau des Erdinneren veränderten sich dabei stetig. Die abenteuerlustige „Reise zum Mittelpunkt der Erde", die Jules Verne beschreibt, war dabei eine skurrile, im 19. Jahrhundert aber durchaus populäre Einschätzung. Im 20. Jahrhundert waren die Kenntnisse über den Planeten Erde erheblich fortgeschritten, aber sein steinernes Archiv war bei Weitem noch nicht entschlüsselt.

In den 1980er Jahren reifte eine fantastische Idee: Man müsste richtig tief in die Erde hineinschauen, um die zahlreichen Theorien zum Verhalten der Gesteine bei der unbemerkt langsamen Bewegung der Platten der Erdkruste zu überprüfen. Eine Tiefbohrung sollte den „Aufbruch ins Erdinnere" ermöglichen.

Am 22. September 1987 war es so weit. Der Bohrer der KTB-Vorbohrung begann, sich zu drehen. Im Laufe von zwei Jahren drang er viertausend Meter tief in die Erdkruste vor. Das rotierende Bohrgestänge stieß an seine technischen Grenzen, aber ein vollständiger Bohrkern von ungeheurem wissenschaftlichen Wert wurde gewonnen.

Im zweiten Schritt wurde speziell für die Anforderungen der KTB-Hauptbohrung jene Bohranlage entwickelt, deren Bohrturm bis heute weit sichtbar das derzeit tiefste Bohrloch der Erde überragt. Der Länge des erforderlichen Bohrgestänges und den erwarteten gewaltigen Drücken und enormen Temperaturen war es geschuldet, ein neues Bohrverfahren zu entwickeln und anzuwenden. Der Motor befand sich in der Tiefe, direkt über dem Meißel. Durch einen zirkulierenden Spülungsstrom wurde er hydraulisch angetrieben. Ein ausgesprochen gerades Loch von weltweit unbestrittenem wissenschaftlichen Wert konnte gebohrt werden. Es erreichte eine Tiefe von neuntausendeinhundertundeinem Meter!

KTB: DAS TIEFSTE LOCH DER ERDE

Warum wurde gerade hier gebohrt? Die geologische Besonderheit des Landkreises und der gesamten Region liegt weit in der Vergangenheit. Im ausgehenden Erdaltertum entstand hier durch die Kollision zweier Platten der Erdkruste das sogenannte „Variszische Gebirge". Seitdem sind etwa dreihundert Millionen Jahre vergangen, und dieses Hochgebirge wurde abgetragen. Die Naht zwischen den beiden Baueinheiten der Kruste ist jedoch nachvollziehbar, und das Gesteinsarchiv konservierte die Vorgänge der Kollision. Zudem ermöglicht die Region, das Verhalten der Erdkruste in Abhängigkeit von Druck und Temperatur zu erforschen: Wird Gestein bei niedrigen Temperaturen und Drucken lange beansprucht, so reagiert es spröde – es bricht. Bei hohen Temperaturen und hohen Drücken aber reagiert es zäh-plastisch – obwohl es immer noch fest ist, zerschmiert das Gestein.

Bereits während der aktiven Bohrphase war auf dem Gelände der Tiefbohrung ein Informationszentrum eingerichtet worden. Nach dem Ende der Bohrarbeiten übernahm der eigens gegründete Träger- und Förderverein GEO-Zentrum an der KTB e. V. den Betrieb des Informationszentrums. Das GEO-Zentrum an der KTB fördert den Wissenstransfer und ermöglicht der Öffentlichkeit, sich über Themen und Projekte aus dem Bereich der Geowissenschaften und der Geotechnik zu informieren. Bis 2008 wurden mit dem Neubau eines Ausstellungsgebäudes mit Tagungsräumen und der Erweiterung des von Schulklassen genutzten Geo-Labors die baulichen Voraussetzung für den dauerhaften Betrieb des GEO-Zentrum an der KTB vollendet. Seine besondere Bedeutung wurde durch den Freistaat Bayern 2010 mit der Anerkennung als Umweltstation unterstrichen. Das GEO-Zentrum an der KTB ist die einzige Umweltstation in Bayern, die einen geowissenschaftlichen Schwerpunkt vertritt.

Die Dauerausstellung „System Erde", der KTB-Bohrturm und die Ausstellung der großtechnischen Bohrstrangkomponenten und Bohrwerkzeuge sowie das großzügig ausgestattete Geo-Labor sind die Kernstücke der Umweltstation. Wechselausstellungen zu überwiegend geowissenschaftlichen Themen, eine kleine Cafeteria und ein Geo-Shop runden das Angebot ab. Führungen durch die Dauerausstellung und über den Bohrplatz werden angeboten. Dabei können Menschen aller Alters- und Bildungsstufen Kenntnisse gewinnen, auffrischen oder vertiefen. Weiterhin werden Vortragsreihen, Kinderprogramme, Tagungen, Seminare und Spezialführungen, wie zum Beispiel ins Bohrprobenarchiv des KTB-Projekts, angeboten. Der mit dreiundachtzig Metern weltweit höchste Landbohrturm kann bis zur Besucherplattform erstiegen werden. Dort werden in einem Videofilm das Bohrverfahren und der tägliche Arbeitsablauf zur Zeit der Hauptbohrung erläutert. Im Geo-Labor werden Lernmodule zu geowissenschaftlichen Themen angeboten. Sie sind so angelegt, dass sie an die Anforderungen aller Schulformen und Jahrgangsstufen, vom Kindergarten bis zur Abiturklasse, angepasst werden können.

Die Vernetzung mit wissenschaftlichen Forschungseinrichtungen wie zum Beispiel dem Geozentrum Nordbayern der

Universität Erlangen-Nürnberg und dem Geoforschungszentrum Potsdam gewährleisten die kontinuierliche Einbindung aktueller geowissenschaftlicher Themen in das Bildungsangebot. Als Umweltstation ist das GEO-Zentrum an der KTB Teil des Netzwerks Umweltbildung Bayern, dessen hundertvierzehn Mitglieder für hochwertige Bildungsarbeit nach den Kriterien der Bildung für nachhaltige Entwicklung stehen. Als naturwissenschaftlicher Standort fördert es das Interesse von Kindern und Jugendlichen für Fragestellungen und Phänomene in Natur und Technik. Die hohe Kompetenz des Geo-Labors für den geowissenschaftlichen Schulunterricht und die Weiterbildung von Lehrkräften wird unterstrichen durch die für Bayern exklusive Organisation von Lehrerfortbildungen zu den Themen Geologie und Boden. Darüber hinaus ist das GEO-Zentrum an der KTB Kooperationspartner und Infostelle des Geoparks Bayern-Böhmen. Neugierig geworden? Die Einrichtung und ihre spannenden Angebote sind täglich für Besucher geöffnet. Weitere Informationen auf www.geozentrum-ktb.de.

Dr. Frank Holzförster

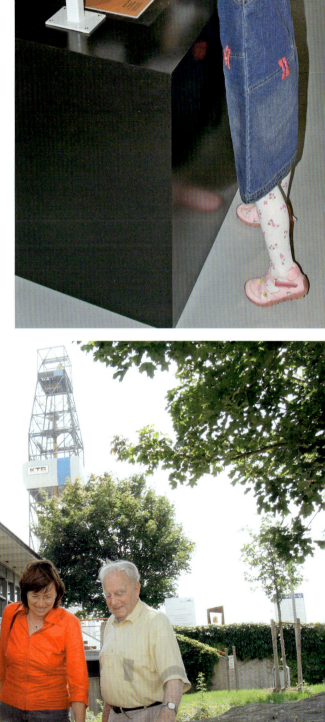

Das GEO-Zentrum ermöglicht faszinierende Einblicke in die Erdgeschichte und die vielen Gesteinsarten. Der Bohrturm kann bis zur Besucherplattform bestiegen werden.

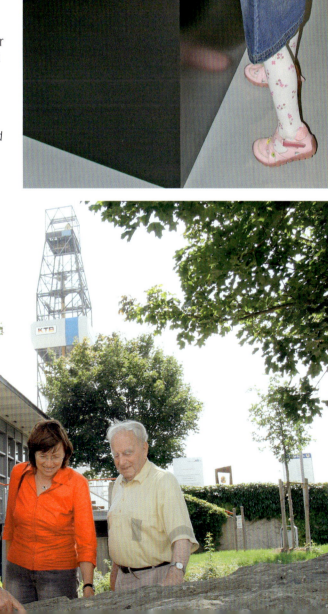

TOURISMUS: BIKER STATT BERLINER

Natürlich haben auch seit langem Touristen die Reize des Landkreises entdeckt. Rund vierhundertfünfzigtausend Übernachtungen pro Jahr sagen einiges über die Bedeutung dieses Wirtschaftszweiges aus. Zurzeit gibt es circa dreihundertvierzig Betriebe, vom Komforthotel bis zur Ferienwohnung auf dem Bauernhof. Tourismus ist dabei längst kein Selbstläufer mehr. Vorbei sind die Zeiten, in denen die Berliner Sommerfrischler in Scharen einfielen. Die Verweildauer der Gäste wird immer kürzer. Immer mehr Leute verbringen ihren Zweit- oder sogar Dritturlaub in der Region, zum Beispiel, um in intakter Natur zu wandern.

Mit dem Qualitätsweg Goldsteig führt der längste „Top Trail of Germany" durch den Landkreis, und der Bockl-Radweg ist der längste und bestbewertete Bahntrassenradweg Bayerns. Ein Pfund, mit dem man wuchern kann, ist auch die faszinierende Geologie mit dem GEO-Zentrum an der KTB und dem tiefsten Bohrloch der Erde als Alleinstellungsmerkmal. Oder das Kräuterhotel „Goldene Zeit" in Georgenberg, mit siebzehn Betten das kleinste Vier-Sterne-Bio-Hotel Deutschlands, als neue Attraktion. Und natürlich ist da der Zoigl, der immer mehr Gäste geradezu elektrisiert. Hinzu kommen die vielen Burgen und die alten Sagen, die sich um sie ranken.

„Unser Landrat hat schon Recht, wenn er sagt, dass wir da leben, wo andere Urlaub

machen", urteilt Reinhold Zapf, Touristiker im Landratsamt. Auch ihn zieht es selten in die Ferne. „Daheim ist es doch am schönsten", findet er. Und zu „daheim" gehören für ihn auch die Landkreise Tirschenreuth und Schwandorf sowie die Stadt Weiden, mit denen sich der Landkreis Neustadt a. d. Waldnaab zur Destination Oberpfälzer Wald zusammengeschlossen hat. Neben dem klassischen Wanderer sind es zunehmend auch Leistungssportler, die zu Fuß, mit dem Rennrad oder mit dem Mountainbike unterwegs sind. Dass hier noch viel Potenzial in der Region steckt, zeigten die „24 Stunden von Bayern" am 20./21. Juni 2009 in Windischeschenbach. Bei diesem Wanderevent erkundeten über vierhundert Teilnehmer rund um die Uhr die Landschaft von Windischeschenbach und waren begeistert. Mit dem Freizeitsee, der bei Dießfurt entsteht, hat der Landkreis bald noch ein heißes Eisen im Feuer.   Wolfgang Benkhardt

Zunehmend begeistern sich auch sportliche Urlauber für den Landkreis. Die schönen Radwege, der Hochseilgarten bei Tännesberg und der neue Freizeitsee, der bei Dießfurt entsteht, sind wichtige Einrichtungen im Kampf um diese Urlauber. Glanzlichter für die Wanderer sind der Goldsteig und tolle Aussichtspunkte wie vom Riesensessel in das Pfreimdtal bei Obernankau (unten links). Eine ungewöhnliche Attraktion ist das Wurzelmuseum in Tremmersdorf.

Eine aufgelassene Bahntrasse, wunderschöne Landschaft, interessante kleine Orte, lokale Spezialitäten, das sind die Zutaten, die das Rezept für den Bockl-Radweg ausmachen. Der Weg war Chefsache, entsprang einem Strategiepapier, an dem die Bürger mitgearbeitet hatten, das jeder im Internet nachlesen konnte, fast achtzig Seiten stark. Als weicher Standortfaktor wird der Radwanderweg vermarktet, als Teil der Lebensqualität und des Lebensgefühls, das sich in der nördlichen Oberpfalz finden lässt. Die kulturellen, wirtschaftlichen und touristischen Schwerpunkte des Landkreis-Ostens sollten an die

LÄNGSTER BAHN-RADWEG BAYERNS

1995 stillgelegte Bahnstrecke angebunden werden – ein großer Plan, dessen Details mit viel Bürgerbeteiligung in der Projektphase entstanden sind. Bei den drei Treffen arbeiteten jeweils rund dreißig lokale „Multiplikatoren" daran, aus dem Bockl-Radweg ein Erlebnis zu machen, eine Attraktion, die Menschen in unsere wunderschöne Heimat zieht.

Die erste Etappe waren vierundzwanzig Kilometer zwischen Vohenstrauß und Eslarn. Im Endausbau ist der Radweg nun über fünfzig Kilometer lang, beginnt gleich neben der Pendolino-Haltestelle in Neustadt a. d. Waldnaab. Das lockt auch viele Gäste aus dem Frankenland an, die sich unter dem Motto „Franken willkommen" gleich am Beginn mit einer kostenlosen Halben Bier stärken dürfen.

Gerade an den Wochenenden radeln hier viele mit Freunden und der Familie: Wenig Steigungen, nur ganz seltene Straßenüberquerungen machen eine „Tour de Bockl" zum entspannenden Freizeitvergnügen

– wenn das Wetter passt. Die ehemalige „Bedarfshaltestelle Fahrenberg" ist der höchste Punkt der Tour. Vorbeiradelnde bleiben stehen, erzählen von den Ski-fahrern, die hier früher ausstiegen, um durch den Waldweg zur Piste zu gelan-gen, eigentlich noch gar nicht so lange her. Unterwegs gibt es eine Menge zu sehen: Pleystein, die rosenbequarzte Stadt am Zottbach, würde allein reichen, um einen ganzen Tag dort zu verbringen.

Das Gebiet des Pfrentschweiher ist ein weiteres Highlight. Die renaturierte Pfreimd hat aus dem Areals des Staatsgutes Pfrentsch ein wunderschönes Naturschutz-gebiet entstehen lassen. Die Jahresdurch-schnittstemperatur liegt in dieser Senke bei sieben Grad; kaum ein Monat, in dem es nicht des Nachts friert– selbst für uns abge-härtete Oberpfälzer kaum zu glauben, aber gemessen und damit wahr. Entlang der Radstrecke sieht man nicht nur überflutetes Land, sondern auch jede Menge von Bibern gefällte Bäume. Was andernorts zu Streit und Bibermord führt, ist hier der Gewinn aus der Rückgabe einst von Menschenhand gelenkten Wassers an die Natur. Von hier aus ist es nicht mehr weit nach Eslarn: Zur Grenze wird heute nicht gefahren, der Pan-europa-Radweg Paris-Nürnberg-Prag würde weiter ins Tschechische hineinführen.

P. S.: Dass der Bockl-Radweg so heißt, hat damit zu tun, dass die Bahnstrecke zwischen Neustadt und Eslarn von einer Dampflokomotive der Baureihe 70 (bay. Pt.2/3) befahren wurde. Diese Baureihe hörte in Bahnerkreisen auf den Namen „Bockl".   *Heiner Reber*

Der Bockl-Radweg ist nicht nur der längste, sondern auch einer der schöns-ten Bahntrassen-Radwege Bayerns. Die größte Stadt an der Route ist Vohen-strauß (rechts, Mitte). Mit E-Bikes, die entlang der Strecke ausgeliehen werden können, kommen auch schwächere Radfahrer ausgeruht am Ziel an. Be-liebte Rastplätze sind der Bahnwaggon in Waidhaus (rechts unten) und die Lok in Eslarn (links), wo auch Eisenbahn-nostalgie mitschwingt, sowie der Aus-sichtspunkt bei Floß (oben rechts).

Beim ersten Schluck fallen die Standesunterschiede weg, beim zweiten Schluck geht man zum vertrauten Du über, spätestens beim dritten Schluck, wenn sich die Tische unter den deftigen Hausmacherbrotzeiten biegen, ist klar: Zoigl ist mehr als nur Bier. Darin stecken Tradition, Emotionen und echtes Oberpfälzer Brauchtum.

Aus der ganzen Welt kommen Bierliebhaber in den Landkreis Neustadt a. d. Waldnaab, um einen zünftigen Zoiglabend zu erleben. Sogar Bierkenner aus Sibirien lockt das naturtrübe, bernsteinfarbene Bier an. Die Gäste aus dem Osten waren so begeistert, dass sie scherzhaft anregten, an die Gasleitung der Gazprom eine Zoiglbier-Pipeline, natürlich in umgekehrter Richtung, anzudocken.

Doch das würden die Brauberechtigten auf gar keinen Fall zulassen. Denn am besten schmeckt der Zoigl dort, wo er vergoren wird. Eine Besonderheit des naturtrüben Biers ist es nämlich, dass die Würze nur einen Tag und eine Nacht im Brauhaus bleibt. Dann wird sie zu Hause mit Hefe zu Bier gemacht. Jeder Zoiglbrauer hat sein Familienrezept, auf das er schwört. Die Verwendung von verschiedenen Hefekulturen sowie die unterschiedlichen Einflüsse beim Reifeprozess sorgen für eine große Geschmacksvielfalt. Bierkenner schnalzen da mit der Zunge.

Wenn das Bier nach sechs bis acht Wochen reif ist, hängen die Zoiglwirte einen Stern vor das Haus, der anzeigt, wer mit dem Ausschank dran ist. Dieser „Bierzeigel" hat dem Gerstensaft seinen Namen gegeben, wie eine Urkunde im Neustädter Stadtarchiv zweifelsfrei belegt.

DER ZOIGL: DAS BIER MIT KULT

Das Braurecht und der daraus resultierende Bau von gemeinschaftlich genutzten Kommunbrauhäusern war eine der Sondervergünstigungen der Stadt- und Marktrechte. In der Oberpfalz gibt es noch fünf Kommunbrauhäuser, in denen Würze für Zoigl gekocht und gehopft wird. Drei stehen im Landkreis Neustadt a. d. Waldnaab, nämlich in Windischeschenbach, in Neuhaus und in Eslarn. Nur dort ist echte Zoigl-Braukunst zu Hause. Diese Sudhäuser ähneln mehr Museen denn modernen Braustätten. Auf Holz- oder Kohlefeuerung wird dort wie anno dazumal das Biersüppchen gekocht, was den „Braumeistern" einiges abverlangt. Es ist nämlich gar nicht so einfach, mit einer Holzfeuerung beim Zwei-Maische-Verfahren den Sud konstant auf der richtigen Temperatur zu halten. Aber der Zoigl ist auch in dieser Beziehung ein ganz besonderes Bier.

Wolfgang Benkhardt

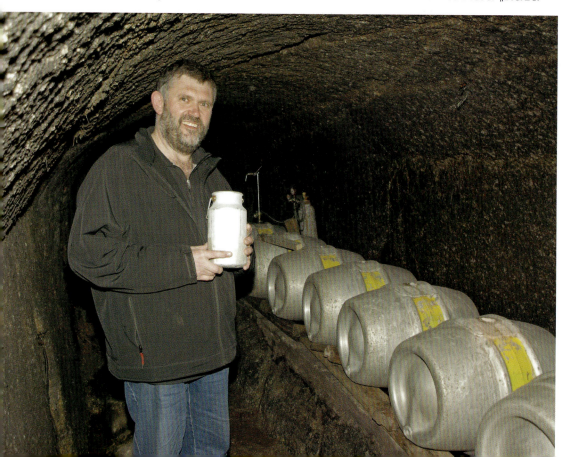

Bei Einheimischen und Gästen gleichermaßen beliebt ist der Zoigl, das Kultbier des Oberpfälzer Waldes. Ein Zoiglstern im Eschenbacher Taubenschusterhaus (links oben) erinnert daran, dass auch in Eschenbach der Ausschank verbreitet war. Handarbeit wird in den Brauhäusern noch großgeschrieben. Robert Sperber (rechts oben) ist einer der Windischeschenbacher Brauer. Eine der beliebtesten Zoiglstuben ist der „Gloser" der Familie Popp in Windischeschenbach (rechts unten). Auch ein Autobahnschild weist auf die Tradition hin (unten Mitte). In Neuhaus gibt es noch viele Brauberechtigte, die nur für den Eigenbedarf Bier brauen. Einer davon ist der „Peterstoffl" Bernhard Stangl, der das Bier noch wie früher mit der Milchkandl aus dem Felsenkeller holt (links unten).

Auch kulturell ist im Landkreis eine Menge geboten. Da sind zum Beispiel die Wurzer Sommerkonzerte, mit denen die Berliner Ärztin Rita Kielhorn bundesweit Pionierarbeit geleistet hat. Kammermusik unter freiem Himmel: Das gab's vorher nirgends. Mittlerweile lockt das zauberhafte Ambiente im Garten des historischen Pfarrhofs alljährlich Kulturfreunde von nah und fern an. Und die Besitzerin hat im Freundeskreis Wurzer Sommerkonzerte mittlerweile viele Mitstreiter gefunden.

Eine Institution ist auch die Futura '87 in Windischeschenbach. Die Liste der Gäste auf der Kleinkunstbühne liest sich wie das "Who's who" der deutschen Kabarettszene. Künstler wie Django Asül und Helmut Schleich geben sich die Türklinke in die Hand. Natürlich war auch Dieter Hildebrandt schon da, der nach dem Krieg in Windischeschenbach gewohnt und in Weiden 1947 sein Abitur "gebaut" hat. Die Arthothek der Windischeschenbacher Futura ist eine wichtige Plattform für einheimische Künstler.

Auch der Landkreis selbst sorgt alljährlich für einen kulturellen Höhepunkt. Der 1999 ins Leben gerufene "Singende und Klingende Landkreis" ist mittlerweile so beliebt, dass die Veranstaltung vom Regionalsender OTV aufgezeichnet und oberpfalzweit ausgestrahlt wird. Die Reihe ist damit nicht nur ein Sprungbrett für einheimische Künstler, sondern rückt aufgrund der wechselnden Veranstaltungsorte auch zauberhafte "Locations" in den Blickpunkt. Und davon gibt es mittlerweile eine ganze Menge.

VON KLASSIK BIS ROCK VIEL GEBOTEN

Am bekanntesten ist wahrscheinlich die Kulturtenne des Schafferhofs in Neuhaus. Die Mischung von Blues, Rock, Swing und bodenständiger Volksmusik mit Zoigltradition ist einzigartig. Die Liste der musikalischen Gäste würde sogar einer Großstadt zur Ehre gereichen. Vom Bluesbarden Willy Michl über Spider-Murphy-Frontmann Günter Siegl bis hin zu den Soulbrothers von Max Greger jr. waren sie alle schon da. Der Schafferhof ist auch das Hauptquartier der Altneihauser Feierwehrkapell'n von Norbert Neugirg, einem der vielen Kulturpreisträger des

Landkreises. Dies ist das vielleicht eindrucksvolle Beispiel, wie befruchtend Zoigl auf Kultur wirken kann.

Die Liste ließe sich noch lange weiter fortsetzen, zum Beispiel mit der Osterprobenwoche der Internationalen Jungen Orchesterakademie in Pleystein, bei der sich seit 1994 Musiker aus aller Welt zu Meisterkursen und einem Abschlusskonzert treffen. Oder mit den Veranstaltungen in der Klosterkirche und im Klosterhof Speinshart, in dem neuerdings sogar Theaterinszenierungen stattfinden. Oder mit den Kulturkreisen Pressath und Kirchenthumbach, die bemerkenswerte Veranstaltungen aufziehen. Oder mit der Chorgemeinschaft St. Georg in Pressath,

Kulturell ist im Landkreis einiges geboten, zum Beispiel in der Artothek der Futura '87 (links oben), beim „Singenden und Klingenden Landkreis" (links Mitte), im Schafferhof in Neuhaus (links unten), bei den Wurzer Sommerkonzerten (rechts oben) oder der Altneihauser Feierwehrkapell'n (rechts unten).

die 2012 den Kulturpreis des Bezirks erhalten hat. Auszug aus der Laudatio gefällig? – „Die fünfzig aktiven Mitglieder musizieren auf sehr hohem Laienchorniveau und meistern auch schwierige Chorliteratur von klassischer Vokalpolyphonie bis zur gemäßigten Moderne." Ach ja, auch die Kulturwerkstatt Kalmreuth sollte man

nicht vergessen, eine Kunstschule für Kinder, Jugendliche und Erwachsene, die mit spielerischen Experimenten und Mut zur Fantasie Interesse an der Kunst wecken und ein modernes Heimatbild erarbeiten will. Und diese Liste ist noch lange nicht vollständig.

Wolfgang Benkhardt

Die Leuchtenberger Burgfestspiele sind auf dem Theatersektor das Aushängeschild. Rund dreißigtausend Besucher pro Jahr passieren alljährlich die Tore der Burgruine, um das Programm des Landestheaters Oberpfalz, das aus der Vohenstraußer Stadtbühne hervorgegangen ist, zu sehen.

VORHANG AUF IN DER BURGRUINE

Gehaltvolle Inszenierungen und eine gewachsene Tradition charakterisieren die Burgfestspiele Leuchtenberg. Das Theater auf der imposanten Ruine, das 2012 dreißigjähriges Bestehen feierte, nahm eine unglaubliche Entwicklung. Der Festspielsommer in der Marktgemeinde ist mittlerweile fester Bestandteil des Landestheaters Oberpfalz (LTO), das mit rund zwanzig Beschäftigten einen ganzjährigen Theaterbetrieb gewährleistet.

Begonnen hat diese Erfolgsgeschichte mit einer Schüleraufführung an der Realschule in Vohenstrauß. Der theaterbegeisterte Lehrer Jürgen Weixelbaum weckte bei seinen jungen Darstellern die Lust am Schauspiel. Von 1966 bis 1981 ließ dieses Ensemble immer wieder mit ungewöhnlich niveauvollem Schultheater aufhorchen. Einige Schüler gründeten dann nach der Entlassfeier unter dem Dach der Volkshochschule die „Volksbühne Vohenstrauß".

1982 kam dann die Burgruine ins Spiel. Die Gemeinde Leuchtenberg bat die Schauspieltruppe, im Hof der Ruine ein Theaterstück als Freilichttheater aufzuführen – die „Burgfestspiele Leuchtenberg" waren geboren. Die einzigartige Atmosphäre in der 1124 erstmals erwähnten Burg verfehlte ihre Wirkung nicht. Der Erfolg führte noch im Herbst zur Gründung der „Stadtbühne Vohenstrauß e. V.", welche die Burgfestspiele veranstaltete. Unter der Federführung des ersten Intendanten, Josef Pausch, wuchs eines der größten Amateurtheater Deutschlands heran. Die Burgfestspiele in der ehemaligen Residenz des Geschlechts der Leuchtenberger zählen mit jährlich bis zu zehn Inszenierungen, über hundert Vorstellungen und etwa dreißigtausend Zuschauern zu den größten Theaterfestspielen Bayerns.

Tobias Schwarzmeier

KÖNIGLICHE HOHEIT LIEBT KÜCHELN

Unser Landkreis braucht eine Königin, so fand 1992 Georg Stahl, der bekanntlich nicht gerade als Royalist gilt. Er dachte dabei weniger an eine Regentin, sondern mehr eine Art Botschafterin für die Region. Eine Holunderkönigin müsse her, meinte der Stahl-Schorsch. Wer den Pirker kennt, der weiß, dass er nicht lange fackelt und recht unnachgiebig sein kann, wenn er davon überzeugt ist, dass eine Idee gut ist. Und diese Idee war gut. Mit der Hammerharlesbergerin Marianne Rauh fand er prompt eine passende Frau, die bereit war, für den Holler und natürlich den Landkreis zu werben. Am 31. Mai 1992 wurde sie in Floß zur ersten Holunderkönigin gekürt. Dass dies ausgerechnet beim einzigen Apfelweinfest in der Oberpfalz geschah, ging als kleiner Schönheitsfehler in die Geschichte des Kreisverbandes für Gartenbau und Landespflege ein. Geschadet hat es dem Erfolg nicht.

Die Termine häuften sich, und die Holunderkönigin wurde bald zu einer Art offiziellen Botschafterin für die Oberpfalz, die bei wichtigen Gartenterminen, zum Beispiel beim Hollerfest im Oberpfälzer Freilandmuseum Neusath-Perschen oder den Landesgartenschauen im Regierungsbezirk, auf gar keinen Fall fehlen darf. Marianne Rauh übergab das Amt an Uschi Weidner aus Wiesendorf (1996). Es folgten Gudrun Lehner aus Preißach (1998), Barbara Lang aus Dießfurt (2001), Natascha Betke aus Denkenreuth (2003), Petra Ertl aus Schirmitz (2005), Evi Wiesend aus Haselbrunn (2007), Anna Wutzlhofer aus Vohenstrauß (2009) und Marie-Madeleine Pravida aus Pressath (2011). Letztgenannte überraschte Landrat Simon Wittmann zur Amtseinführung mit selbst zubereiteten Holunder-Pralinen. Ein Beweis, wie vielseitig die Heilpflanze ist.

„Wir wollen mit dieser Aktion die Bedeutung des Holunders für die Oberpfälzer Kulturlandschaft unterstreichen, an die Heilkräfte der Pflanze erinnern, die Vielseitigkeit des Hollers hervorheben und die Erinnerung an die vielen alten Rezepte wachhalten", erläutert Kreisvorsitzender Albert Nickl. Natürlich muss die Königin vom Holunder etwas verstehen, aus dem Landkreis kommen und Hollerküchln mögen. Denn ums Kosten der in Bierteig getauchten und in heißem Fett zubereiteten Blüten kommt die Regentin bei den immer zahlreicher werdenden Hollerküchlfesten nicht herum. Die Meinung der Holunderkönigin hat Gewicht, nicht nur im Landkreis Neustadt a. d. Waldnaab. Zu Ehren der neuen Königin gibt übrigens der Landrat alle zwei Jahre einen Empfang in der Schlosskapelle. Und das wird sich so schnell auch nicht ändern, gehört dieser Termin doch zu den angenehmsten in der Amtszeit des Neustädter Landrats.

Wolfgang Benkhardt

Marie-Madeleine Pravida (oben) wurde 2011 zur Holunderkönigin gewählt. Rechts dankt Vorsitzender Albert Nickl vom Kreisverband für Gartenbau und Landespflege Vorgängerin Anna Wutzlhofer mit Blumen für ihre Regentschaft. Ganz links ist die erste Holunderkönigin Marianne Rauh zu sehen.

Rezept für Holunderküchln

1/4 Liter Bier
250 Gramm Mehl
2 Eier getrennt, Eiweiß zu Schnee schlagen
3 Esslöffel Olivenöl
1 Prise Salz
Butterfett und Plattenfett (Verhältnis 1:1) zum Ausbacken.
Alle Zutaten zu einem Teig mischen. Zum Schluss den Eischnee unterziehen. Die Blütendolden in den Teig tauchen und in dem heißen Fett ausbacken. Mit Zimt oder Puderzucker bestreuen.

REICH AN BRAUCHTUM

Der Begriff Brauchtum kommt von brauchen. Doch ob es den einen oder anderen Brauch wirklich braucht, darüber lässt sich trefflich streiten. Das Schmücken der Osterbrunnen ist zum Beispiel so ein neuer Brauch, der von Franken aus in den Landkreis eingewandert ist, sich in Windeseile ausgebreitet hat und den es überhaupt nicht brauchen würde, weil der Landkreis selbst viele originelle Bräuche hat. Zum Beispiel das Pfingstschwanzfahren, das noch in Lennesrieth praktiziert wird. Wer zu Pfingsten zuletzt aus den Federn kommt, wird in einen Sack gesteckt und mit dem Schubkarren durch den Ort kutschiert. Oder das Fischerstechen in Püchersreuth, bei dem sich Zweierteams in Ruderbooten mit Lanzen bekämpfen. Und dann sind da auch noch die vielen Kirwa- und Faschingsbräuche mit feschen Garden, Ausgraben, Eingraben, Geldbeutelwaschen und Umzügen. Der Gaudiwurm am Faschingssonntag in der Kreisstadt ist der größte in Nordostbayern, meist sogar länger und bunter als der Faschingszug des Dachverbands.

Eine rechte Gaudi sind das Pfingstschwanzfahren in Lennesrieth, das Fischerstechen in Püchersreuth und der große Umzug des Neustädter Faschingsvereins „Schwarzer Kater" (von oben nach unten).

Wer hätte in den 1970er Jahren gedacht, dass sich der Landkreis zu einer boomenden Radregion entwickeln würde? Als die Concordia Windischeschenbach 1999 zum ersten Mal zur Panoramatour Oberpfälzer Wald

LANDKREIS OFT SEHR SPORTLICH

einlud, waren es auf Anhieb sechshundert Teilnehmer. Bald schon wurde die Tausend-Teilnehmer-Grenze durchbrochen. Mittlerweile ist die Panoramatour mit jährlich rund tausendachthundert Startern nach dem Arbermarathon die größte Radsportveranstaltungen der Oberpfalz. Weitere wiederkehrende Radsportevents sind die Zoigltour des VC Concordia Pirk

und die Radtouristikfahrt der SpVgg Schirmitz, die fast zeitgleich mit der Panoramatour entstanden sind. Auch der Landkreis selbst strampelt sich ab, um zu zeigen, dass es auch abseits des Bockl-Radwegs traumhafte Routen gibt. Bei der zweitägigen NEW-Radltour sind die Plätze meist im Nu ausgebucht. Dabei ist es eine liebgewonnene Tradition, auch Abstecher in die Nachbarlandkreise zu unternehmen. Für die Läufer gibt es den Landkreis-Staffellauf, den der Regionalmarketing-Verein „Forum Neustadt Plus" aus der Taufe gehoben hat.

Eher in die Rubrik Gaudi-Sportart einzuordnen ist das Bierfassrollen, das mittlerweile etliche Anhänger gefunden hat. Hochburgen sind Störnstein und Pleystein, wo auch schon Europameisterschaften stattfanden. Populär wurde die Sportart durch ein grenzüberschreitendes Bierfassrollen, das die tschechische Privatbrauerei Chodovar seit 2001 von Neustadt beziehungsweise Störnstein über vierundfünfzig Kilometer nach Chodová Planá organisiert. Von der WM in England kehrten 2002 die als krasse Außenseiter gestarteten Störnsteiner Brüder Wolfgang und Matthias Meiler als Weltmeister zurück. Seitdem finden auch im Landkreis immer wieder Turniere in dieser Gaudi-Sportart, bei der ein Hundert-Liter-Fass nur mit Stöcken über einen Parcours bewegt werden muss, statt. Im Winter heißt es vielerorts Ski und Rodel gut. Zum Beispiel am Ski- und Snowboardzentrum am Fahrenberg, auf dem zwei Schneekanonen für Schneesicherheit sorgen. Oder im Skilanglaufzentrum Mitterberg-Fahrenberg und auf der Silberhütte, deren Loipen teilweise auf Landkreisgebiet liegen. Auch der Bockl-Radweg wird bei guter Schneelage teilweise gespurt.

Wolfgang Benkhardt

Die Panoramatour (oben links) ist die größte Radsportveranstaltung der nördlichen Oberpfalz. Etwas gemütlicher geht es bei der NEW-Radltour zu (links, Mitte). Das Bierfassrollen ist eher in die Rubrik Gaudisport einzuordnen. Im Winter ist das Ski- und Snowboardzentrum Fahrenberg (rechts oben) ein beliebtes Ziel. Auch Langläufer und Eisstockschützen kommen auf ihre Kosten.

DER KREIS UND DIE WIRTSCHAFT

Mit dem Niedergang der Glasindustrie vor circa dreißig Jahren wurde dem Landkreis eine denkbar schlechte Zukunft vorausgesagt. Von Arbeitslosenquoten im zweistelligen Bereich war die Rede. Doch es kam ganz anders.

Auch die Öffnung der Grenze nach Tschechien 1989 hat sich entgegen anfänglicher Befürchtungen alles andere als nachteilig auf die Region ausgewirkt. Durch die unmittelbare Nähe zu den Autobahnen A 93 und A 6 öffnet der Landkreis das Tor zum Wachstumsmarkt Osteuropa und bildet eine Brücke zu den wirtschaftlichen Zentren Mitteleuropas.

Für viele Branchen ist zudem die geografische Lage des Standorts gar nicht mehr so wichtig. So sehen viele Unternehmer neben dem Fleiß und der Bodenständigkeit ihrer Oberpfälzer Mitarbeiter sowie der wunderschönen Gegend es auch als vorteilhaft an, im Landkreis Neustadt a. d. Waldnaab abseits der großen Ballungszentren zu sein. Kunden, die hierherkommen, um sich zu informieren, bringen in der Regel nicht nur großes Interesse, sondern auch die entsprechende Zeit mit, weil nicht gleich um die Ecke der Flieger für die „Hatz" zum nächsten Termin wartet.

Das Bild zeigt die Lehrlingsausbildung beim Logistikunternehmen Witron in Parkstein.

Aus wirtschaftlicher Sicht hätte das Erscheinungsjahr dieses Buches nicht besser liegen können. In den Jahren zwischen 1996 und 2008 ist die Anzahl der Betriebe im Landkreis um 25,3 Prozent gestiegen. Ein Spitzenwert in Bayern. Die Arbeitslosenquote befand sich im November 2011 auf einem historischen Tief. So waren im Altlandkreis Vohenstrauß 2,7 Prozent, im Altlandkreis Eschenbach i. d. OPf. 2,9 Prozent und für Neustadt a. d. Waldnaab 3,1 Prozent Arbeitslose zu verzeichnen. Kritiker mögen darüber streiten, ob man da von Vollbeschäftigung sprechen darf oder nicht. Tatsache ist, dass aufgrund saisonaler, friktioneller oder auch freiwilliger Arbeitslosigkeit immer ein Teil der Bevölkerung nicht beschäftigt sein wird. Tatsache ist auch, dass der positive Trend am Arbeitsmarkt nicht etwa nur dem demografischen Wandel geschuldet ist. Vielmehr ist die Zahl der Beschäftigten im Landkreis in den letzten Jahren kontinuierlich gestiegen. Und nicht nur das, es werden zunehmend qualifizierte Arbeitsplätze geschaffen. Die Unternehmen im Landkreis haben in der Vergangenheit und besonders im Jahr 2011 ein klares Bekenntnis zur Region abgegeben.

Obwohl die Anzahl der Gewerbeanmeldungen in jüngster Zeit insgesamt eher rückläufig war, sind im gleichen Zeitraum die Investitionen in den Landkreis stark gestiegen. Dahinter stehen zum einen die Großen, die in ihrem Segment den Weltmarkt mit dominieren, wie Witron bzw. die Tochter FAS in Parkstein, Pilkington und BHS in Weiherhammer, Witt Weiden, Constantia Hueck Folien in Pirk, Novem in Vorbach, ATP in Pressath und andere mehr. Aber auch die vielen Mittelständler und Kleinunternehmer haben sich für die Zukunft aufgestellt und Zeichen gesetzt. Ohne Anspruch auf Vollständigkeit seien hier einige davon erwähnt:

ZAHLEN BESSER ALS ERWARTET

Der Werkzeugmacher und Formenbauer Zechmayer in Grafenwöhr, der Kabelbauer Nexans und der Spezialtiefbauer Gollwitzer in Floß, die Softwarespezialisten Speed4Trade, BIZ-Team und SITLog in Altenstadt, der Stahlbauer Forster in Mantel, der Ofenbauer und Hersteller von Keramikfolien Koppe bzw. Kerafol in Apfelbach, der Präzisionswerkzeugmacher KENNAMETAL in Vohenstrauß, der Maschinenbauer Windschiegl in Windischeschenbach, der Hersteller von Strahlenschutzbunkern Pravida Bau und der Maschinenbauer Lippert in Pressath sowie der Kunststoffverarbeiter BaS in Eslarn. Mit der Fomanu AG in Neustadt und der Puzzle & Play GmbH in Altenstadt schreiben zwei pfiffige Ideen als Fotobuch.de und Fotopuzzle.de Erfolgsgeschichte.

Große Investitionen sind bezüglich des Standortes wohl überlegt und im wahrsten Sinne des Wortes fundamental. Ein Unternehmen, das hier, wie in jüngster Zeit wiederholt geschehen, zwanzig bis vierzig Millionen Euro investiert, spielt in der Regel nicht mehr mit dem Gedanken, demnächst umzusiedeln. Es setzt vielmehr ein Zeichen, seinen Standort zu festigen und auszubauen.

Der Landkreis weist ein sehr breitgefächertes Branchenspektrum auf. Mit dieser Vielzahl von neun unterschiedlichen Branchen lässt sich vielleicht auch erklären, warum die Wirtschaft im Landkreis insgesamt gesehen relativ unbeschadet die letzten Krisen überstanden hat. Die Umsätze verteilen sich mit 44,75 Prozent auf das produzierende Gewerbe, gefolgt vom sonstigen Dienstleistungsgewerbe mit 27,25 Prozent, dem Handel mit 23,36 Prozent und dem Primärsektor mit 4,64 Prozent. In der Fachwelt der Wirtschaft gilt ein hoher Anteil des Tertiärsektors als Wohlstandsindex. Deshalb wird oftmals gefordert, diesen Sektor besonders zu fördern. Im Landkreis Neustadt a. d. Waldnaab hat aber gerade das produzierende Gewerbe zusammen mit der sogenannten GA-Förderung und den regionalen Banken zu einer positiven Entwicklung beigetragen. Bemerkenswert ist an dieser Stelle die Zahl der Insolvenzen. Im Zeitraum von 2010 bis 2011 verzeichnete der Landkreis einen Rückgang auf 29 und damit das größte Minus in der Oberpfalz von 49,1 Prozent.

Natürlich spielt speziell im Landkreis Neustadt a. d. Waldnaab der Truppenübungsplatz Grafenwöhr eine ganz wesentliche Rolle, liefert er doch eine beträchtliche Zahl an Arbeitsplätzen und ein enormes Plus an Kaufkraft für die Region. Fünfzig Millionen Euro geben die Soldaten und ihre Angehörigen jährlich aus. Darüber hinaus investiert die U.S. Army ständig in zahlreiche Infrastrukturprojekte, was besonders der Baubranche zugutekommt. So ist es auch nicht verwunderlich, dass der Landkreis bei der Entwicklung der Kaufkraft im Zeitraum von 1996 bis 2007 eine Steigerung um 34,5 Prozent aufweist. Aber nicht nur die harten wirtschaftlichen Fakten sind als Standortkriterium relevant. Umfragen zeigen, welch große Bedeutung sowohl Arbeitnehmer als auch Arbeitgeber den weichen Faktoren beimessen, wenn es um die Wahl ihres Standortes geht. Über die vielfältigen touristischen und kulturellen Angebote des Landkreises ist an anderer Stelle dieses Buches zu berichten. Es gibt aber weitere nicht monetäre Aspekte, die bei der Abwägung zwischen einer lukrativen Beschäftigung in einem dicht bevölkerten und ebenso kostspieligen Ballungsgebiet und der möglicherweise geringer vergüteten Leistung in unserer ländlich und natürlich geprägten Gegend eine Rolle spielen. So stellt sich die Entwicklung der Straftaten im Landkreis als überaus erfreulich dar. Hier ergibt sich für den Zeitraum 1996 bis 2008 ein Minus von 61,3 Prozent. Ein Wert, der sogar im deutschlandweiten Vergleich herausragt und ein weiteres Plus an Lebensqualität bescheinigt.

Dies gilt insbesondere im Hinblick auf die Gewaltkriminalität, die in den Städten drei- bis viermal so hoch liegt. Ein weiteres Indiz für einen hohen Lebensstandard ist der für den Einzelnen zur Verfügung stehende Wohnraum, der seit 1996 um 20,7 Prozent gewachsen ist. Auch hier nimmt der Landkreis eine Spitzenposition ein. Der Geschosswohnungsindex zeigt, dass im Landkreis überwiegend Einfamilienhäuser bewohnt werden und den Menschen hier durchschnittlich 48,35 Quadratmeter pro Einwohner und 103,68 Quadratmeter pro Wohnung zur Verfügung stehen, ein weiterer signifikanter Wert im bundesweiten Vergleich. Ein Eigenheim, vielleicht sogar mit Garten, ist in den Ballungsgebieten eben nur für wenige erschwinglich.

Den Bürgern im Landkreis steht eine Vielzahl von Bildungseinrichtungen zur Verfügung. Unter Einbeziehung der Stadt Weiden, die vom Landkreis umschlossen wird, können Schüler zwischen drei Wirtschaftsschulen, drei Realschulen, einer FOS/BOS

Ein großer Tag für den Landkreis Neustadt a. d. Waldnaab und die Stadt Weiden war im Januar 2012 der erste Spatenstich für den Erweiterungsbau der Firma Witt. Neben Witt-Geschäftsführer Wolfgang Jess (Sechster von rechts), Landrat Simon Wittmann (Vierter von links), Weidens Oberbürgermeister Kurt Seggewiß (Vierter von rechts) und Parksteins Bürgermeister Hans Schäfer (Fünfter von rechts) griffen auch Wirtschaftsminister Martin Zeil (Siebter von links) und Regierungspräsidentin Brigitta Brunner (Fünfte von links) zum Spaten.

und fünf Gymnasien mit sämtlichen Zweigen wählen. Der berufliche Werdegang kann über eine Landwirtschaftsschule, ein Berufsbildungszentrum oder die Europa-Berufsschule begleitet werden. Die Nähe zur Hochschule für angewandte Wissenschaften Amberg-Weiden lässt auch für angehende Akademiker kaum Wünsche offen.

Es lässt sich also ausgezeichnet leben und arbeiten im Landkreis Neustadt a. d. Waldnaab mit seinem schönen Oberpfälzer Hügelland. Mit dem Einfallsreichtum und dem Mut der Unternehmer im Landkreis, einem starken Netz unter den Firmen und aus Bildungseinrichtungen, Banken, dem Gründerzentrum, dem Technologiecampus, dem Marketingverein „Forum Neustadt Plus", der IHK und HWK, der Agentur für Arbeit und der Wirtschaftsförderung am Landratsamt wird es sicher gelingen, den positiven Trend der letzten Jahre fortzusetzen.

Um es mit der Stimme der ansässigen Unternehmen zu sagen: „Das Kapital im Landkreis sind seine Menschen." Aus einer Umfrage der IHK aus dem Jahr 2010 geht hervor, dass den Unternehmern die Loyalität und die Motivation ihrer Mitarbeiter, noch vor den Personalkosten, am wichtigsten sind. Und genau bei diesen Merkmalen haben die Firmenchefs ihre Belegschaften mit der Bestnote bewertet.

Den Oberpfälzern und damit auch den Landkreisbürgern wird oftmals nachgesagt, sie redeten zu wenig über sich und ihre Fähigkeiten. Aber es liegt eben in der Natur dieser Menschen, sowohl auf Arbeitgeber- wie auch auf Arbeitnehmerseite, nicht so viel zu reden, sondern einfach zu handeln. Auch das ist ein Image, das nicht unterschätzt werden sollte. Und so soll dieser kurze Beitrag mit einem typischen Ausspruch eines besonderen Schlages von Menschen schließen:

„Red'n, red'n, immer bloß red'n.
Louß doch red'n, die andern!
Bis die Leberkässemmel bloß g'sagt hom,
derweil hom's mir scho g'essn!"

Edgar Knobloch

Die beiden Geschäftsführer Franz und Isabell Koppe leiten in Eschenbach die Erwin Koppe Keramische Heizöfen GmbH und die Firma Kerafol, die sich auf die Herstellung keramischer Folien spezialisiert hat (oben). Die Nexans Autoelectric GmbH in Floß sorgte im Herbst 2012 durch zwei Großaufträge über ein Gesamtvolumen von rund dreihundertsechzig Millionen Euro mit zwei führenden Automobilproduzenten für Schlagzeilen. Ab 2014 bzw. 2015 wird Nexans autoelectric die beiden Automobilhersteller mit sogenannten Bordnetzen beliefern, die für die notwendige Verteilung von Energie und Signalen im Auto sorgen (unten).

Im Landkreis gibt es viele ungewöhnliche Vereine. Einer der seltsamsten ist sicher das „Forum Neustadt Plus". Die Mitglieder freuen sich nämlich riesig, wenn die eigenen Ideen von anderen Gemeinschaften „abgekupfert" werden. Denn dann hat der Verein wieder einmal sein Ziel, Ideen für andere auf den Weg zu bringen, erreicht.

„Forum Neustadt Plus" will ein Initiator für Aktionen zur Verbesserung des regionalen Lebens- und Wirtschaftsraumes sein. Probleme mit dem hochgesteckten Ziel hatte der am 17. Juni 1996 ins Leben gerufene Verein noch nie. Von Anfang an gab es zahlreiche und erfolgreiche Vorstöße, die Region attraktiv zu gestalten. Vertreten sind in der Gemeinschaft Wissenschaft, Kultur, Wirtschaft, Politik und Verwaltung sowie interessierte und engagierte Einzelpersonen. Ein runder Tisch also, an dem helle Köpfe aus allen Bereichen vereint sind.

Die vom „Forum Neustadt Plus" verfolgten Absichten sind nicht ganz leicht zu lesen: „Zweck des Vereins ist die Information über die Potenziale des Raumes und Darstellung der Attraktivität als Lebens-, Arbeits- und Wirtschaftsraumes Landkreis

EINE IDEEN-SCHMIEDE DES LANDKREISES

Neustadt a. d. Waldnaab, dies sowohl im Innen- als auch im Außenverhältnis. Insbesondere sollen kulturelle, künstlerische, ökonomische, sportliche, wissenschaftliche und heimatkundliche Aktivitäten sowie die innovativen Kräfte im Landkreis gefördert werden", so heißt es in der Satzung. Zusammenfassen lässt sich das alles mit einigen wenigen Worten: „Es geht um die Zukunft der Heimat."

Der Verein, derzeit mit Landrat Simon Wittmann, Geschäftsführerin Margit Frauenreuther, Dr. Wolfgang Weber, Karl Arnold, Albrecht Vornberger, Margit Kirzinger, Albert Nickl, Fritz Fürk, Jürgen Spickenreuther, Edgar Knobloch, Jürgen Schnappauf, Josef Pflaum, Wolfgang Eck, Christine Pöllath, Rupert Troppmann und Dagmar Mittelmeier an der Spitze, versteht sich nicht als „Unternehmen", das möglichst viele Aufgaben an sich ziehen will. Es geht vielmehr darum, Aktivitäten anzustoßen und Kräfte zu bündeln. Eine Art Ideenschmiede will man sein. „Am liebsten ist uns dabei natürlich, wenn eine Initiative anschließend von der Bevölkerung, von Vereinen oder von Kommunen eigenverantwortlich weitergeführt wird", erläutert Geschäftsführerin Margit Frau-

enreuther die Philosophie. Ein herausragendes Beispiel stellt das GEO-Zentrum an der KTB in Windischeschenbach dar. Neue Wege wurden mit einer „Wirtschafts-CD-ROM" beschritten, aus der sich eine Online-Firmendatenbank entwickelt hat. Nicht zu vergessen auf das „Strategiekonzept für den Landkreis" und dessen Anpassungen oder auf die intensive Zusammenarbeit mit der Industrie- und Handelskammer und der Handwerkskammer. Nicht zuletzt spielen die Suche nach „Fördertöpfen" und Finanzspritzen aus Vereinsmitteln eine wichtige Rolle. Fast schon Kultstatus hat der Landkreis-Staffellauf erlangt, den das Forum auf den Weg gebracht hat.

Ganz ohne Sorgen ist „Forum Neustadt Plus" nicht. Landrat Wittmann bringt es immer wieder zur Sprache: „Unsere Gemeinschaft leistet viel und stößt vieles an. Einige Mitglieder mehr – aktuell sind es nur fünfzig – würden sich positiv bemerkbar machen." Dabei geht es nicht nur um Mitgliedsbeiträge, sondern vor allem um eine breite Basis des Vereins in der Gesellschaft.

Bernhard Neumann

Der Landkreis-Staffellauf ist eines der Projekte, die das „Forum Neustadt Plus" auf den Weg gebracht hat. Die Veranstaltung ist irgendwie auch ein Symbol für die Arbeit des ungewöhnlichen Vereins: mit vereinten Kräften ein Ziel erreichen und das Staffelholz rechtzeitig abgeben.

VERPACKUNGEN VON DER FIRMA CONSTANTIA HUECK FOLIEN

Fertigung hochwertiger, flexibler Verpackungslösungen im Lebensmittel- und Pharmabereich sowie fortwährende Investitionen in moderne Technologien bilden die Basis für den Erfolg.

Neben verschiedenen Lackier- und Kaschierverfahren ergänzen umfassende, spezielle technologische Möglichkeiten im Bereich der Drucktechnik die Veredelungsstufen. In Ergänzung zum klassischen Tief- und Flexodruck-Verfahren rundet der hochmoderne UV-Flexodruck das technologische Spektrum ab.

Auch die eigene Lackentwicklung und -fertigung am Standort leistet einen wesentlichen Beitrag, um kundenspezifische Verpackungslösungen anbieten zu können. Die breite und vielfältige technologische Kompetenz auch im Bereich der hauseigenen Druckvorstufe ermöglicht es, die Kunden von der Gestaltungsphase bis zum fertigen Endprodukt fachmännisch und flexibel durch alle Phasen des Herstellprozesses zu begleiten.

Die Hauptprodukte des Unternehmens im Bereich Lebensmittel sind Becherverschlusssysteme aus Aluminum- und Kunststoffverbunden für die Milchwirtschaft sowie hochwertige Süßwaren-Verpackungen. Im Bereich Pharma werden Verpackungsmaterialien auf der Grundlage von Aluminium, z. B. Blisterdeckfolien, kaltverformbare, tiefziehfähige Folien sowie Kunststoffaufbauten wie Abdeckfolien und Sachetverbunde mit Sperrschicht, für Kunden in den Bereichen Pharma, Medical und Home & Personal Care produziert.

Constantia Hueck Folien ist ein Teil der Constantia-Flexibles-Gruppe, zu der über fünfzig Firmen in zwanzig Ländern gehören und in denen mehr als fünftausend Mitarbeiter beschäftigt sind. Constantia Flexibles ist ein global agierender Partner und Schlüssellieferant für die Lebensmittel-, Tiernahrungs-, Getränke- und Pharmaindustrie und beliefert Kunden in aller Welt. Die Gruppe zählt damit zu den weltweit größten Herstellern flexibler Verpackungen.

Wolfgang Benkhardt/Colette Abrell

Schauen Sie sich doch die Verpackung, in der Ihr knuspriger Müsliriegel, Ihre süße Mozartkugel oder Ihre leckere Schokoladentafel steckt, mal etwas genauer an. Es ist nämlich durchaus möglich, ja bei manchen Produkten sogar sehr wahrscheinlich, dass diese Verpackung gleich um die Ecke hergestellt worden ist. Die Constantia Hueck Folien in Pirkmühle macht so etwas, und sie gehört in dieser Branche sogar zu den ganz Großen.

Gegründet wurde das Unternehmen im Jahre 1920 als Aluminiumwalzwerk unter dem Namen „Hueck & Cie." von Oskar Eduard Hueck. Während in den ersten Jahren die ersten Lieferungen an Lebensmittelhersteller im regionalen Umfeld erfolgten, gehören heute namhafte, international agierende Unternehmen und Unternehmensgruppen zu den Kunden.

Rund siebenhundert Beschäftigte hat das Unternehmen in Pirkmühle. Die jahrzehntelange Erfahrung in der Entwicklung und

Viele namhafte Firmen lassen in Pirkmühle beim Unternehmen Constantia Hueck Folien ihre Verpackungen herstellen. Das Unternehmen ist Teil einer weltweit operierenden Gruppe.

Manchmal sind es kleine Zufälle, die Großes bewirken. Die Niederlassung der Parksteiner WITRON Logistik + Informatik GmbH ist so ein Zufall. Der frühere Bürgermeister Karl Lukas traf auf dem Weg zum Bergkircherl Unternehmer Walter Winkler. Die beiden Männer kamen ins Gespräch, und so erfuhr der Rathauschef, dass der Unternehmer Platz für eine Gewerbeansiedelung sucht. Ein Glücksfall für Parkstein, an den sich Lukas zu Lebzeiten gerne immer wieder erinnerte. Die Firma WITRON siedelte sich an und nahm eine sensationelle Entwicklung.

Das Unternehmen plant, realisiert und betreibt innovative Logistik- und Materialflussanlagen mit zukunftsweisenden ergonomischen Arbeitsplätzen- und Prozessen, welche für die Kunden nachhaltige Wettbewerbsvorteile generieren. Das Unternehmen wurde 1971 als Ein-Mann-Betrieb von Walter Winkler gegründet und hat sich zu einem der internationalen Marktführer auf dem Gebiet der Implementierung hochdynamischer Kommissioniersysteme entwickelt. Neben dem Hauptunternehmen fertigen auch die Tocherfirmen FAS (Förderanlagen Systeme GmbH) und WIBOND in Parkstein ihre hochverfügbaren Komponenten. WITRON beschäftigt weltweit über tausendvierhundert Mitarbeiter, davon etwa achthundert am Hauptsitz in Parkstein. WITRON-Niederlassungen gibt es in Rimpar (nähe Würzburg), sowie in den USA, in Kanada, den Niederlanden, UK, Spanien und Frankreich.

Insgesamt wurden branchenübergreifend bisher mehr als zweitausend Logistikprojekte in unterschiedlichster Größenordnung umgesetzt. Zahlreiche Top-Unternehmen aus Handel und Industrie, in Europa und in Nordamerika, betreiben seit vielen Jahren ihre Distributionszentren erfolgreich mit WITRON-Lösungen. Ein Bestandskundenanteil von achtzig Prozent, also Kunden, die WITRON bereits mit zwei oder mehr Logistikanlagen beauftragt haben, sagt einiges aus über die Zufriedenheit der Abnehmer. Dabei hält WITRON die zentralen Schlüsselelemente der Projekte in der Hand: Logistik-Planung, Informations- und Steuerungstechnik, Mechanik-Konstruk-

WITRON: MIT LOGISTIK WELTWEIT ERFOLGREICH

tion und Mechanik-Fertigung sowie Funktionsverantwortung als Logistikgeneralunternehmer. Ein weiterer wichtiger Faktor für eine langfristige und vertrauensvolle Kundenbindung sind individuelle Service- und Betreibermodelle, die exakt auf die Anforderungen der Kunden abgestimmt sind. Darüber hinaus ist die vollumfängliche Abdeckung des kompletten Projekt-Regelkreises die bestmögliche Basis für die permanente Weiterentwicklung von bestehenden Logistikmodulen sowie für Neuentwicklungen, ausgerichtet am Marktbedarf. Viele patentierte und preisgekrönte Lager- und Kommissioniersysteme aus Parkstein prägen seit Jahren den internationalen Logistik-Markt. In der Beziehung zu seinen Mitarbeitern sieht das Unterneh-

men nach eigenen Angaben eine wichtige soziale Verantwortung. Menschen fördern, Verantwortung geben und eine berufliche und menschliche Perspektive schaffen, war schon immer ein besonderes Anliegen der Familie Winkler. Seit Firmengründung wurden nahezu tausend junge Menschen in technischen und kaufmännischen Berufen ausgebildet. Jährlich kommen fast siebzig neue Azubis dazu. „Unsere Leidenschaft für Innovationen und Logistik. Tag und Nacht für unsere Kunden da sein. Hart arbeiten. Oberpfälzer Bodenständigkeit. Die gelebte Kultur eines Familienunternehmens und das Vertrauen in die Fähigkeiten unsere Mitarbeiter. Das sind Werte, auf welchen der Erfolg von WITRON basiert, und diesen Werten bleiben wir auch in Zukunft treu", so Firmengründer Walter Winkler.

Udo Schwarz/Wolfgang Benkhardt

Firmengründer Walter Winkler (oben) geht gerne neue Wege. Dies gilt auch für die Bürogebäude im Pavillon-Stil und in Holzbauweise in Parkstein.

Die Firma BHS Corrugated in Weiherhammer ist der Global Player im Landkreis mit der längsten Geschichte. Sie reicht bis ins Jahr 1717 zurück. Damals gründete Herzog Theodor Eustach von Pfalz-Sulzbach das Unternehmen als Hüttenwerk für den Munitionsguss für das Zeughaus in Wien. 1927 wurde das herzogliche Unternehmen in die per Landesgesetz neu gegründete Bayerische Berg-, Hütten- und Salzwerke eingegliedert. Daher auch die drei Buchstaben BHS. Den heutigen Namen und die Rechtsform als GmbH erhielt das Unternehmen bei der Privatisierung im Jahr 1993.

BHS: WELT-RUF DURCH WELLPAPPE

Im Jahre 1960 begann eine neue Ära im Unternehmen. Seitdem werden am Ufer des Beckenweihers auch Wellpappenanlagen und Riffelwalzen konstruiert und gefertigt. Und das mit Riesenerfolg. Die BHS Corrugated ist mit rund siebenhundertfünfzig Beschäftigten (darunter über hundert Auszubildende) heute einer der größten Arbeitgeber im Landkreis Neustadt a. d. Waldnaab.

Dank der jahrelangen Erfahrung ist das Unternehmen mittlerweile weltweit der größte Lösungsanbieter in der Wellpappenindustrie. Mit Produktionsstandorten auf der ganzen Welt und dank modernster Spitzentechnologie kann BHS eine maßgeschneiderte Maschine nach den spezifischen Bedürfnissen des Kunden bieten, vom Starter bis hin zur Mega Plant. In sechsundzwanzig Ländern mit fast tausendfünfhundert Mitarbeitern steht die BHS den Kunden in jeder Phase der Zusammenarbeit zur Seite. Das Unternehmen hat mittlerweile Niederlassungen in Tachov in Tschechien, in Curitiba in Brasilien, in Shanghai in China, in Knoxville in den USA und in Varaždin in Kroatien. Hinzu kommen über zwei Dutzend Vertriebs- und Serviceniederlassungen auf allen Kontinenten, unter anderem in Sydney, Kapstadt und Mexiko-Stadt.

Sie alle profitieren vom Knowhow aus der Oberpfalz. Denn Weiherhammer ist nicht nur nach wie vor die Zentrale dieses Betriebs, sondern hier sind auch die Forschung und das Schulungszentrum angesiedelt, das dem Unternehmen ungemein wichtig ist. „Wir liefern mehr als nur Maschinen. Wir liefern Leistung und Produktivität. Auf diesem Gebiet ist BHS Technologieführer", erläutert ein Sprecher.

Das Unternehmen arbeitet stetig erfolgreich an einer Minimierung des Energieeinsatzes und der verwendeten Rohstoffe. Und das, ohne an der Qualität des Endergebnisses oder an der Produktionsleistung zu sparen. Damit die Maschine ununterbrochen und einwandfrei läuft, bietet BHS zusätzlich ein optimales Training des Personals. Die Leute sollen nicht nur in der Lage sein, die entwickelte Anlage zu bedienen, sondern sie auch verstehen. Diese Unternehmensphilosophie bringt für beide Seiten Vorteile: Das gut ausgebildete Fachpersonal hält die Anlaufkosten ebenso wie die Unterhaltskosten gering. Dank jahrelanger Erfahrung und unter Berücksichtigung aller wichtigen wirtschaftlichen Gesichtspunkte der verschiedenen Märkte hat BHS ein Angebot an Einzelmaschinen und Komplettanlagen entwickelt, die bedarfsgerecht auf die individuellen Anforderungen des jeweiligen Kunden zugeschnitten sind. Angestrebt wird eine individuelle Life-Cycle-Partnerschaft, die den Kunden während des gesamten Lebenszyklus der Anlage begleitet.   *Wolfgang Benkhardt*

Die BHS Corrugated ist aus dem ehemaligen Hüttenwerk am Beckenweiher hervorgegangen. Mit Wellpappe und Riffelwalzen hat sich die GmbH zu einem Weltunternehmen entwickelt.

PILKINGTON LIEFERT GLAS FÜR EDLE BAUTEN

Glasklar: Wer in der Region an Flachglas denkt, der denkt an Pilkington. Das Unternehmen in Weiherhammer setzt die jahrhundertealte Tradition der Glasherstellung in der Region fort. Der Bau der Floatglaslinien in Weiherhammer, damals noch als Teil der DETAG (Deutsche Tafelglas AG), läutete Ende der 1970er Jahre ein neues Zeitalter ein. Die Ära der alten Glashütten ging endgültig zu Ende. Mit weniger Personal konnte mit dem neuen Verfahren plötzlich ein Vielfaches an Glas hergestellt werden.

Heute gehört die Flachglas AG zum nach dem Gründer der Floatglastechnik benannten Pilkington-Konzern, der wiederum seit Juni 2006 Teil der japanischen NSG-Group ist, die als einer der weltgrößten Hersteller von Glas für Bau- und Fahrzeugmärkte gilt.

Die NSG-Group ist auf vier Kontinenten an rund fünfzig Floatglaslinien beteiligt, hat einen Umsatz von knapp fünf Milliarden Euro und beschäftigt weltweit etwa neunundzwanzigtausend Mitarbeiter. Das Unternehmen hat Produktionsstandorte in neunundzwanzig Ländern und Vertriebsaktivitäten in etwa hundertdreißig Staaten.

Auf den beiden Floatglaslinien in Weiherhammer entstehen vor allem Gläser, die unter dem Betriff „Building Products" – also Produkte für Bauten – firmieren.

Die Mitarbeiter in der Oberpfalz zeichnet nicht nur große Zuverlässigkeit, sondern auch eine ungewöhnlich breite Produktpalette und Innovationsfreude aus. Hauchdünne Gläser mit nicht einmal einem Millimeter Stärke verlassen ebenso das Werk wie wuchtige, bis zu neunzehn Millimeter starke Glasflächen.

Für Aufsehen sorgte das Werk 2001 mit der Entwicklung von Pilkington Activ™. Dahinter steckt ein Glas, das sich selbst reinigen kann. Eine mikroskopisch-dünne, transparente Beschichtung aus Titanoxid sorgt bei diesem patentierten Produkt für den gewünschen Effekt. Regen und Feuchtigkeit bilden einen gleichmäßigen Wasserfilm auf der Glasoberfläche, der Staub- und Schmutzpartikel abperlen lässt. Auch die Solarindustrie ist ein wichtiger Partner. Das Werk lieferte das Glas für eine der ersten Solaranlagen der Welt in der Mojave-Wüste in Kalifornien, die Kuppel des Plenarsaals des Deutschen Bundestags und den Flughafen in Hongkong.

Das geschmolzene Glas wird beim Floatverfahren mit einer Temperatur von etwa tausend Grad Celsius in ein Zinnbad geleitet und breitet sich dort gleichmäßig aus. „Die Dicke wird durch die Geschwindigkeit bestimmt, mit der das Glasband durch das Zinnbad gezogen wird", erläutert ein Unternehmenssprecher. Eine Floatanlage produziert etwa sechstausend Kilometer Glas pro Jahr. *Wolfgang Benkhardt*

Die Firma Pilkington setzt die Tradition der Glasherstellung in der Region fort.

WITT SETZT WEITER AUF WACHSTUM

Wäsche kauft man bei Witt – dies ist zweifellos der bekannteste Werbeslogan aus der ganzen Region. Und die gekaufte Wäsche kommt mittlerweile nicht mehr nur aus Weiden, sondern vor allem aus dem Landkreis Neustadt a. d. Waldnaab. Das neue Warenverteilzentrum wird zwar von Weiden aus straßenmäßig erschlossen, befindet sich aber grundstücksmäßig im Landkreis Neustadt a. d. Waldnaab, genauer gesagt auf Parksteiner Hoheitsgebiet.

Stadt und Land – Hand in Hand. Bei der Suche nach einem Grundstück für das Verteilzentrum von Witt zogen alle an einem Strang, um das Unternehmen in der Region zu halten. Keine schlechte Entscheidung, denn schon dreieinhalb Jahre nach der Einweihung konnten der Neustädter Landrat Simon Wittmann und der Weidener OB Kurt Seggewiß zusammen mit Staatsminister Martin Zeil und weiteren Ehrengästen wieder zu den Spaten greifen, um feierlich

den Bau des zweiten Abschnitts des Warenverteilzentrums einzuleiten – Kostenpunkt rund einundzwanzig Millionen Euro. Bis zum Jahr 2020 soll die Nutzfläche durch weitere Bauabschnitte Schritt für Schritt auf bis zu hunderttausend Quadratmeter ausgebaut werden!

Die Geschichte von Witt begann 1907 in einem kleinen Kolonialwarenladen im oberpfälzischen Reuth. Von dort versandte der gelernte Zimmermann Josef Witt seine ersten Textilwaren, bevor er 1913 in die nahe Stadt Weiden zog. Aus dem Ein-Mann-Betrieb ist heute ein international tätiges Unternehmen mit rund zweitausendfünfhundert Mitarbeitern geworden, einer der größten Arbeitgeber der Oberpfalz. Die Witt-Gruppe ist mit acht Marken in elf Ländern aktiv und einer der führenden europäischen Mode-Versandhändler auf dem Zukunftsmarkt „50plus".

Das Geschäft des Unternehmens, das seit 1987 zur Otto-Group gehört, stützt sich auf die drei Vertriebskanäle Katalog, Internet und Filiale. „Jedes Jahr gehen rund dreihundert verschiedene Kataloge in einer Auflage von circa dreihundertfünfzig Millionen

Stück an Kunden in ganz Europa", verrät ein Unternehmenssprecher. Mittlerweile siebzehn Onlineshops machen den Einkauf noch schneller und einfacher. Darüber hinaus baut die Witt-Gruppe in Deutschland den stationären Einzelhandel als ihr „Gesicht am Markt" stetig aus. Im September 2012 hat Witt Weiden in Villingen-Schwenningen seine einhundertste Filiale eröffnet.

„Doch unternehmerisches Handeln steht auch in der Verantwortung: Es muss den Ausgleich zwischen wirtschaftlicher Fortentwicklung, sozialer Verantwortung und dem dauerhaften Erhalt der natürlichen Ressourcen unserer Umwelt schaffen", formuliert das Unternehmen seine Philosophie. Als einer der ältesten und größten Arbeitgeber der Region ist die Witt-Gruppe eng verwurzelt mit dem Standort. Durch die Erweiterung des Warenverteilzentrums im Jahr 2012 bringt Witt seine Verbundenheit mit der Region auch für die Zukunft zum Ausdruck und setzt sich nachhaltig für den Standort ein. Die Witt-Gruppe verfolgt auch im Klimaschutz ehrgeizige Ziele: Die transport-, mobilitäts- und standortbedingten Kohlendioxid-Emissionen sollen im Rahmen der verabschiedeten Klimaschutzstrategie bis 2020 um bis zu fünfzig Prozent reduziert werden.

Wolfgang Benkhardt/Martin König

Die Firma Witt ist einer der größten Arbeitgeber der Oberpfalz. Beim Genehmigungsverfahren für das neue Warenverteilzentrum haben Stadt und Land vorbildlich zusammengearbeitet.

Die Firma „novem car interior design" entwickelte sich in wenigen Jahrzehnten von einer einfachen Schreinerei zu einem Weltmarktführer für Auto-Zubehörteile. Gründervater war Ernst Pelz im Jahre 1947. Der Schwerpunkt lag bereits hier auf der Produktion der Echtholz-Zierteile für die Automobilindustrie. Heute ist das Unternehmen ein Global Player, der weltweit an zehn Standorten in Europa, Asien und Amerika über viertausendsiebenhundert Mitarbeiter beschäftigt.

Weitere Werke befinden sich unter anderem in Eschenbach, Kulmbach, Bergamo/Italien, Pilsen/Tschechien und Zalec/Slowenien, Atlanta/USA, Tegucigalpa/Honduras, Querétaro/Mexiko sowie Beijing/China. Die Fäden dieses globalen Netzes laufen in der Zentrale in Vorbach zusammen, in der zusammen mit dem Produktionswerk fast tausend Menschen beschäftigt sind. Die Namen der Kunden sprechen für sich: Für Audi, BMW, Chrysler, General Motors, LandRover, Maserati, Mercedes-Benz, Mini, Porsche, Nissan, Volkswagen und Volvo liefert der Technologie- und Qualitätsführer wichtige Teile für alle Premium-Fahrzeuge.

Symbiose von Handwerk und Hightech – aus diesem Zusammenspiel von Mensch

NOVEM STECKT IN ALLEN PREMIUM-FAHRZEUGEN

und Maschine entstehen mit Pioniergeist und unglaublicher Präzision aus den innovativen und wertvollen Materialien form- und farbschöne Zierteile, die das Herz von Designern und Autoliebhabern gleichermaßen höher schlagen lassen. Vom natürlichen Open-Pore-Look bis zur brillanten Hochglanzoptik werden diese Teile in vielfältiger Weise umgesetzt. Technologien wie PUR, PMMA, SAN oder Siebdruck verbinden Exklusivität mit Funktionalität.

Das Portfolio umfasst heute die Oberflächenmaterialien Echtholz, Aluminium, Carbon, Premium-Kunststoffe und Leder. Bei den Zierteilen in Echtholz ist das Unternehmen in der Autobranche sogar der Weltmarktführer. Dabei sind die edlen Materialien und deren Verarbeitung nur ein Teil des Erfolgsrezepts. „Unsere Kompetenz und unsere Leidenschaft liegen in durchdachten Interior-Lösungen, die unseren Anspruch an höchste technische Qualität mit der Faszination eines individuellen Innenraum-Designs verbinden", so eine Sprecherin des Unternehmens. Oder, wie es ein Werbeslogan schön auf den Nenner bringt: „Novem sucht Wege zum vollendeten Design."
Heidi Stopfer-Wilterius/Wolfgang Benkhardt

Peter Mazzucco, Vorsitzender der Geschäftsführung, präsentiert Zierteile mit edlen Furnier- und innovativen Aluminiumoberflächen (oben). Die beste Qualität ist gerade gut genug. Schließlich ist das Unternehmen beim Fahrzeug-Holzdesign alleiniger Weltmarktführer.

Das wirtschaftliche Fundament im Landkreis besteht aus vielen Elementen. Manche davon sind nicht sehr groß, aber dennoch entscheidend für das Gesamtgefüge. Im Landkreis Neustadt a. d. Waldnaab gibt es viele kreative Men-

HELLE KÖPFE AUS DEM LANDKREIS

schen mit innovativen Ideen und enormer Tatkraft, die einen entscheidenden Beitrag für Wohlstand und Lebensqualität leisten und deren Ideen manchmal sogar die Welt verändern – zumindest ein bisschen. Zu den kreativen Köpfen gehört zweifellos der Parksteiner Norbert Weig. Er gilt als Er-

finder des Fotobuchs, das von Deutschland aus den Siegeszug um die Welt gestartet hat. Der frühere Vorstand des Neustädter Unternehmens Fotobuch.de hatte 2002 die ebenso geniale wie einfache Idee, den noch in den Kinderschuhen steckenden Digitaldruck zur Produktion von individuellen Büchern zu nutzen. Dazu wurde die erste Fotobuch-Software der Welt entwickelt, die auch von absoluten Laien bedient werden konnte. Anfang 2003 war es dann so weit. Das erste Fotobuch der Welt wurde im Landkreis verkauft. Das klassische Album kommt auf die Müllhalde der Produktge-

schichte und wird durch ein gebundenes Buch mit individuellen Fotos und Texten ersetzt.

Seither hat sich viel getan. Die technischen Verfahren sind viel besser und schneller geworden. Längst gehen nicht mehr nur Fotobücher, sondern auch -kalender-, leinwände-, -puzzles und andere Produkte vom Neustädter Gewerbegebiet in die ganze Welt. Ob eine kleine Enkelparade für die Großeltern, der Traumurlaub, die Hochzeit oder Firmenpräsentationen – alles ist möglich.

Ein paar Jahre durften sich die Macher weitgehend alleine auf der Erfolgsspur tummeln, inzwischen hat sich die Konkurrenz eingereiht, was aber den Gründer und heutigen Vorstand des Unternehmens, Werner Krachtus, nicht weiter beunruhigt. „Produkte von guter Qualität zum hohen Preis oder von schlechter Qualität zum günstigen Preis herzustellen, ist keine Kunst. Um aber hochwertige Produkte zu fairen Preisen anbieten zu können, muss man innovative Methoden und Produkte entwickeln", lautet die Firmenphilosophie.

Rund fünfzig Mitarbeiter kümmern sich in einem hochmodernen Gebäude in zertifizierter Passivhausbauweise und mit biologischem Wärmeschutz um die Wünsche der Kunden. Besuchergruppen aus Politik, Wirtschaft und Gesellschaft sind regelmäßig zu Gast und staunen über die effizienten Abläufe. Im eigenen Rechenzentrum werden Datenschutz und Sicherheitsstandards großgeschrieben – damit die schönen Bilder auch nur diejenigen zu sehen bekommen, die sich auch sehen sollen.

Nach dem Verkauf des „gut gewachsenen Kindes" Fotobuch.de hat Norbert Weig nicht die Hände in den Schoß gelegt, sondern mit Puzzle & Play im ehemaligen „Ökologia" in Altenstadt auf ein anderes Pferd gesetzt: personalisierbare Puzzles

und Spiele. Ob Memory, Couple Trouble – ein pfiffiges Spiel für Paare – oder eine Art Mensch-ärgere-dich-nicht – das Besondere an der Sache ist, dass das eigene Bild auf Schachtel und Brett den ganz persönlichen Unterhaltungswert erhöht.

Über zwanzig Beschäftigte kümmern sich um Softwareentwicklung, Grafik, Marketing und Vertrieb. Und auch für Puzzle & Play ist der Landkreis ein viel zu enges Betätigungsfeld. Internationale Websites werden betrieben in Amerika, Frankreich, England, Österreich, Schweiz, Holland, Belgien, Polen, Tschechien und in der Slowakei. Weiteres Wachstum nicht ausgeschlossen.

Die „Rawal-Kopfstand-Bank" der Pressather Holzmanufaktur Walberer ist kein Geldinstitut für Artisten, sondern eine Art Hocker mit Polsterung. In der Mitte eine Aussparung für den Kopf, die Hände umgreifen die Längsstreben, die Schultern liegen weich auf. „Der Kopfstand ist die

Bei der Schreinerei Walberer in Pressath stand die Welt 2011 tagelang Kopf. Als Alt-Hippie Rainer Langhans die Rawal-Kopfstandbank aus der Pressather Schreinerei mit ins „Dschungelcamp" des Senders RTL nahm, war die Bank plötzlich in aller Munde. Rawal steht übrigens für Rainer und Andreas Walberer.

Königsdisziplin im Yoga", erklärt Geschäftsführer Rainer Walberer die Zielrichtung des Produkts, das sein Bruder Andreas in seiner Schreinerei am Kahrmühlweg seit 2009 baut und mit dem viele Erwachsene und Kinder positive Erfahrungen gemacht haben. Die Sänger Konstantin Wecker und Peter Maffay, Kabarettistin Lisa Fitz, Moderatorin Nina Ruge, die Schauspieler Michaela May und Robert Atzorn sowie Norbert Neugirg, Kommandant der Altneihauser Feierwehrkapell'n, stehen regelmäßig Kopf. Und warum das Ganze? Entweder zum Spaß oder zur Bekämpfung von Kopfschmerzen, zur Förderung der Verdauung oder zur Verbesserung der Durchblutung und der Sauerstoffversorgung des Körpers. Das stabile Stück – es hält einer Belastung von über zweieinhalb Tonnen stand – soll helfen, die Turnübung hinzubekommen und sie eine gewisse Zeit durchzuhalten. Vom Basismodell aus Buche mit Kunstleder bis zu Mahagoni mit lachsfarbener Edelposterung reicht die Palette der Walberer-Brüder, die dem Landkreis und dem Rest der Welt eine neue Perspektive bieten wollen.

Vom Landkreis in die Welt hinaus ist auch das Motto von Nix-wie-weg.de. Das Online-Reisebüro mit Sitz in Parkstein vermittelt Trips rund um den Globus. Aus einer pfiffigen Idee ist inzwischen am Fuße des Basaltkegels eine eindrucksvolle Firma mit über dreißig Angestellten entstanden. Das Erfolgsrezept: die Verknüpfung modernster Kommunikationstechnik mit traditioneller und individueller Beratung sowohl per PC als auch am Telefon.

Geschäftsführer Nicolas Götz hat als Student diese Marktlücke entdeckt und 1996 ganz klein angefangen. Jetzt ist seine Firma eine feste Größe in der Branche. Von der Städte- bis zur Weltreise hat Nix-wie-weg.de alles im Programm und feiert regelmäßig Erfolge bei der Bewertung in einschlägigen Portalen. In den Großstädten ist die Konkurrenz längst auf den Zug aufgesprungen. Macht aber nix. Das Parksteiner Unternehmen kann trotzdem

auf ein konstantes Wachstum bauen. „Gute Arbeit zahlt sich aus", sagt Götz, der auf Oberpfälzer Mitarbeiter schwört: „Die sind ein Riesenpfund." Engagiert und zuverlässig. Und um den Nachwuchs muss sich der Chef keine Sorgen machen. Der kommt aus der hauseigenen Akademie für Aus- und Weiterbildung.

Wer den Traum vom eigenen Haus verwirklichen will, ist bei der Baufirma Pravida in Pressath herzlich willkommen. Dafür gibt es im Landkreis aber auch andere gute Adressen. Wer allerdings einen Strahlenschutzbunker für medizinische oder industrielle Zwecke benötigt, ist bei dem Vorzeigeunternehmen im Landkreis allerbestens aufgehoben. Das Unternehmen

mit über hundert Beschäftigten setzt die patentierte „Forster-Sandwichbauweise" ein und ist damit Marktführer in Deutschland – und Global Player.

Normalerweise gewährleisten effektiven Strahlenschutz meterdicke Stahlbetonwände, um die sich ein Sprengmeister kümmern muss, falls sie eines Tages wieder weg sollen. In Pressath geht man andere Wege: Doppelwand-Halbfertigteile mit Betonkern und Mineralstofffüllung bieten den gleichen Schutz vor gefährlichen Emissionen – und im Falle des Falles reißt man sie einfach wieder ab und führt die Teile dem Wertstoffkreislauf zu. Geschäftsführer Otto Pravida ist stolz darauf, dass sich die ökologisch sinnvolle und kostengünstige Bauweise auf dem Globus herumgesprochen hat und seine Leute weltweit im Einsatz sind.

Manfred Hartung

Die ganze Welt hinter einer Tür: Nicolas Götz ist Geschäftsführer der Firma Nix-wie-weg.de, das seine Geschäfte fast ausnahmslos online macht. Da ist es kein Nachteil, fernab der großen Ballungszentren zu sein (oben). Die Pressather Firma Pravida hat Strahlenschutzbunker erfunden, die leicht wieder abgebaut werden können (unten).

VIEL PLATZ FÜR NEUE FIRMEN-IDEEN

Die Zahlen sprechen für sich: Rund vierzig Unternehmer schafften es in den ersten sechzehn Jahren mit Hilfe des Gründerzentrums in Grafenwöhr, mit ihrer Firma durchzustarten. „Sie haben sich teilweise mit Neubauten in der Region angesiedelt. Hierdurch entstanden bislang über zweihundertachtzig Arbeits- und Ausbildungsplätze", freut sich Geschäftsleiterin Christine Pöllath. Doch damit nicht genug: Knapp dreitausend weitere Leute hat das Gründerzentrum in der gleichen Zeit beraten. Einige hundert haben sich danach ebenfalls selbstständig gemacht.

Das erste Unternehmen, das den Sprung von der „Startrampe" in die „normale" Wirtschaftswelt schaffte, war SMT Sondermaschinentechnik von Diplom-Ingenieur (FH) Klaus Schnabel. Gleich in Nachbarschaft des Gründerzentrums hat es sich niedergelassen. Auch die Weidener Firma Qantos mit mittlerweile rund hundertzwanzig Beschäftigten, ein Systemlieferant für Kunden aus den Bereichen Schienenfahrzeuge, Personen- und Nutzfahrzeuge und Industrie, ist aus dem Gründerzentrum hervorgegangen. Ein weiteres Beispiel sind die EDV-Spezialisten von Speed4Trade, die 2012 die Weichen für eine Niederlassung im Gewerbegebiet in Altenstadt stellten. Zuletzt zählte das Unternehmen rund sechzig Mitarbeiter.

1996 wurde das Gründerzentrum, das von den Städten Grafenwöhr, Pressath und Eschenbach sowie dem Landkreis Neustadt a. d. Waldnaab als Gesellschaftern gemeinsam getragen wird, eröffnet. Schon vier Jahre später reichten die tausendfünfhundert Quadratmeter nicht mehr aus. Ein Anbau mit weiteren fünfhundert Quadratmetern kam hinzu. Inzwischen stehen achtzehn Büroeinheiten von zwanzig bis knapp dreihundert Quadratmeter und drei Produktionshallen von neunzig bis zweihundertzwanzig Quadratmeter für potenzielle Unternehmer zur Verfügung.

Die Idee, die dahintersteckt ist: Leute mit pfiffigen Geschäftsideen sollen sich ganz auf die Umsetzung und den Aufbau eines Unternehmens konzentrieren können und finanziell entlastet werden. Hohe Einstiegs-Investitionskosten sollen potenzielle Unternehmer nicht vor dem Schritt in die Selbstständigkeit abschrecken. Durch die gemeinsame Infrastruktur und die gemeinsame Verwaltung können die Kosten für Jungunternehmer gering gehalten werden. Das Gründerzentrum ist damit eine Art Wirtschaftskommune, bei der jeder vom Job-Sharing und dem Knowhow im Haus sowie der vorhandenen Infrastruktur profitiert. „Statt bei der Firmengründung gleich teuren Grund und Boden oder Immobilien kaufen zu müssen, bieten wir individuell gestaltbare Räumlichkeiten für Dienstleistung und Produktion zu kostengünstigen Mieten", erläutert Geschäftsführerin Pöllath. Auch Besprechungsräume,

Sozialräume, Küche und sanitäre Einrichtungen stellt das Gründerzentrum kostenlos zur Verfügung. Farbkopierer, Faxgerät, Beamer, Leinwand, Overhaed-Projektor, Post- und Paketservice, ein zentraler Empfang sowie ein repräsentatives Foyer für Ausstellungen und Veranstaltungen, ein gemeinsamer Reinigungsservice und ein Sekretariat, das Anrufe entgegennimmt und weitervermittelt, stehen allen Startern ebenfalls zur Verfügung.

Die Arbeit Tür an Tür mit anderen innovativen Köpfen erweist sich dabei als ungemein befruchtend für alle Beteiligten. Pöllath: „Hier entstehen Synergieeffekte, Geschäftskontakte, Partnerschaften und Kooperationen. Diese internen und externen Beziehungsnetzwerke bieten Kontaktaufnahmen zu potenziellen Kunden." Durch die Unterstützung und Förderung der Jungunternehmer würden deren Wachstumschancen optimiert. „Existenzgründer können sich bei uns voll und ganz auf die Umsetzung ihrer Idee und den Aufbau des Unternehmens konzentrieren", erläutert Pöllath. Und der Erfolg scheint ihr Recht zu geben: Die Statistik zeigt nämlich, dass im Gründerzentrum „aufgewachsene" Unternehmen – zumindest in den ersten Jahren – in der Region eine höhere Überlebenschance hatten als andere Firmen.

Wolfgang Benkhardt

Das Gründerzentrum im Grafenwöhrer Gewerbegebiet erleichtert den Aufbau eines neuen Unternehmens. Tüftler und Entwickler können hier die Marktchancen ihrer Idee testen, ohne einen Schuldenberg anzuhäufen.

Ein wundeschönes Bild bietet die Kartoffelblüte vor der Silhouette der Burgruine Flossenbürg (oben). Die Feldfrucht hat der Region auch den Namen Erdäpfelpfalz eingebracht. Mit modernen Maschinen ist die Ernte schnell eingefahren. Beim Heumachen ist aber auch vielerorts noch der Holzrechen im Einsatz. Natürlich wissen die Kinder im Landkreis genau, dass Kühe nicht lila sind (links).

IMMER WENIGER BAUERN

Das alte Kinderlied „Im Märzen der Bauer die Rösslein einspannt" hat schon lange keine Gültigkeit mehr. Aber auch eine moderne Version, die da lauten könnte „Im Frühjahr der Bauer die Traktoren anwirft" würde längst kein Kassenschlager mehr werden. Die Landwirte im Landkreis werden immer weniger. Vor allem bei den Haupterwerbslandwirten geht der Strukturwandel mit rasanter Geschwindigkeit vor sich.

In den ersten fünfunddreißig Jahren nach der Landkreisreform 1972 sind im Landkreis und in der Stadt Weiden dreitausend landwirtschaftliche Betriebe einfach aufgegeben worden. Aus und vorbei. Die Scholle ernährt ihren Mann nicht mehr. Oder nur so schlecht, dass viele Landwirte nicht mehr dafür tagaus, tagein im Stall stehen wollen. Ohne Feiertag und oft ohne Urlaub.

1835 Betriebe zählte man 2009 noch im Landkreis, gegenüber 4945 im Jahr 1971. Die durchschnittliche Betriebsgröße stieg gleichzeitig kontinuierlich an, zuletzt auf 27,8 Hektar. Die bäuerliche Agrarstruktur ist nach wie vor durch eine traditionelle Mischung von Voll-, Zu- und Nebenerwerbsbetrieben gekennzeichnet. Klassischer Hauptbetriebszweig und damit Haupteinnahmequelle ist weiter die Milchviehhaltung. Zumindest hier gibt es also eine Konstante.

Die Kartoffel spielt dabei im Landkreis nur noch eine untergeordnete Rolle. Auf nicht einmal drei Prozent der landwirtschaftlichen Nutzfläche wachsen die Erdäpfel, die oft mit der Region identifiziert werden, heran.

Wolfgang Benkhardt

DER KREIS UND SEINE GEMEINDEN

W er alle Ortschaften im Landkreis besuchen will, hat ganz schön zu tun. Achtunddreißig Kommunen umfasst der Großlandkreis Neustadt a. d. Waldnaab, darunter acht Städte, zwölf Märkte und achtzehn Gemeinden. Die größte Stadt ist Vohenstrauß mit rund siebentausendachthundert Einwohnern. Die kleinsten Kommunen sind Schlammersdorf und Kirchendemenreuth, die beide deutlich unter der Tausend-Einwohner-Marke liegen.

Neustadt a. d. Waldnaab ist mit rund fünftausendachthundert Einwohnern übrigens die kleinste Kreisstadt Bayerns. Und der Namensvetter Neustadt am Kulm ist mit nicht einmal tausenddreihundert Einwohnern die kleinste Stadt der Oberpfalz.

Der Marktflecken Floß in voller Blüte. Aus dem grünen Band, das den Ort umgibt, spitzt die helle Fassade der Nikolauskirche hervor. Dahinter sind die letzten Ausläufer des Grenzgebirges zu sehen, das geologisch zur böhmischen Masse gehört.

ALTENSTADT/WN – FRÜHE GRÜNDUNG

Straßen hatten irgendwie schon immer eine besondere Bedeutung für Altenstadt a. d. Waldnaab. Historiker gehen davon aus, dass der Schnittpunkt von Altstraßen Anlass für die erste Siedlung, die Traindorf hieß, war. Später lag der Ort an der Goldenen Straße, welche die alten Handelsstädte Nürnberg und Prag miteinander verband. Heute liegt er unmittelbar an der Nord-Süd-Autobahn und ist Knotenpunkt der beiden Bundesstraßen 15 und 22. Viele Betriebe nutzen die günstige Lage und haben sich im Gewerbegebiet „Am Haidmühlweg" angesiedelt. Und das ist auch gut so, denn das einstige wirtschaftliche Flaggschiff der Altenstädter, die Bleikristallindustrie, hat sich vor vielen Jahren sang- und klanglos verabschiedet. Nur die touristische Glasstraße, die einstige und noch immer bestehende Produktionsorte des zerbrechlichen Werkstoffs miteinander verbindet, kündet heute davon. An die Goldene Straße erinnert übrigens ein Goldenes Gässchen, das über die Geschichte der alten Handelsroute aufklärt.

Bekannteste Sehenswürdigkeit ist die romanische Wehrkirche Mariä Himmelfahrt, die um 1150 erbaut wurde. In der Kirche befinden sich die Grabstätten der Familie von Heideck sowie ein Taufstein aus dem 12. Jahrhundert. Weitere Sehenswürdigkeiten sind eine Pestsäule von 1697 und der Kreuzweg am Kalvarienberg (Mitte des 16. Jahrhunderts). Und natürlich das neue Museum, das im alten Schul- und Mesnerhaus eingerichtet wird.

Apropos Schule: Auf die lange Geschichte dieser alten Bildungsstätte sind die Altenstädter mächtig stolz. Seit 1609 gibt es hier schon eine Schule. Teile dieses ersten Baus sind noch erhalten. Die Hausmauern nach Osten hin haben eine Breite von bis zu einem Meter. Durchaus möglich, dass hier die ehemalige Friedhofsmauer überbaut worden ist. Durch ein Sichtfenster können

um 1000	Bau der ersten Kirche
1609	Erste Erwähnung einer Schule in Altenstadt
1862	Eisenbahnanschluss
ab 1925	Bleikristallherstellung
1975	Eingemeindung von Meerbodenreuth mit Ortsteilen

Einwohner: 4810

Fläche: 22,5 km²

Ortsteile: Meerbodenreuth, Buch, Kotzau, Sauernlohe, Süßenlohe, Haidmühle

Wahrzeichen: Alte Pfarrkirche

Sehenswürdigkeiten: Taufstein in der Alten Pfarrkirche, Kreuzwegstationen am Kalvarienberg, Mariensäule am Rathaus

Interessierte nach Eröffnung der neuen Ausstellungsräume die damalige Deckenkonstruktion bestaunen.

Auch einer der bekanntesten Bürger war übrigens ein Lehrer: Anton Wurzer. Er wurde am 1. August 1893 in Altenstadt geboren und war, als er am 5. Januar 1955 in Amberg starb, ein angesehener Heimatdichter und eine der bedeutendsten Persönlichkeiten der Region. Sein wichtigstes Werk war der „Steinpfälzer Schelmenspiegel" (1952). Die sterblichen Überreste wurden im Jahr 1980 nach Altenstadt übergeführt. Der Poet hat bei der Alten Pfarrkirche ein Ehrengrab bekommen.

Rosen sind wie Frauen, sie wollen schön sein und bewundert werden. Davon ist Hobbyzüchter Franz Wänninger absolut überzeugt. Er weiß, wovon er spricht, denn seit Jahrzehnten züchtet er Rosen. Und das sehr erfolgreich, kann er doch mittlerweile auf viele Auszeichnungen zurückblicken. Dabei hatte es der Rentner am Anfang so gar nicht mit dem Garten und den darin blühenden Pflanzen. Ihn interessierte als Kfz-Meister und langjähriger Werkstattleiter der ehemaligen Firma Forster eher die technische Seite des Lebens. Als er gemeinsam mit Ehefrau Angela 1976/77 in Altenstadt a. d. Waldnaab ein Eigenheim baute, war natürlich auch ein Garten geplant. Seine Frau wollte dort unbedingt Rosen haben. So ließ das Ehepaar fünfundzwanzig Stöcke der Sorte „Superstar" pflanzen. Als sie zum ersten Mal blühten, erlag Franz Wänninger ihrem Zauber. „Es war Liebe auf den ersten Blick", gibt er zu. Die hat ihn bis heute nicht mehr losgelassen.

Bereits ein Jahr später begann er mit seiner ersten eigenen Kreuzung. „Das war zwischen den Sorten ‚The Fairy' und ‚Mozart'", erinnert er sich noch genau an die Anfänge. Obwohl der erste Versuch misslang, war die Kreuzung doch der Grundstock für alle weiteren Sorten, von denen er bis heute rund zweihundertfünfzig gezüchtet hat. Gut sechzig davon entsprechen dem weit verbreiteten, modernen Idealbild einer Rose: „Romantisch soll die Rose sein, mit gefüllten Blättern in schönen Pastellfarben, mit einem einmaligen Duft und einer Resistenz gegen Krankheiten", weiß der Altenstädter. Während man früher bei Züchtungen in erster Linie Wert auf die Farbe gelegt habe, spielten heute andere Attribute eine größere Rolle.

Sein Wissen hat sich Franz Wänninger selbst angeeignet durch Lesen in entsprechender Fachliteratur und züchterische

Der Altenstädter Franz Wänninger ist bundesweit als Experte für Rosenzucht anerkannt. Rund zweihundertfünfzig Sorten hat er schon gezüchtet.

Misserfolge, wie er unumwunden zugibt. „Aus denen lernt man am meisten." Als Hobbyzüchter sieht er dies ganz gelassen. Er hat keinen Betrieb und vermehrt nur auf Bestellung. Wie das mit der Bestäubung genau funktioniert, hat er mittler-

EIN ECHTER ROSEN-KAVALIER

weile in einem kleinen Büchlein mit dem Titel „Rosen zum Träumen", einem Leitfaden für Rosenfreunde, publiziert.

In Züchterkreisen hat sich der Altenstädter mittlerweile einen Namen gemacht. 2008 erhielt er beim Internationalen Rosenneuheitenwettbewerb in Baden-Baden für seine „Kirsch-Rose" den Ehrenpreis der Gesellschaft Deutscher Rosenfreunde (GRF) und die Goldmedaille, die höchste Auszeichnung, die für Rosenzüchter in Europa

vergeben wird. 2009 wiederholte er seinen Erfolg mit der „Unschuld", einer weißblühenden Rose. 2012 wurde er mit der Silbermedaille für Strauchrosen für sein „Freudenfeuer" ausgezeichnet. Der Altenstädter ist mittlerweile Leiter des Arbeitskreises der Rosenzüchter in der GRF, ist in ganz Deutschland mit Vorträgen unterwegs und nimmt regelmäßig am Erfahrungsaustausch der Züchter und an verschiedenen Kongressen teil. In der alle zwei Monate erscheinenden Zeitschrift „Rosenbogen" stellt er regelmäßig Neuheiten vor. Edmund Stoiber, Christiane Herzog, Ehefrau des Bundespräsidenten a. D., Prinz Franz von Bayern und andere Prominente haben bei ihm schon neue Züchtungen bestellt, die dann zu ganz besonderen Anlässen getauft wurden.

„Das Wichtigste für ein langes Rosenleben ist der Boden", weiß der Experte. Er rät jedem Rosenliebhaber, diesen zunächst auf den vorhandenen ph-Wert überprüfen zu lassen. Franz Wänningers absoluter Favorit ist übrigens sein „Badener Rosentraum", eine Strauchrose mit sehr stark gefüllten Blüten.

Hans Prem

Der Zoll und Ehefrau Veronika sind maßgeblich mit dafür verantwortlich, dass der Altenstädter Michael Eismann die wohl kleinste gewerbliche Brauerei im Landkreis betreibt. Der Zoll, weil die Anlage zu groß für einen Hobbybrauer ist, und Ehefrau Veronika, weil sie den gelernten Brauer und Mälzer während des Baus ihres Friseursalons ermuntert

DER MANN MIT DEM KELLERBIER

hat, im Keller des Gebäudes im Buchsteig seinen Traum zu verwirklichen.

Und so meldete er die mit einem Freund überwiegend selbst gebaute Braustätte 2006 bei den Behörden offiziell als Gewerbe an. „Seitdem läuft und wächst es noch besser, als ich gedacht hatte." Schnell habe sich sein Name rumgesprochen, und es etablierte sich eine Stammkundschaft. Eis-

mann-Bier gilt als Geheimtipp, das es nur in Altenstadt ab Garage zu kaufen gibt. Bis nach Oberbayern und Nürnberg hat sich die Qualität des naturbelassenen, leicht trüben Gebräus herumgesprochen.

Mindestens einmal, meist zweimal pro Woche heizt der Kleinbrauer den Kessel an und braut drei bis fünf Hektoliter. Mehr erlaubt der Gärkeller nicht. Dort stehen zwei zu Gärbottichen umfunktionierte ehemalige Milchkühler, in denen die Hefe binnen einer Woche den Gerstensaft in Jungbier verwandelt. Das pumpt der Brauer dann in die Lagertanks im Kühlraum nebenan. „Ich bin kein großer Experimentierer, sondern ein traditioneller Brauer. Ich mag schon kein Colaweizen", bekennt der Chef des Kleinunternehmens mit einem Jahresausstoß von hundertfünfzig bis zweihundert Hektolitern. Jede Flasche füllt Michael Eismann einzeln ab – in der Regel immer freitags. Das Gebräu hält sich dann bei fachgerechter Lagerung rund drei Wochen. Es empfiehlt sich übrigens, Bier vorzubestellen. Denn oft gibt es sogar eine Warteliste. Wer erst am Dienstag kommt, für den hat der Altenstädter bisweilen kein einziges Flascherl mehr.

Beim Einkauf der Rohstoffe muss er mehr Geld als die Großen der Branche überweisen. Auch die viele Handarbeit würden Becks, Paulaner und Co. kaum bezahlen. „Dafür spare ich mir aufwendige PR und den Fuhrpark." Erweitern will er trotz steigenden Absatzes nicht. „Die nächste Ausbaustufe ist finanziell schwierig und übersteigt mein Budget. Ich möchte es eigentlich auch nicht."

Wenn der verheiratete Vater einer Tochter die Maische nicht im Edelstahlkessel mit dem Braupaddel von Hand rührt, hilft er als Urlaubsvertretung im „Ratskeller" in Weiden als Brauer oder unterstützt die Ehefrau als Friseurgehilfe. Bevor er in der Heimat sein eigener Chef wurde, arbeitete er am Münchner Flughafen als Verkehrsdisponent und zuvor ebenfalls in der Landeshauptstadt bei Löwenbräu und Augustiner.

Uwe Ibl

Michael Eismann lebt seinen Traum. Unter dem Friseursalon von Ehefrau Veronika hat er sich eine Kleinbrauerei eingerichtet.

BECHTSRIETH – GEMEINDE MIT PHÖNIX

Auch wenn Bechtsrieth erst im 14. Jahrhundert urkundlich genannt wird, so liegt sein Ursprung doch viel weiter zurück. Die -rieth-Orte sind Rodungssiedlungen, die vom 11. bis zum 13. Jahrhundert entstanden sind. Der ursprüngliche Name „Berchtholdsrieth" besagt, dass es sich um eine Rodung eines gewissen Berchthold handelte, den man heute wohl Berthold nennen würde. Weil das Wasser schon immer das Wichtigste für die Menschen war, siedelte sich der Stammvater am Gleitsbach an, der das Rodungsgebiet von Norden nach Süden durchfließt.

Anfangs wurde der Wald in einem Umkreis von etwa einem Kilometer in Äcker und Wiesen umgewandelt. Trebsau, wenn auch am südwestlichen Rand gelegen, gehörte da schon zum Bechtsriether Rodungsgebiet, nahm aber als Edelmannsgut eine Sonderstellung ein. Der Ursprung des Ortsnamens Trebsau geht auf die Slawen zurück, die vor dem 10. Jahrhundert in diesem Raum siedelten und sich später mit den Bajuwaren vermischten. Trebsau war ein Landsassengut, und der jeweilige Inhaber übte die niedere Gerichtsbarkeit über die zum Gut gehörigen Personen aus. Im Jahre 1706 übernahm Ernst von Preis-

ling den Adelssitz. Im Besitz der Familie blieb das Gut bis zur Aufhebung der Patrimonialsgerichtsbarkeit 1848. Die Vorläufer der Gemeinden waren Steuerdistrikte, die 1808 gebildet wurden. Zum Steuerdistrikt Bechtsrieth gehörten Trebsau und Trebsauermühle. 1821 wurde die Gemeinde Bechtsrieth gebildet. Sie umfasste das Dorf, in dem dreißig Familien wohnten. Die seit 1821 selbstständigen Gemeinden Bechtsrieth und Trebsau wurden 1854 zusammengeschlossen zur Gemeinde Bechtsrieth.

Am 1. Januar 1978 erfolgte die Verschmelzung von Irchenrieth und Bechtsrieth zur Gemeinde Irchenrieth. Eine Liebesheirat war dies nicht. Seit 1. Januar 1994 ist Bechtsrieth mit der Ortschaft Trebsau nach einem Bürgerentscheid wieder selbstständige Gemeinde und als solche Mitglied der Verwaltungsgemeinschaft Schirmitz. Von dieser Wiedererlangung der Selbstständigkeit erzählt übrigens auch das Wappen der Gemeinde. Der Phönix in der vorderen Schildhälfte, der aus dem Wappen der Familie von Preisling übernommen worden ist, soll nämlich auch daran erinnern, dass die Gemeinde 1994 wie ein Phönix aus der Asche wiedererstanden ist. Das hintere Feld, ein blauer Balken auf silbernem Grund, zeigt das Wappen der Landgrafen von Leuchtenberg, zu deren Hoheitsgebiet die Gemeinde vom Mittelalter bis in das 17. Jahrhundert gehörte.

1356	Erste urkundliche Erwähnung von Bechtsrieth und Trebsau
1854	Zusammenschluss von Bechtsrieth und Trebsau zur Gemeinde Bechtsrieth
1870	Schulhausbau in Bechtsrieth
1962	Erbauung eines neuen Schulhauses
1978	Zusammenschluss der Gemeinden Bechtsrieth und Irchenrieth
1994	Bechtsrieth und Trebsau werden wieder eine selbstständige Gemeinde

Einwohner: 1080

Fläche: 4,8 km²

Ortsteile: Trebsau

Wahrzeichen: Kirche St. Josef

Sehenswürdigkeit: Ausflugsgebiet Hölltal

PIONIER DES MASCHINEN-RINGS

Der Erfolg der bayerischen Maschinenringe hat viele Väter. Einer wohnt in Bechtsrieth und heißt Klaus-Ulrich Scholz. Als Mann der ersten Stunde hat er maßgeblichen Anteil an der positiven Entwicklung. Er hat mit seinem organisatorischen Geschick auch vielen anderen Maschinenringen im Freistaat den Weg aufgezeigt, was ihm so manche Ehrung eingebracht hat.

„Hinter dieser Entwicklung steckt jede Menge Arbeit", weiß Scholz. Und pfiffige Ideen, mit denen Scholz nicht nur Kollegen in Nachbarlandkreisen helfen konnte, sondern es auch immer wieder ins Fernsehen schaffte. So, als er 2010 mit Katrin Beimler aus Albersrieth zum „Vierzigjährigen" die erste „Miss Maschinenring" Deutschlands präsentierte. „Wir haben beim 1. Maschinenring-Bauerntag auf dem Münchener Oktoberfest damit für mächtig viel Aufsehen gesorgt, auch bei Minister Helmut Brunner", erinnert er sich. Scholz hat sogar noch die Zeitungsschlagzeile im Kopf:

„Miss Maschinenring residiert im Löwenbräu-Zelt".

Am 10. August 1970 hatte alles angefangen. Damals traf man sich zur Gründungsversammlung des Maschinenrings im „Hausnerhof" in Neustadt a. d. Waldnaab. Zweihundertfünfzig Landwirte kamen, über hundertvierzig erklärten spontan ihren Beitritt, und Klaus-Ulrich Scholz wurde als Geschäftsführer ausgewählt und angestellt – als jüngster in ganz Bayern. Scholz: „Ich kam damals frisch von der Schule, war gerade Anfang der zwanzig." Für die Landwirte im Landkreis ein Glücksgriff. Scholz wurde zum Urgestein der Maschinenringe, vertrat die Kollegen und Mitarbeiter zweiundzwanzig Jahre im Betriebsrat, gehörte dreißig Jahre der Vorstandschaft des Kuratoriums Bayerischer Maschinenringe an und wurde zu internationalen Treffen entsandt. „Im Landkreis Neustadt a. d. Waldnaab und der Stadt Weiden konnte der Maschinenring in Zusammenarbeit mit anderen Selbsthilfeeinrichtungen, Berufsverbänden und Behörden gemeinsam Leben auf dem Land gestalten", freut sich Scholz.

Familie und Beruf ließen sich dabei oft nur schwer trennen. 1974 zog Scholz mit der Geschäftsstelle vom Amt für Landwirtschaft in sein Wohnhaus in Bechtsrieth um, damit er für die Landwirte ständig erreichbar war. Während er unterwegs war, übernahm Ehefrau Gerda den Telefondienst. „Wir waren damals ein richtiges Familienunternehmen." Als auch nach einer Erweiterung der Platz nicht mehr ausreichte, bezog der Maschinenring die heutige Geschäftsstelle in der Weidener Straße in Bechtsrieth, in der gut ein Dutzend Mitarbeiter die Fäden ziehen. Man wird sich erst daran gewöhnen müssen, dort nicht mehr Uli Scholz, sondern seinen Nachfolger Wolfgang Härtl aus Leuchtenberg als Chef vorzufinden.

„Die Arbeit begann mit rund dreihunderttausend D-Mark Verrechnungswert im Jahre 1970/71", erinnert sich Scholz. Angesichts der heutigen Zahlen „Peanuts". Mittlerweile hat der Maschinenring im Landkreis einen Gesamtleistungswert von über zehn Millionen Euro im Jahr erreicht. Ein Teil davon in der Tochter „Dienstleistungs-GmbH", die aus der Taufe gehoben worden ist, um die vielen Zuerwerbsarbeiten der Landwirte beim Winterdienst, bei der Grünlandpflege und anderen Tätigkeiten rechtlich abzusichern.

Ohne den Maschinenring würden wohl auch die Landwirtschaft und die Landschaft etwas anders aussehen. Die Zahlen sprechen hier eine deutliche Sprache. Rund tausendachthundert Landwirte, Kommunen und andere Mitglieder mit landwirtschaftlichen Flächen sind dem Maschinenring angeschlossen. „Etwa dreitausend Auftraggeber nehmen die verschiedenen Dienstleistungen in Anspruch", weiß Scholz, der damit seinem Nachfolger ein gut bestelltes Haus übergeben konnte. Denn nach zweiundvierzig Geschäftsjahren muss auch einmal Schluss sein.

Wolfgang Benkhardt

In Bechtsrieth laufen die Fäden des Maschinenrings zusammen. Unter Uli Scholz (Vierter von links), hat sich der Ring von der klassischen Nachbarschaftshilfe zu einem Dienstleistungsunternehmen für den gesamten ländlichen Raum entwickelt, das die Existenzen vieler Landwirte im Landkreis sichern hilft. Das Bild zeigt das gesamte Team des Maschinenrings und seiner Dienstleistungs-GmbH.

ESCHENBACH – IDYLLE AM WASSER

Eschenbach ist aus einer germanischen Siedlung in der ersten Hälfte des 10. Jahrhunderts entstanden. Es gehört zu den alten Städten in der Oberpfalz, deren Geschichte noch wenig erforscht ist. Um 1150 ist Eschenbach in den Salbüchern als Markt erwähnt. Am 11. Januar 1358 erhielt es von Kaiser Karl IV. die Stadtrechte, was zu einem weiteren Aufschwung führte. Aufgrund eines Kupferstichs von Merian aus dem Jahr 1644 weiß man, das die Stadt am Rande des heutigen Truppenübungsplatzes bereits frühzeitig ein schmuckes Städtchen mit Pfeilerbrücke, gotischer Pfarrkirche, Mariahilfbergkirche und Schloss war.

Die katholische, gotische Pfarrkirche St. Laurentius war zu diesem Zeitpunkt rund zweihundert Jahre alt. Etwa um 1440 wurde sie erbaut. Auffallend ist der ungewöhnliche Kirchturm mit fünf quadratischen und zwei zylindrischen Stockwerken. Grund dafür ist eine spätere Erhöhung. Im Altarraum sind ein spätgotisches Epitaph und der neugotische Flügelaltar sehenswert. In der unteren Altstadt sind übrigens auch noch Reste der Stadtmauer zu sehen. Anfang des 15. Jahrhunderts gelangte Eschenbach in pfälzischen Besitz. 1430 wurde die Stadt von Hussiten eingenommen, 1641 von den Schweden zerstört und 1757 von den Preußen geplündert. Die Einwohnerzahl ist von gut tausendzweihundert im Jahre 1870 auf fast viertausend im Jahre 2000 angestiegen. Zu verdanken ist dies der Eingemeindung von Thomasreuth und der Truppenübungsplatzgemeinde Stegenthumbach sowie dem Zuzug vieler Heimatvertriebener aus dem Osten, der eine erhebliche Siedlungstätigkeit nach 1945 zur Folge hatte.

Einwohner: 4120

Fläche: 35,2 km²

Ortsteile: Apfelbach, Neurunkenreuth, Thomasreuth, Netzaberg, Stegenthumbach, Großkotzenreuth, Kleinkotzenreuth, Runkenreuth, Obersee, Hotzaberg, Breitenlohe, Weidelberg, Heideleite, Trag, Witzlhof, Eschenbacher Mühle, Hammermühle, Landinger Weiher, Schmierhütte

Wahrzeichen: historischer Stadtplatz mit spätgotischem Rathaus (1570), St.-Laurentius-Pfarrkirche und Bergkirche

Weitere Sehenswürdigkeiten: Naturbad Rußweiher, Vogelfreistätte Obersee, Mariensäule (1720)

1358	König Karl IV. gewährt Eschenbach die Stadtrechte
1632/33	Truppendurchzüge, Plünderungen und Brandschatzung während des Dreißigjährigen Krieges
1644	Kupferstich von Merian
1867/68	Verheerende Großbrände legen Teile der Stadt in Schutt und Asche
2006/08	Bau der Soldatensiedlung Netzaberg mit über achthundert Wohnhäusern

Bis 1972 war der am idyllischen Rußweiher gelegene Ort mit dem hübschen mittelalterlichen Stadtplatz Sitz des gleichnamigen Landkreises und eines eigenen Amtsgerichts. An staatlichen Behörden beherbergt er heute noch die Landespolizei, die Straßenmeisterei und eine Nebenstelle des Arbeitsamtes. Zu Eschenbach gehört auch die „Housing Area" Netzaberg mit über achthundertdreißig Wohnungen für Mitglieder und Angehörige der US-Streitkräfte, deren Bewohner aber – sehr zum Leidwesen der Stadtverantwortlichen – wegen der fehlenden Meldepflicht nicht in der Statistik auftauchen.

Am Kleinen Rußweiher (oben) kommen auch die Camper auf ihre Kosten. Die Wohnwagenstellplätze in Wassernähe sind sehr begehrt. Der Große Rußweiher, auch Obersee genannt (Mitte und unten), ist ein einzigartiges Naturparadies mit seltenen Enten, Haubentauchern, Fisch- und Seeadlern sowie neuerdings auch Kanadagänsen. Zu verdanken haben die Eschenbacher die beiden Gewässer den Patres vom Kloster Speinshart. Diese haben Anfang des 15. Jahrhunderts die ersten Teiche angelegt, weil sie aufgrund der strengen Fastenregeln gerne Fischgerichte aßen. 1937 wurde die Vogelfreistätte Rußweiher zum vorläufigen Naturschutzgebiet erklärt. 1951 folgte die rechtskräftige Ausweisung.

Auffallend sind die zwei verschiedenen Baustile am Turm der St.-Laurentius-Kirche. Die beiden runden Stockwerke wurden später hinzugefügt. Malerisch spiegeln sich die Bootshäuser am Kleinen Rußweiher im Wasser. Die schmucken Holzgebäude am Ufer des Naturfreibads sind heiß begehrt.

Die Stadt Netzaberg wurde in nur zwei Jahren und zwei Monaten aus dem Boden gestampft. Mittelpunkt ist das Village-Center mit Schulen und Betreuungseinrichtungen. Rechtlich gehört die neue Stadt zu Eschenbach. Soldatenromantik gibt die historische Postkarte (rechts) wieder: Ein Soldat des bayerischen Armeekorps trifft an der Wegegabelung vor dem Gasthof „Zur schönen Aussicht" sein Mädchen.

Die Stationierung einer US-Brigade auf dem Truppenübungsplatz Grafenwöhr machte auch den Bau einer Wohnsiedlung notwendig. In den Jahren 2006 bis 2008 kam dadurch das ehemalige Dorf Netzaberg, wo der Gasthof „Zur schönen Aussicht" stand, zu neuen Ehren. In Rekordzeit wurde dort eine Stadt für viertausend Menschen aus dem Boden gestampft. Das Dorf Netzaberg lag auf dem gleichnamigen Höhenzug zwischen Grafenwöhr und Eschenbach. Bei Grabungen im Jahr 2006 stießen Archäologen auf spektakuläre Funde aus keltischer Zeit und die Grundmauern des alten Dorfes.

Als im Jahre 1910 der Truppenübungsplatz ausgewiesen wurde, errichtete Franz Fichtl östlich des Dorfes auf dem höchsten Punkt den Gasthof „Zur schönen Aussicht". Von hier aus konnte man fast den gesamten alten Platz überblicken und das Schießen der königlich-bayerischen Fußartillerie mitverfolgen. Im Garten des Gasthofes wurden Linden und Kastanien für einen Biergarten gepflanzt, die – wie die Grundmauern des Gasthauses – heute noch zu sehen sind. 1937 und endgültig 1948 mussten das Dorf und der Gasthof weichen, Das Dorf wurde eingeebnet, das Wirtshaus geräumt. Das Gebiet um Netzaberg war fortan Beobachtungsstelle für das Artillerieschießen und Übungsfläche. Zeitweise war es auch Flugplatz für den Segelflugverein Grafenwöhr und Speedwaybahn des deutsch-amerikanischen Auto-Racing-Clubs.

2001 gab die US-Armee ihre Pläne für den Bau einer neuen Stadt, der „New Town" auf dem Netzaberg, bekannt. Solch eine gewaltige Baustelle hatte es im Landkreis vorher noch nie gegeben. Die neue Stadt liegt westlich des ehemaligen Dorfes. Den offiziellen Startschuss zum Großprojekt gab im September 2006 militärische und politische Prominenz, darunter auch der damalige bayerische Ministerpräsident Edmund Stoiber. In einer Rekordzeit von nur zwei Jahren und zwei Monaten wurden durch den Generalunternehmer, die Firma Zapf aus Bayreuth, und ein Heer von Bauarbeitern achthundertdreißig Wohneinheiten aus dem Boden gestampft, die Häuser wuchsen wie Pilze.

Die Fertigbetonteile der dreihundertneunzig Häuser wurden aus dem Werk Weidenberg per Tieflader zum Netzaberg gekarrt. Ein dänischer Konzern investierte in dieses zivile Wohnungsbauprojekt rund zweihundert Millionen Euro.

NETZABERG: STADT AUS DEM BODEN GESTAMPFT

Auf dem Netzaberg gibt es zwölf Wohnbereiche mit elf verschiedenen Haustypen. Alle Häuser mit einer Wohnfläche von hundertdreißig bis hundertachtzig Quadratmetern haben einen Garten und eine Garage mit Abstellraum. Die Wohnbereiche sind aufgelockert durch Kinderspielplätze und viele Grünanlagen. Die Häuser werden vom US-Wohnungsbauamt verwaltet und sind nun Heimat für die US-Soldaten und deren Familien. Sie gehören zur Stadt Eschenbach.

Mittelpunkt ist das „Netzaberg Village Center". Dort entstanden eine Grund- und Mittelschule für tausendvierhundert Schüler, ein Kinderbetreuungs- und Jugendzentrum sowie eine Tankstelle mit Einkaufsmöglichkeit. Geplant ist auch noch der Bau eines Chapel-Centers mit einer riesigen Kirche, deren Turm dann über fünfzig Meter in die Höhe ragen soll. Eine Straße entlang der alten Sandsteinbrüche und entlang des Thumbachtals verbindet den Netzaberg mit dem Lager Grafenwöhr. Zu Ehren der heiligen Barbara, der Schutzpatronin der Artillerie und der Feuerwerker, wurde das Barbara-Marterl aufgestellt. Das Marterl und eine Informationstafel stehen übrigens im ehemaligen Biergarten des Gasthofs „Zur schönen Aussicht".

Gerald Morgenstern

GRUSS AUS NETZABERG

ESLARN – MARKT IM LOISBACHTAL

Von Eslarn geht schon eine besondere Faszination aus. Wie wäre es sonst zu erklären, dass der Marktflecken im Loisbachtal, an der Grenze zu Tschechien gelegen, in München und Nürnberg eigene Fanclubs hat? Na ja, Fanclub ist vielleicht nicht ganz der passende Ausdruck für die Heimatvereine „Die Eslarner in München" und „Eslarn und Umgebung in Nürnberg", zumal die beiden Vereine ja viel älter sind als die meisten Fußballclubs. Schon im 19. Jahrhundert wurden sie aus der Taufe gehoben, um in der Fremde gemeinsam in Erinnerungen zu schwelgen. In Erinnerungen an Eslarn schwelgen – das tun heute auch viele, die gar nicht in Eslarn geboren wurden. Denn der Ort hat sich zur schmucken Urlaubergemeinde entwickelt.

Über die Herkunft des Namens Eslarn und dessen Bedeutung sind sich die Geschichtsschreiber eindeutig uneins. Eine Interpretation ist, dass ein Platz zum Äsen des Viehs Grund für die Bennenung war, zumal Eslarn bereits in frühester Zeit als Grenzstation zwischen Bayern und Böhmen Bedeutung erlangte. Um die Mitte des 13. Jahrhunderts bestand Eslarn aus elf Bauernhöfen, elf Sölden und einer Mühle. 1255 wurden sie herzoglich-bayerischer Besitz. 1271 kaufte Herzog Ludwig von Oberbayern Eslarn und übertrug ihm einen Amtsbereich. Im Laufe der Jahrzehnte wechselte der Ort oft seinen Besitzer. Hussiteneinfälle, Dreißigjähriger Krieg, verheerende Brände und andere Katastrophen haben den Einwohnern immer wieder zugesetzt, ihnen aber auch eine ungewöhnliche

Einwohner: 2800

Fläche: 55,2 km²

Ortsteile: Bruckhof, Büchelberg, Gerstbräu, Gmeinsrieth, Goldberg, Heckermühle, Kreuth, Lindauer Waldhaus, Neumühle, Oberaltmannsrieth, Öd, Ödmeiersrieth, Passenrieth, Pflugsbühl, Pfrentschweiher, Premhof, Putzenrieth, Putzhof, Riedlhof, Roßtränk, Teufelstein, Thomasgschieß, Tillyschanz, Torfhäusl, Zankeltrad

Wahrzeichen: katholische Pfarrkirche Mariä Himmelfahrt

Weitere Sehenswürdigkeiten: Stückberg mit Walderlebnisbühne und Aussichtsturm, Bodendenkmal Tillyschanz, Atzmannsee, Bürgermeister-Karl-Roth-Kurpark, Kommunbrauhaus mit Zoiglmuseum

um 900	Gründung des Ortes
Um 1240	Erste urkundliche Erwähnung
1613	Pfalzgraf Johann verleiht dem Ort die Marktrechte
1685	Vollendung der Pfarrkirche Mariä Himmelfahrt
1991	Wiedereröffnung des Grenzübergangs Tillyschanz

Sehenswürdigkeit beschert. Unmittelbar an der Landesgrenze gibt es mit der Tillyschanz ein bedeutendes Bodendenkmal aus dem Dreißigjährigen Krieg. Mit dem sieben Hektar großen Naturfreibad Atzmannsee, der Walderlebnisbühne beim achthundertacht Meter hohen Stückberg, dem Kurpark mit dem kleinen Vogelzoo, dem Bocklweg und dem weltweit ersten Zoiglmuseum hat der Ort eine Menge zu bieten. Außerdem ist Eslarn ein Wanderknotenpunkt. Hier kreuzen sich der Nurtschweg, ein zertifizierter Premium-Qualitätswanderweg, der Jakobsweg und der Paneuropaweg. Irgendwie ist es so betrachtet, kein Wunder, dass der Ort eigene Fanclubs hat.

Der idyllisch gelegene Atzmannsee (oben) ist immer Anfang August Schauplatz eines zweitägigen Seefestes. Wahrzeichen des Ortes ist die katholische Pfarrkirche Mariä Himmelfahrt mit dem markanten, fast fünfzig Meter hohen Turm, der von einer wuchtigen Zwiebel gekrönt ist. Das Gotteshaus ist von 1681 bis 1687 erbaut und 1910 erweitert worden (links). Sehenswert sind im Inneren vor allem die wertvollen Akanthusschnitzereien (rechts). Ein beliebtes Ausflugsziel ist der Stückberg, auf dem es auch Felsformationen wie den Hutstein (unten) zu entdecken gibt.

Baun edl sein Handwerk von der Pike auf gelernt hat und sich sogar auch noch auf das Mälzen versteht.

Bis zum Eintritt in den Ruhestand war das Brauen der „Kommune", wie man hier den Zoigl auch gerne nennt, ein Hobby, das er hauptsächlich an den Wochenenden und im Urlaub ausübte. Seit der Eslarner im Ruhestand ist, geht er voll in seinem Ehrenamt auf. Wenn sich das von Riemen angetriebene Rührwerk durch den süßlich duftenden Sud kämpft und im Ofen das trockene Holz knistert, ist der „Fritzn-Schorsch" in seinem Element. An den Brautagen geht es schon kurz nach fünf Uhr los. Über dreißig Sude im Jahr werden mittlerweile wieder gebraut, darunter ein Rebhuhn-Zoigl, eine ganz besondere Spezialität, die aus Dinkel, Emmer und Einkorn, uralten Getreidesorten, hergestellt wird. Die Körner werden im Raum Tännesberg bei einem Projekt zum Schutze des Rebhuhns wieder angesät. Während sich namhafte Großbrauereien für den Erhalt ferner Regenwälder engagieren, tun die Eslarner etwas für die Oberpfälzer Heimat. Das ist so ganz nach dem Geschmack des Eslarner Brauers. Und was den Senior im Brauhaus ebenfalls freut: Die jungen Leute gehen nicht nur wieder zum Zoigl, sondern lassen sich auch wieder dafür begeistern, selbst im Keller Bier zu vergären.

Wolfgang Benkhardt

Das Kommunbrauhaus ist das zweite Zuhause von Georg Zierer. Der „Fritzn-Schorsch" wurde wegen seiner Verdienste um den Zoigl 2007 zum Ehrenbürger des Marktes ernannt.

KOMMUNE VOM „FRITZN-SCHORSCH"

D as macht dem „Fritzn-Schorsch" so schnell keiner nach. Seit über sechs Jahrzehnten ist er schon der Kommunbraumeister der Eslarner Brauberechtigten. Und was für einer. Unter Georg Zierer, Jahrgang 1927, ist der Brauch, Zoigl zu brauen, in Eslarn nicht nur erhalten geblieben, sondern erlebt seit Jahren auch eine Renaissance, die nun sogar dazu geführt hat, dass Eslarn ein Zoiglmuseum einrichtet – das erste und bislang einzige auf der ganzen Welt.

Im zarten Alter von dreiundzwanzig Jahren wurde Georg Zierer vom Ge-

meinderat als Kommunbraumeister bestellt. „Das war 1951", erinnert er sich. Und Zierer musste nicht lang angelernt werden. Eigentlich überhaupt nicht. Denn er ist – im Gegensatz zu vielen anderen Zoiglbrauern – einer vom Fach, ein richtiger Meister, einer, der in der Eslarner Privatbrauerei

ETZENRICHT – AUCH JAN HUS WAR DA

Wer zum Hradschin will, der muss nicht unbedingt nach Prag reisen. Auch in der Gemeinde am Rande der kreisfreien Stadt Weiden gibt es ein Siedlungsgebiet mit diesem Namen. Na ja, fast. Man schreibt dieses Gebiet, das südwestlich der Haidenaab liegt, ohne H, und eine Burg sucht man ebenfalls vergeblich. Früher, vor vielen Jahrhunderten, da gab es im heutigen Etzenricht angeblich mal eine. So berichtet zumindest eine Sage. Die Burg lag am anderen Ufer des Flusses und musste schon im 14. Jahrhundert einer Kirche weichen. Das evangelische Gotteshaus soll direkt auf den Resten der Feste erbaut sein. Lange Zeit nutzten beide Konfessionen das Gotteshaus gemeinsam. Bis die Katholiken in den dreißiger Jahren des 20. Jahrhunderts durch den Bau einer neuen Kirche dieses Simultaneum beendeten. Rund zwanzig Jahre später brannte das katholische Gotteshaus unter ungeklärten Umständen nieder und musste neu aufgemauert werden. 1985 musste auch dieses Gotteshaus weichen, weil es zu klein geworden war. Beide Kirchen, die auf dem Berg und die im „Dorf", sind dem heiligen Nikolaus geweiht.

Etzenricht ist aus einer Rodungsinsel entstanden. Im Salbuch Ludwigs des Strengen wurde der Ort 1283 als „Aechswinreuth" erwähnt. Die Bewohner von Etzenricht lebten seinerzeit von der Honiggewinnung, der Landwirtschaft und der Fischzucht. Darauf weist auch das Wappen der Gemeinde hin, das neben der Rodungshaue einen Bienenstock und einen Fisch zeigt. Etzenricht gehörte seit dem 17. Jahrhundert zum Herzogtum Neuburg-Sulzbach. Im Dreißigjährigen Krieg wurde der Ort 1631 zerstört.

Von 1777 an war der Ort Teil des Landgerichts Parkstein-Weiden des Kurfürstentums Bayern. Im Zuge der Verwaltungsreformen in Bayern entstand mit dem Gemeindeedikt von 1818 die heutige Gemeinde.

Einwohner: 1580

Fläche: 13,6 km²

Weitere Ortsteile: keine

Wahrzeichen: Kirchberg

Weitere Sehenswürdigkeiten: Pfisterhof, Beutnerhof, evangelische Kirche, katholische Kirche

1270	Erste urkundliche Erwähnung von Etzenricht
1877	Etzenricht wird Bahnhaltestelle
1952	Weiherhammer wird als selbstständige Gemeinde aus Etzenricht herausgelöst
1954	Einweihung des Schulhauses
1968	Patenschaft mit der Südtiroler Gemeinde Algund

Eines der wichtigsten geschichtlichen Ereignisse war 1414 der Durchzug von Reformator Jan Hus durch den Ort. Auf seinem Weg zum Konstanzer Konzil passierte er nachweislich auch Etzenricht, das an der Goldenen Straße von Nürnberg nach Prag lag.

Ein weiteres wichtiges Ereignis war im Jahre 1875 der Bau der Eisenbahn. Im Jahre 1877 erhielt Etzenricht dann auch einen eigenen Bahnhof.

Die evangelische Nikolauskirche (oben) ist angeblich auf den Resten einer Burg erbaut. Ein Blickfang im Ort ist der wunderschön renovierte Hof von Hans Beutner (Mitte). Ein Naturschauspiel der besonderen Art war dieses Schwänetreffen auf der Haidenaab (unten).

ADEBAR FAST SCHON WAPPENTIER

Im Wappen von Etzenricht sind Rodungsaxt, Bienenkorb und ein Fisch als Hinweise auf den historischen Ursprung des Ortes abgebildet. Wenn heute Etzenricht ein neues Wappen beantragen würde, dann wäre dort vielleicht auch ein Storch zu sehen. Die Langschnäbel, die alljährlich den Horst auf dem Pfisterhof bewohnen, sind mittlerweile zu einem Wahrzeichen geworden. Natürlich zusammen mit dem 1683 erbauten Pfisterhof, einem der geschichtsträchtigsten Gebäude des Ortes. Er war nämlich einst eine traditionsreiche Raststation an der „Güldenen Straße" von Nürnberg nach Prag und hatte sogar eine eigene Brauerei.

An der Ankunft, am Brutbetrieb, an der Aufzucht der Jungen und dem Abflug der Adebars in den Süden nimmt der ganze Ort großen Anteil. Schon einmal, weil der tägliche Weg zum „Kulturhügel" im Naturschutzgebiet am Horst vorbeiführt. Beide Kirchen, der Kindergarten, die Schule und das Rathaus befinden sich in unmittelbarer Nähe. Ein im Getränkemarkt im Pfisterhof aufgestellter Monitor liefert ständig Live-Bilder aus einer über dem Nest angebrachten Kamera.

Maßgeblichen Anteil an dieser Begeisterung hat die Großfamilie Hammer. Linda und Max Hammer schufen mit der liebevollen und arbeitsreichen Renovierung des über Jahrzehnte vor sich hingammelnden Hofs die Grundlage. Sie hauchten nach dem Erwerb des Objekts Ende der 1970er Jahre nicht nur den für das Ortsbild markanten Gebäuden wieder Leben ein, sondern kümmerten sich auch sofort darum, dass ein Storchenhorst installiert wurde. Der Pfisterhof ist im Volksmund längst der „Hammerhof" und ein wahres Schmuckstück für den Ortskern.

Die Anwesenheit der Störche ist auch ein Zeichen für die intakte Natur. Während der Aufzucht braucht ein Paar mit drei Jungen täglich etwa drei Kilogramm Nahrung, die es im Umkreis von drei Kilometern um das Nest sammeln muss. Während der Brutzeit kommen so fast fünf Zentner zusammen, die sich die Langbeine in den umliegenden Flussauen oder Feuchtwiesen an der Haidenaab holen. Das offene und feuchte Grünland in den Auen mit seinen extensiv genutzten Wiesen und Weiden bietet den Vögeln jede Menge Nahrung. Auf der Speisekarte stehen Frösche, Regenwürmer, große Insekten oder deren Larven, Kleinsäuger wie Mäuse und Maulwürfe, aber auch Fische, Eidechsen und sogar Schlangen. Der Landesbund für Vogelschutz (LBV) hat zudem in Sichtweite am Flussufer über der Brücke zum Ortsteil Radschin ein eigenes Biotop angelegt. Storchenbetreuer Max Hammer, die Familie und die Helfer greifen auch mal ein, wenn „Not am Vogel"

ist. So rettete Hammer schon mehrfach schwächelnde oder verletzte Tiere vom Dach und brachte sie in die LBV-Aufzuchtstation nach Regenstauf oder in den Nürnberger Tiergarten.

Akribisch führt der „Storchenonkel" Buch über das Leben seiner „Obermieter". Die seit 1991 geführten Statistiken liefern dem LBV wertvolle Hinweise über Ankunftszeiten, Bruterfolge usw. Sie sind damit auch Zeichen für Klimaveränderungen. „Meist beginnt der Brutbetrieb zwischen Ende März und Anfang Mai", weiß Hammer. Nach über dreißig Tagen schlüpfen die Jungen. In den ersten gut zwei Jahrzehnten der Aufzeichnungen sind im Storchennest sechsundsechzig Jungvögel herangewachsen. Ein gutes Gesamtergebnis und ein solider Schnitt von 3,14 Störchen per anno.

Rudi Walberer

Die Weißstörche sind zu einem neuen Wahrzeichen von Etzenricht geworden. Der ganze Ort fiebert mit Horstbetreuer Max Hammer (oben) mit, wenn der Brutbetrieb beginnt.

FLOSS – TAUSENDJÄHRIGE GESCHICHTE

In den Annalen des Klosters St. Emmeram in Regensburg steht neben der Jahreszahl 948 geschrieben: „Occisio paganorum ad flozzun". Übersetzt werden diese vier Wörter mit: „Der bayerische Herzog besiegt die Ungarn bei Floß". Damit hat der Herzog nicht nur einen Sieg von entscheidender geschichtlicher Bedeutung errungen, sondern auch dafür gesorgt, dass Floß – im Gegensatz zu anderen tausendjährigen Orten im Landkreis – sein hohes Alter auch urkundlich belegen kann. Floß war lange Zeit ein staufisches Reichsgut. Von 1438/49 kam es in Wittelsbacher

Besitz und wurde Teil des wittelsbachischen Herzogtums Neuburg-Sulzbach. Mächtig stolz sind die Bürger noch heute auf ihr Marktgericht mit magistratischen Eigenrechten. Stolz spricht man oft vom Flosser Amt.

Jahrhundertelang hatte der Ort eine eigene jüdische Siedlung. Der Name Judenberg, eine im klassizistischen Stil errichtete Synagoge sowie ein Friedhof mit über vierhundert Grabsteinen (der älteste stammt aus dem Jahr 1692) erinnern noch daran. Die ersten Juden kamen 1684 von

948	Der bayerische Herzog besiegt die Ungarn bei Floß
1280	Im niederbayerischen Salbuch wird Floß erstmals als Markt erwähnt
1358	Floß wird böhmisches Eigentum, doch schon 1373 kommt der Ort an die bayerischen Herzöge zurück
1684	Die ersten Juden kommen von Neustadt a. d. Waldnaab nach Floß
1813	Großbrand in Floß. Landrichter Karl Franz Reisner, Freiherr von Lichtenstern, verleiht dem Markt beim Wiederaufbau sein heutiges Aussehen

Einwohner: 3460

Fläche: 54 km²

Ortsteile: Bergnetsreuth, Boxdorf, Diebersreuth, Diepoltsreuth, Ellenbach, Fehrsdorf, Gailertsreuth, Geiermühle, Gollwitzerhof, Grafenreuth, Gösen, Hardt, Hardtheim, Haupertsreuth, Höfen, Kalmreuth, Konradsreuth, Kühbach, Meierhof, Niedernfloß, Oberndorf, Pauschendorf, Plankenhammer, Ritzlersreuth, Schlattein, Schnepfenhof, Schönberg, Schönbrunn, Steinfrankenreuth, Weikersmühle, Welsenhof, Wilkershof, Würnreuth, Würzelbrunn

Wahrzeichen: Fratzengesicht am Röhrkasten, Marktbrunnen mit Flosser Adler

Weitere Sehenswürdigkeiten: katholische und evangelische Johannespfarrkirchen, Wallfahrtskirche St. Nikolaus, jüdischer Friedhof, Synagoge aus dem Jahre 1815, Kreislehrgarten an der Vohenstraußer Staße, Naturfelsengruppe Doost bei Diepoltsreuth, Burgruine Haselstein mit Ausblick in das Oberpfälzer Land

Neustadt nach Floß. Sie lebten hier freiwillig im Ghetto, was in Bayern ziemlich einzigartig war. Die Synagoge wurde in der schrecklichen Reichspogrom-Nacht am 9. November 1938 geplündert und teilweise zerstört und erst später wieder hergerichtet. Heute ist sie ein im Landkreis einzigartiges Kunstdenkmal. Das größte Fest des Ortes ist übrigens die Flosser Kirwa, die alljährlich am vierten Sonntag im August stattfindet und Scharen von Gästen in den Markt lockt. Der Cylinder-Club und der Ländliche Burschenverein Floß und Umgebung wechseln sich mit der Organisation dieses großen Spektakels ab.

In Floß lebten die Juden lange Zeit in einem Ghetto, das sie selbst gewählt hatten, was in Bayern wohl einzigartig war. Die von 1815 bis 1817 erbaute Synagoge am Judenberg (rechts) ist nach einer umfassenden Sanierung wieder ein Schmuckstück. Auf dem Bild sind Bürgermeister Günter Stich (rechts) und der Weidener Architekt Robert Würschinger, der für die Israelitische Kultusgemeinde alle Arbeiten in der Synagoge betreut, zu sehen. Auch ein 1692 angelegter Friedhof (unten) erinnert an die bewegte Geschichte der Juden in Floß.

Ein Garten ist nie fertig. Es gibt immer Etwas zu tun. Umso mehr gilt dies für einen großen Garten. Und groß ist das grüne Paradies, um das sich die Flosser „Gartler" kümmern, mit viertausend Quadratmetern allemal. Es steht nicht nur allen Besuchern offen, sondern von seinen Beeten und Pflanzen dürfen die Besucher auch naschen. „Viele KInder wissen doch heute gar nicht mehr, wie blühender Schnittlauch aussieht oder wie frische Petersilie riecht", erläutert ein Helfer, der gerade die Beete gießt.

DIE LEUTE MIT DEN GRÜNEN DAUMEN

„Träume nicht dein Leben, sondern lebe deinen Traum", so steht auf einem Tonherz, das am Ast eines Obstbaumes im Wind schaukelt. Ungemein treffend. Denn wer sich mit den Mitgliedern unterhält, kann den Glanz in ihren Augen sehen, wenn sie von ihrem Kreislehrgarten erzählen. „Die Idee, ihn in Floß zu errichten, entstand im Jahr 1992", erinnert sich Rita Rosner. Der damalige Vorsitzende des Kreisverbands für Gartenbau und Landespflege, Georg Stahl, hat mächtig angeschoben. Ebenso wie der damalige Flosser Bürgermeister Fred Lehner und der Vorsitzende des Obst- und Gartenbauvereins, Hans Gollwitzer. Auf einer vom Markt Floß zur Verfügung gestellten Fläche setzten die Mitglieder mit Unterstützung des Landkreises Neustadt die Idee um.

Das Motto lautet „Philosophie zum Leben". Die Planung übernahm der damalige Kreisgartenfachberater Walter Heidenreich. Seitdem verbringen einige Mitglieder jede freie Minute dort. „Die Wahl des Grundstücks entpuppt sich als Glücksfall. Durch die direkte Lage am stark frequentierten Bocklweg entwickelte sich der Garten immer mehr zum beliebten Ausflugsziel", erzählen sie. Hatte der Garten anfangs mehr den Charakter eines Obstgärtchens mit etwa dreißig verschiedenen Sorten, wurde im Laufe der Jahre daraus eine Fläche der Erholung, der Inspiration, Erhaltung und Weiterbildung, kurzum ein spiritueller Garten mit Modellcharakter.

Seit 1995 bereichern Hecken und Sträucher den Kreislehrgarten. Dann fanden regelmäßige Schnitt- und Veredelungskurse statt. Um die Vielfalt zu erhöhen, legten die Flosser Mitglieder 1996 einen Bauerngarten an, auch ein Insektenhotel, eine Kräuterschnecke und ein Bienenstand kamen hinzu. Mit der Fertigstellung des

Josef Schaller kontrolliert regelmäßig, ob im Insektenhotel noch genug Platz für neue Gäste ist. Mit HIlfe des Naturparks Nördlicher Oberpfälzer Wald wurde aus der Einrichtung ein „Garten der Sinne".

Bockl-Radweges im Jahre 2005 wurde ein zweiter Zugang mit einer Brunnenanlage geschaffen. Von hier aus beginnt mittlerweile ein Erfahrungsweg, der vom Wasser, dem tragenden Lebenselement, hin zu den Elementen Erde und Feuer führt, die sich in einem Lehmbackofen vereinen, den die Schüler der Hauptschule Floß errichtet haben. Auch andere Schulen bringen sich ein, zum Beispiel das Berufliche Schulzentrum Neustadt a. d. Waldnaab (BSZ), das einen Holzbau mit Gründach gezimmert hat. Im „Garten der Sinne" können schon die Kleinsten tasten, fühlen und riechen. In einer Sinnes-Labyrinth-Spirale kann man sich selber als Teil des Kosmos sehen – in einer Pflanzensäule, die den Blick nach oben richtet. Einige Wege sind als Barfußpfade angelegt, auf denen man Granit, Rindenmulch und Gras unter den Fußsohlen spüren kann. Bei den Kindern besonderes beliebt ist ein Räuberpfad, der durch verschlungene Wege im Weidengeäst zu einem überdimensionalen „Vogelnest" führt, das man über eine Leiter erklimmen kann.

Rita Rosner/Wolfgang Benkhardt

FLOSSENBÜRG – IM ZEICHEN DER BURG

Der Schloßberg von Flossenbürg ist einer jener Orte im Landkreis, an denen es umgehen soll. Eine weiße Frau findet keine Ruhe, weil sie einen Schatz hüten muss. Sie wartet darauf, dass jemand die schwere Truhe hebt und sie damit erlöst. Das kann aber nur gelingen, wenn dabei kein Wort gesprochen wird. Einer soll dies fast schon einmal geschafft haben, aber als er feststellte, wie schwer die Kiste war, entfuhren ihm die Worte „Die soll der Teufel heben", und das Unterfangen war misslungen. Auch wenn es sich dabei nur um eine Sage handelt, hat die Burg doch schon viele seltsame Dinge gesehen. Siebzehnmal wechselte im Laufe der Jahrhunderte das Gemäuer den Besitzer. Der bekannteste Burgherr war Friedrich Barbarossa, der als „Kaiser Rotbart" in die Geschichtsbücher einging. Er erwarb die Anlage, nachdem Graf Gebhard II. im Jahr 1188 ohne männlichen Nachfolger verstorben war.

Erbaut wurde das Denkmal um 1100 durch Graf Berengar von Sulzbach als Gipfelburg mit einem turmartigen Wohngebäude, einem kleinen, ummauerten Vorhof und einer vorgelagerten Schildmauer. Der sogenannte Hungersturm entstand um 1200 außerhalb der eigentlichen Burganlage zur

Abwehr von Angreifern. Die Feste stellte ein Bollwerk gegen Angriffe aus Richtung Osten – dem Böhmischen – dar. Als gräfliche Grenzburg oblag ihr zudem die Sicherung wichtiger Verkehrswege und einer kontrollierten Siedlungstätigkeit. Von hier aus ließ sich die Herrschaft über Land und Leute sicherstellen. Immerhin reichten die Grenzen des „Pflegambts" bis kurz vor die Tore von Vohenstrauß, Weiden, Neustadt/Waldnaab oder Bärnau. Bekannt ist Flossenbürg auch für seinen Granit. Der Abbau und die Veredelung des Urgesteins haben den Ort

948	Der bayerische Herzog besiegt die Ungarn am Mezelberg, dem heutigen Entenbühl
1100	Graf Berengar von Sulzbach erbaut den ältesten Teil der Burg
1634	Einquartierte schwedische Dragoner vom Leibregiment des Herzogs Bernhard von Weimar brennen die Burg nieder
1769	Erster Hinweis auf gewerbsmäßig betriebenen Granitabbau
1888	Einer Brandkatastrophe fallen sechsundzwanzig Anwesen und die Kirche zum Opfer

Einwohner: 1650

Fläche: 21,4 km²

Weitere Ortsteile: Altenhammer, Hildweinsreuth, Sankt Ötzen, Rumpelbach, Gaismühle

Wahrzeichen: Burgruine (ehemalige Hohenstaufenfeste) auf dem Schloßberg

Weitere Sehenswürdigkeiten: Mittelpunkt Mitteleuropas im Ortsteil Hildweinsreuth, KZ-Gedenkstätte, Campinganlage „Gaisweiher", Weg des Granits, Burg- und Steinhauermuseum, Panoramaweg

wesentlich geprägt. Fassadenverkleidungen, Bodenbeläge, Stufen, Fenster- und Türgewände sowie vieles mehr werden heute mit modernsten Fertigungsmethoden hergestellt. Künstler aus vielen Ländern arbeiten gerne mit dem Material aus Flossenbürg. Der Abbau war auch mit der Grund für das dunkelste Kapitel der Flossenbürger Geschichte. Der begehrte Rohstoff führte nämlich zur Einrichtung eines Konzentrationslagers, das von 1938 bis 1945 existierte. Rund hunderttausend Menschen waren im Haupt- und den mehr als hundert Außenlagern inhaftiert. Mindestens dreißigtausend überlebten den Terror nicht. Heute erinnert eine Gedenkstätte an das Leid und den Tod der Häftlinge.

Granit und immer wieder Granit. Das Urgestein spielt noch immer eine wichtige Rolle. Die Karl Fröhlich GmbH ist eines von vier Flossenbürger Granit-werken. Firmenchef Karl Fröhlich (oben Mitte) ist selbst Steinmetz und Stein-bildhauermeister. Logisch, dass auch der Mittelpunktstein in Hildweinsreuth (unten) aus echtem Flossenbürger Granit gefertigt ist. Schon die Kinder wissen genau, wo auf dieser Scheibe der Landkreis Neustadt zu suchen ist.

Er kennt die Hohenstaufenfeste wie seine Westentasche. Richard Schedl ist ein Burgfan. Kaum jemand anders dürfte so oft wie er auf der Spitze des Schloßbergs gewesen sein. Für ihn sind die Gemäuer hoch über den Dächern der Grenzgemeinde fast ein zweites Zuhause. Schedl trieb nicht nur eigenes Interesse an. Ihm liegt es am Herzen, das Wissen um das Wahrzeichen des Ortes und des Naturparks Nördlicher Oberpfälzer Wald vielen Menschen zu erschließen. Schon als Kind diente ihm die Burg als Spielplatz. Richtig los ging es zu Beginn der 1980er Jahre. Als damaliger Vorsitzender des Oberpfälzer Waldvereins wollte er sich nicht damit abfinden, dass weite Bereiche der Anlage unter Erde und Schutt verborgen waren. „Da muss noch viel mehr da sein", unter dieser Vorgabe startete er mit Fachbehörden und der Gemeinde einen Vorstoß. Begonnen wurde mit Freilegungs- und Restaurierungsarbeiten. Der Burg-

MIT DER BURG AUF DU UND DU

experte war täglich, wenn es sein musste mehrmals, bei den Arbeitskräften zu finden. Im Laufe der Jahre stellten sich Erfolge ein, die Schedl ebenso überraschten wie alle anderen Beteiligten. Das reichte von Mauerfundamenten über originalgetreu wiederhergestellte Türbögen und Pflasterbeläge bis hin zu Erkenntnissen über die früheren Verwendungszwecke von Gebäudeteilen. Zu den Glanzlichtern zählten der entdeckte Backofen, ein Brunnen, der nach dem Freilegen sogar Wasser führte, und auch das zugänglich gemachte Kellergewölbe. Als in der Ortsmitte die Post aus einem gemeindeeigenen Haus auszog, hatte Schedl gleich einen anderen Verwendungszweck parat. Das ins Auge gefasste Burgmuseum, eine kleine, aber feine Ausstellung, wurde Realität. Später kam eine weitere Abteilung hinzu. Im angrenzenden Raum entstand ein Granit-

museum. Auch daran hängt viel Herzblut Schedls. Es entführt in eine Zeit, die erst wenige Jahrzehnte zurückliegt und in der ein Großteil der männlichen Bevölkerung das tägliche Brot bei der schweren Arbeit in den Steinbrüchen oder in den Steinhauerhütten verdiente.

Den jüngsten Coup landete Schedl wiederum im Zusammenhang mit der Burg, diesmal sogar unter überregionalen Gesichtspunkten. Der Batterieturm ließ ihm keine Ruhe, und er gab nicht nach, bis auch dort gegraben werden durfte. Ans Tageslicht kamen Scherben, die von abgebrochenen Kachelöfen stammten. Auffallend waren Muster mit einer Frauenfigur in verschiedenen Variationen. Wie in einem Puzzlespiel wurden die Fragmente zusammengesetzt. Das Ergebnis legte eine Spur nach Oberammergau. Dort gibt es eine Töpferin, die heute noch unter der Vorgabe „Die fünf Sinne" identische Kacheln herstellt. Es war nicht zuletzt der Beweis dafür, dass es schon in vergangenen Jahrhunderten weitreichende Handelsbeziehungen gab und zumindest bei einem Teil der Öfen repräsentative Zwecke eine Rolle spielten.

Burgfan bleibt Schedl ein Leben lang, und Ideen hat er für die Zukunft genügend – auch zu anderen Themen. Sein außergewöhnliches ehrenamtliches Engagement findet nicht nur in Expertenkreisen, in der

Grenzgemeinde und in der Region Anerkennung. Auch der von Seiten des Landkreises verliehene Kulturpreis würdigt die Arbeit, hinter der ein immenser Aufwand steckt.   *Bernhard Neumann*

Die Burgruine Flossenbürg ist das zweite Zuhause von Richard Schedl (unten, rechts). Die Ergebnisse der Ausgrabungen können mittlerweile auch in einem kleinen Burgmuseum bestaunt werden, das Schedl aufgebaut hat (oben).

GEORGENBERG – GEMEINDE MIT MÜHLE

Georg Christoph von Wirsberg gilt als der Gründer des Ortes. An den ersten Vornamen des Erbauers erinnert der Gemeindename, an den zweiten der Name des Ortsteils Neukirchen zu St. Christoph, der zugleich Sitz der Pfarrei ist. Seine siedlungsmäßige Erschließung verdankt das Gemeindegebiet dem Waldauer-Waldthurner Ministerialgeschlecht. Erstmals urkundlich erwähnt worden sind Angehörige dieser Sippe im Jahr 1217. Als älteste Siedlung gilt der Ortsteil Waldkirch.

Die heutige Kommune hat sich aufgrund einer Volksabstimmung im Oktober 1970 und einer freiwilligen Gebietsreform zum

1. Januar 1971 aus den ehemaligen Gemeinden Brünst, Dimpfl, Georgenberg, Neudorf und Waldkirch gebildet. Zum 1. Juli 1972 sind die Ortsteile Neuenhammer (ehemalige Gemeinde Bernrieth) sowie zum 1. Juli 1976 Bernlohe, Hagenhaus und Leßlohe (ehemalige Gemeinde Reinhardsrieth) hinzugekommen.

Die zwei bekanntesten Sehenswürdigkeiten der Gemeinde sind die Burgruine Schellenberg und die Mühle Gehenhammer. Im Jahr 1038 wurde das Gebiet um den Schellenberg durch Herzog Bretislav mit Choden besiedelt. Namen wie „Kotenschlag" oder „Kotenbrunnen" erinnern

1038	Besiedelung des Gebiets um den Schellenberg durch Choden unter Herzog Bretislav
1217	Erste urkundliche Erwähnung des Waldauer-Waldthurner Ministerialgeschlechts
1347	Errichtung der Burg Schellenberg unter Kaiser Ludwig dem Bayer
1788	Gründung der Pfarrei Neukirchen zu St. Christoph
1971	Zusammenschluss der ehemaligen Gemeinden Brünst, Dimpfl, Georgenberg, Neudorf und Waldkirch

noch an diese Zeit. Im Jahr 1347 ließ Kaiser Ludwig der Bayer die Burg Schellenberg, die damals noch den Namen „Lug ins Land" trug, gegen Einfälle aus Böhmen erbauen. Am 12. Juli 1498 wurde die Burg unter der Führung des Hauptmanns Konrad von Wirsberg, der in den Diensten des Markgrafen von Brandenburg stand, erstürmt. Achtzig Reiter, zweitausendfünfhundert Fuhrknechte und sechs Büchsen waren im Einsatz. Bei der Erstürmung wurde die Burg Schellenberg teilweise zerstört. Ihren Besitzer, Ritter Moritz von Guttenberg, nahm man gefangen. Die Burg wurde danach nicht mehr aufgebaut.

Einwohner: 1400

Fläche: 45 km²

Ortsteile: Georgenberg, Krautwinkl, Danzerschleif, Faislbach, Brünst, Hinterbrünst, Lösselmühle, Lösselberg, Hagenhaus, Leßlohe, Oberbernlohe, Unterbernlohe, Dimpfl, Neuenhammer, Hammermühle, Danzermühle, Papiermühle, Prollermühle, Schmidtlerschleif, Galsterlohe, Oberrehberg, Unterrehberg, Kühtränk, Rehlohe, Neudorf, Neukirchen zu St. Christoph, Schwanhof, Gehenhammer, Vorderwaldheim, Waldheim, Waldkirch

Wahrzeichen: keines

Sehenswürdigkeiten: Burgruine Schellenberg, alte Mühle Gehenhammer, Pfarrkirche Neukirchen zu St. Christoph, Kirche Neuenhammer (alle unter Denkmalschutz)

Aus dem Landkreis Neustadt a. d. Waldnaab sind unheimlich viele Sagen und Märchen überliefert. Zu verdanken ist dies vor allem Franz Xaver von Schönwerth, dem „Bruder Grimm der Oberpfalz". Die vielen Überlieferungen

HIER FAND SCHÖNWERTH SEIN GLÜCK

haben einen einfachen Grund: „Die Spuren Schönwerths führen in unsere Gemeinde", weiß Georgenbergs Bürgermeister Johann Maurer. Genauer gesagt, sie führen nach Neuenhammer, in das Haus des Bürgermeisters. Am 11. November 1856 heiratete der bekannte Volkskundler nämlich Maria Rath, Tochter des damaligen Eigentümers des Hammerguts, Michael Rath.

Aus dieser Zeit ist noch ein ganz besonderer Schatz erhalten, den der Bürgermeister vor einigen Jahren auf dem Dachboden entdeckt hat: ein Gemälde, das ein recht hübsches Frauenzimmer zeigt. Es handelt sich dabei wohl um die erste Ehefrau von Michael Rath. Das vermutet zumindest Maurer. Er geht davon aus, dass die zweite Frau das Bild aus der Wohnung verbannt hat und es deshalb auf dem Dachboden gelandet ist. „Genau lässt sich das aber nicht mehr nachvollziehen", bedauert der Hammerwirt.

Bewiesen ist hingegen, dass sich Schönwerth im Jahr 1860 drei Monate in Neuen-

hammer für Studien und Sammlungen zu oberpfälzischen Sitten, Sagen und Sprichwörtern sowie zur oberpfälzischen Mundart aufgehalten hat. Und damit haben die Einwohner dieser Region als Gewährsleute einen wesentlichen Anteil an seiner Sammlung. Im „Schönwerth-Jahr" 2010 fanden deshalb auch in Neuenhammer einige Aktionen statt. Ein Veranstaltungsort war die im Eigentum der Familie Maurer stehende Kirche – eines der wenigen privaten Gotteshäuser in der Diözese Regensburg, in denen regelmäßig Gottesdienste stattfinden.

Die Wiege von Franz Xaver von Schönwerth stand in Amberg, wo er als ältestes von fünf Kindern des königlichen Zeichenprofessors Josef Schönwerth aufwuchs. Ab 1821 ging er zunächst in das Humanistische Gymnasium und dann in die Lyzeal-Studienanstalt, eine gymnasiale Oberstufe, die er mit einem hervorragenden Abschluss erfolgreich beendete. Es folgte ab 1832 in München das Studium, bevor er zwei Jahre darauf an der Ludwig-Maximilian-Universität Jura studierte. Nach seiner Tätigkeit als Rechtspraktikant bekam er im Jahr 1840 eine feste Anstellung bei der Regierung von Oberbayern. Von 1845 an stand Schönwerth in den Diensten des Kronprinzen Maximilian.

Weiter in der Karriereleiter ging es 1851 mit der Beförderung zum Regierungsrat und 1852 mit dem Wechsel in das baye-

rische Finanzministerium als Ministerialrat. Eine besondere Ehre und Auszeichnung erfuhr Schönwerth am 1. Januar 1859, als ihn König Maximilian in den persönlichen Adelsstand erhob.

Zwischen 1857 und 1859 veröffentlichte er sein dreibändiges Werk mit dem Titel „Aus der Oberpfalz – Sitten und Sagen". Dazu hatte er ab 1852 das Leben der Menschen in der Oberpfalz erforscht, das Leben in Haus und Hof beobachtet und seine Eindrücke aufgezeichnet. Jakob Grimm (1785–1863) hatte über Schönwerth gar geschrieben: „Nirgendwo in ganz Deutschland ist umsichtiger, voller und mit so leisem Gespür gesammelt worden." Ach ja, das Bild mit dem hübschen Frauenzimmer ist übrigens zur Erinnerung an Schönwerths Studienaufenthalt in die gute Stube zurückgekehrt. Es hat dort nun sogar einen Ehrenplatz.

Josef Pilfusek

> *Wer ist die Dame auf dem Bild? Besitzer und Hammerwirt Johann Maurer vermutet, dass es sich dabei um Maria Rath handelt, die erste Ehefrau von Schönwerths Schwiegervater Michael Rath.*

GRAFENWÖHR – DIE GRÜNDERSTADT

Cars to sale, Barbershop, free tax: Schon bei der Fahrt durch das Städtchen Grafenwöhr wird klar, dass dies alles andere als eine typische Oberpfälzer Ortschaft ist. Hier lebt man zweisprachig. Der Truppenübungsplatz strahlt aus, sorgt für amerikanisches Flair. Auch in anderer Beziehung tanzt die Stadt aus der Reihe. Mit fast zweihundertsiebzehn Quadratkilometern ist Grafenwöhr nach München, Lenggries und Oberstdorf die viertgrößte Stadt Bayerns, rein flächenmäßig wohlgemerkt. Und sie ist die einzige Stadt im Landkreis, in der es ein Gründerzentrum gibt.

Wann Grafenwöhr gegründet worden ist, liegt im Dunkeln. Bekannt ist nur, dass die Vorläufersiedlung „Hertwigshof" im Jahre 1279 erstmals urkundlich erwähnt ist. 1361 hat Kaiser Karl IV. auf Betreiben der Grafen von Leuchtenberg die Siedlung zur Stadt erhoben. Danach gab es ein großes Hin und Her. Der Ort wurde von den Leuchtenbergern innerhalb von nicht einmal sechzig Jahren viermal verpfändet. Während des Dreißigjährigen Krieges wurde die Stadt durch Mansfelder, schwedische und kaiserlich-bayerische Truppen mehrfach geplündert und gebrandschatzt. Im 16. und 17. Jahrhundert musste die Stadt sechsmal den Glauben wechseln. 1636 wurde

Grafenwöhr von der Pest heimgesucht. Die Bürger legten in Todesangst ein Gelübde zugunsten des heiligen Sebastian ab und feiern seitdem seinen Namenstag am 20. Januar als Ortsfeiertag. Während des Spanischen Erbfolgekrieges (1714), und im Österreichischen Erbfolgekrieg (1741–1748) gab es Plünderungen. Zwischen 1708 und 1880 ließen sechs große Feuersbrünste immer wieder Teile der Stadt in Schutt und Asche versinken. Damals entstand beim Wiederaufbau auch der typische Stadtplatz mit der traufständigen Bebauung.

Einwohner: 6720

Fläche: 216,7 km²

Ortsteile: Gößenreuth, Dorfgmünd, Hammergmünd, Bruckendorfgmünd, Hütten, Moos, Josephsthal, Kollermühle und Grub

Wahrzeichen: Wasserturm mit Forsthaus im Truppenübungsplatz

Weitere Sehenswürdigkeiten: 1. Oberpfälzer Kultur- und Militärmuseum, Stadtmauer, Rathaus mit Markt- und Marienplatz, Schönberg mit Naturbühne, Kirchen der Stadt, Annaberg mit Bergkirche und Lourdesgrotte

1361	Gründung und Erhebung zur Stadt durch Kaiser Karl IV. und die Landgrafen Johann I. und Ulrich II. von Leuchtenberg
1462	Bau des Rathauses
1622/ 1634	Zerstörung durch Mansfelder bzw. schwedische Truppen im Dreißigjährigen Krieg
1868/ 1870	Feuersbrünste in Vor- und Altstadt
1910	Eröffnung des Truppenübungsplatzes
1945	Zweimalige Bombardierung und Einmarsch der Amerikaner

Eine ganz wichtige Jahreszahl ist 1908. Mit der Gründung des Truppenübungsplatzes durch Prinzregent Luitpold von Bayern begann ein großer Aufschwung. Innerhalb eines Jahres stieg die Bevölkerung von 961 auf 1841 Bürger an. Dies brachte aber auch großes Leid. Gegen Ende des Zweiten Weltkriegs waren Grafenwöhr und das „Lager" am 5. und 8. April nämlich das Ziel von Bombenangriffen. Der Ort wurde schwer getroffen. Diese letzten Kriegshandlungen bezahlten viele Grafenwöhrer mit dem Leben. Am 1. Juli 1972 kamen bei der Gebietsreform die früher selbstständigen Gemeinden Gmünd und Hütten zu Grafenwöhr.

Ein Blickfang am Grafenwöhrer Stadtplatz ist das spätgotische Rathaus, das im Jahr 1462 erbaut worden ist (rechts oben). Ungewöhnlich hoch überragt der dreiundfünfzig Meter hohe Turm der Friedenskirche „Zur Heiligsten Dreifaltigkeit" das Längsschiff der Kirche. Der damalige Pfarrer, Monsignore Ludwig Schmidt, ließ ihn so hoch bauen, damit er zum Ruhme Gottes den nahen Wasserturm überragt. Im Herbst, wenn die Bäume ihr Laub abgeworfen haben, spiegelt sich auch die ganze Fassade des Zehentstadels im Stadtweiher. Das Gebäude beherbergt das 1. Oberpfälzer Kultur- und Militärmuseum (unten Mitte). Ganz unten spitzt auf dem Annaberg die Fassade der Mariahilfkirche durch das herbstliche Blätterdach.

Elvis Aaron Presley war der berühmteste Soldat, der je in Grafenwöhr Militärdienst verrichtet hat. Zeitzeugen, zahlreiche Fotos und Autogramme, eine Ecke im Kultur- und Militärmuseum in Grafenwöhr und der Flügel, auf dem Elvis spielte, halten die Erinnerung daran wach. Einer, der den King of Rock 'n' Roll wirklich getroffen hat, ist Martin Hößl. „Wir Jungen mochten Elvis eigentlich nicht, weil uns die Mädchen mit ihrer Schwärmerei für ihn auf die Nerven gingen", gibt er unumwunden zu. Trotzdem besorgte er reihenweise Autogramme für seine Frau und deren Freundinnen. Und seine Erinnerungsstücke hütet er heute als großen Schatz.

Einige Wochen war Elvis Presley auf dem Truppenübungsplatz Grafenwöhr stationiert – zunächst während der Soldatenausbildung 1958 und später zu einem Manöver 1960. Martin Hößl hatte als Maler in der Nähe der Baracke des Camp Algier zu tun und damit Kontakt zu Elvis, den er als immer freundlich- lächelnden jungen Mann in Erinnerung hat. Legendär ist ein Konzert, das Elvis in der „Micky Bar" gab. Die Bar präsentierte täglich Tanzkapellen internationalen Formats und Mädchen, die mit Striptease die Besucher erfreuten. In den Privaträumen der Bar hielten sich Elvis'

DER FLÜGEL, AUF DEM ELVIS SPIELTE

Vater und seine Begleiter auf. Sie konnten dort den Weltstar, abgeschirmt von der Öffentlichkeit, treffen. Raimund Rodler, dessen Eltern die Bar gehörte, erzählt, dass Elvis im Dezember 1958 sogar vier Tage im Gästezimmer in der „Micky Bar" wohnte. Als Dankeschön setzte sich der King of Rock 'n' Roll am letzten Tag an den schwarzen Flügel, der für die Bands auf der Bühne stand. „Das Lokal war noch

Der Flügel, auf dem Elvis spielte, steht heute im Hotel-Restaurant „Rußweiher" in Eschenbach und gehört Raimund Rodler (links), der beim legendären Konzert in der „Micky Bar" 1958 dabei war. Auch Martin Hößl (rechts) traf den Weltstar in Grafenwöhr. Autogramme und andere Erinnerungsstücke bewahrt er in seinem roten „Elvis-Koffer" auf.

geschlossen, nur für meine Familie und das Personal spielte Elvis seine Lieder, von ‚Hound Dog' bis ‚Love me Tender'", erinnert sich Rodler. Dazwischen unterhielt sich der Jeep-Fahrer Elvis locker mit dem Personal. „Er wirkte jugendlich scheu." Was damals keiner wusste: Dies war einer der wenigen Auftritte, die Elvis jemals außerhalb der USA hatte.

Die „Micky Bar" schloss in den 1990er Jahren. Der Flügel, auf dem Elvis spielte, steht heute im Foyer des Hotel-Restaurants „Rußweiher" bei Raimund und Brigitta Rodler in Eschenbach. Eine Kultstätte zur Erinnerung an Elvis Presley ist auch ein Backstein am Bleidorn-Tower, einem Beobachtungsturm im Truppenübungsplatz. „Elvis GI" ist dort eingeritzt, angeblich vom King selbst.

Gerald Morgenstern

Hunderttausend Besucher an einem Wochenende sprechen eine deutliche Sprache. Das sind mehr Leute, als der Landkreis Einwohner hat. Aus allen Himmelsrichtungen strömen sie herbei, um das ungewöhnliche Flair des Deutsch-Amerikanischen Volksfestes mitzuerleben. Blasmusik und T-Bone-Steaks, Line-Dance und Masskrugstemmen. Eine Riesenfete mit Burger und Panzern. Diesem Mix können sich viele nicht entziehen. Für die Helfer bedeutet dies Schwerstarbeit. Schließlich liegt der Festplatz im Lager, nämlich im Camp Kasserine. Shuttle-Busse spulen Kilometer herunter, um Gäste aus dem Stadtgebiet dorthin zu bringen. Lange Autoschlangen wälzen sich zu den ausgewiesenen Parkplätzen am Rande der Schießbahnen.

Jeweils am ersten August-Wochenende lädt die US-Armee-Garnison Grafenwöhr auf das Gelände des Truppenübungsplatzes ein. Der amerikanische Kommandeur darf das „O'zapft is!" verkünden. Das große Freundschaftsfest ist eine bunte Mischung von bayerischer Blasmusik und typischer Bierzeltstimmung mit Soul, Pop, Country, Show und American Icecream. Bayerisch und international sind die Schmankerl, die in den Buden und Militärzelten von US-Einheiten, privaten Händlern und Vereinen angeboten werden. Magnet für Groß und Klein ist alljährlich die Waffenschau von Bundeswehr und US-Armee. Panzer, High-Tech, Anti-Minenfahrzeuge, historische Willys-Jeep, Bundeswehr-Hub-

BLASMUSIK UND DAZU LINE-DANCE

schrauber und vieles mehr sind stets dicht umringt. Den Gegensatz zum tarnfleckfarbenen Kriegsgerät bilden hochglanzpolierte Muscle-Cars und chromglänzende Harleys. Schausteller lassen mit ihren Fahrgeschäften und Attraktionen fast keine Wünsche offen. Seit Beginn des Volksfestes betreibt der Deutsch-Amerikanische Gemeinsame Ausschuss (DAGA) das große Festzelt. Den Erlös stellt der DAGA alljährlich wohltätigen

und gemeinnützigen Einrichtungen sowie Vereinen und Verbänden zur Verfügung. Für den Auf- und Abbau und die Logistik des dreitägigen Spektakels ist ein Heer an Service-Personal, Soldaten und zivilen Mitarbeitern notwendig. Für Feuerwehr, BRK-Bereitschaft, Militärpolizei und Sicherheitsleute bedeutet dies Großeinsatz. Sie sorgen für einen sicheren und friedlichen Ablauf des großen Volksfestes.

Gerald Morgenstern

Die einzigartige Atmosphäre beim Deutsch-Amerikanischen Volksfest zieht Scharen von Besuchern an. Eine Attraktion sind jedes Jahr die ausgestellten Militärfahrzeuge.

IRCHENRIETH – WOHNEN IM GRÜNEN

Es lässt sich nicht urkundlich nachweisen, wann der Ort Irchenrieth entstanden ist. Geht man nach dem Ortsnamen, müsste er bei der großen Rodungswelle durch die Bajuwaren irgendwann im 11., 12. oder 13. Jahrhundert gegründet worden sein. Denn das Anhängsel „rieth" bedeutet so viel wie gerodetes Land. Zusammen mit dem zweiten Wort „irchen", einem alten Wort für Weißgerber, kann man also von einer Weißgerbersiedlung sprechen.

Um 1100 bildete die Burg Flossenbürg den Mittelpunkt der Rodungsherrschaft der Grafen von Sulzbach; zu den Burghutgütern gehörte damals auch die Vogtei Irchenrieth. Im Laufe der Zeit wechselte die Obrigkeit zu Parkstein, Leuchtenberg und dem Kloster Waldsassen. Die Missionierung erfolgte von Regensburg aus durch die Mönche des Klosters St. Emmeram. Dabei war Irchenrieth seit alters her Teil der Pfarrei Michldorf. Als Gemeinde im heutigen Sinne ist Irchenrieth im Jahr 1806 entstanden. In den Jahren 1946/47 und von 1978 bis 1993 gehörten auch Bechtsrieth und Trebsau zur Gemeinde.

Die Farben Blau und Silber im Wappen erinnern an die Zeit, als der Ort Teil der

Landgrafschaft Leuchtenberg war. Der Drachenrumpf deutet alte grundherrschaftliche Verbindungen mit dem Kloster Waldsassen an, und der Turm ist das Symbol der heiligen Barbara, der Patronin der Filialkirche von Irchenrieth.

Der Lage im Sog der Stadt Weiden sowie die günstige Verkehrsanbindung an die kreisfreie Stadt haben in den vergangenen Jahrzehnten zu einer deutlichen Einwohnerzunahme geführt. Seit 1970 stieg die Bevölkerung von etwa dreihundert auf nunmehr knapp tausendzweihundert an. Wichtig war dabei mit Sicherheit auch die Ansiedlung des Heilpädagogischen Zentrums für Behinderte, das sich parallel zum Aufschwung der Gemeinde zu einem wichtigen Arbeitgeber entwickelte.

11.–13. Jh.	Entstehung von Irchenrieth im Zuge einer Rodungswelle
1806	Gründung der Gemeinde Irchenrieth
1969	Neubau des ersten Gebäudes für das Heilpädagogische Zentrum
1978	Zusammenschluss mit Bechtsrieth und Trebsau
1993	Trennung von Bechtsrieth und Trebsau

Ein beliebtes Wanderziel ist am Rande der Gemeinde Irchenrieth nahe der Ortschaft Oedenthal das Johannisbrünnerl. Zwischen 1693 und 1699 ließ ein Herr von Räsewitz aus Muglhof über dem Brunnen eine kleine Kirche errichten. Er löste damit ein Versprechen ein, das er im Falle der Erfüllung eines Kinderwunsches gegeben hatte. Nach dem Tod des Erbauers verfiel der Gebetsort. 1870 wurden zur Erinnerung daran dort Granitsäulen errichtet, die seit 1990 jährlich Ziel einer Prozession und eines kleinen Festes sind. Eine neue Attraktion hat die Gemeinde mit dem kleinen privaten Tierpark Gleitsbachtal bekommen, in dem einheimische und exotische Tiere zu sehen sind.

Einwohner: 1170

Fläche: 5,27 km²

Weitere Ortsteile: –

Wahrzeichen: Kirche St. Barbara
Sehenswürdigkeiten: Johannisbrünnerl, Tierpark Gleitsbachtal

Die katholische Kirche (oben) ist der heiligen Barbara geweiht, der Patronin der Bergleute. Früher wurde nämlich am Losenberg Feldspat abgebaut. Sagenumwoben ist das Johannisbrünnerl nahe Oedenthal (rechts). Die drei Säulen erinnern an ein sechseckiges Kirchlein, das im 17. Jahrhundert über dem Brünnlein erbaut worden ist. Das Brünnerl war ein beliebter Wallfahrtsort, an dem nach einer Legende Pilger von Augenleiden geheilt worden sind. Im Juli steigt dort alljährlich nach einem Gottesdienst das Brünnerlfest. Eine neue Attraktion ist der kleine Tierpark Gleitsbachtal in Irchenrieth (unten).

EIN HAUS FÜR MENSCHEN MIT HANDICAP

Das Heilpädagogische Zentrum (HPZ) in Irchenrieth ist nicht nur eine bedeutende Sozialeinrichtung im Landkreis, sondern auch die größte Behinderteneinrichtung in der Oberpfalz. Sie hat eine Erfolgsgeschichte hinter sich, die ihresgleichen sucht. Von vierzehn Betreuten ist sie in vier Jahrzehnten auf neunhundert Menschen mit geistiger Behinderung gewachsen. Mit sechshundertfünfzig Mitarbeitern ist die fünfzehn Hektar große Anlage zudem einer der größten Arbeitgeber im Landkreis. Als großer Ausbildungsbetrieb werden pro Jahr vierzig Praktikumsplätze zum Heilerziehungspfleger, Erzieher und Altenpfleger angeboten. Millionen von Euro bleiben in der Region.

„Wir sind ein Unternehmen, das trotz aller sozialen Ausrichtung mit entsprechender Förderung wirtschaftlichen Zwängen unterliegt und auch dementsprechend geführt werden muss", erläutert stellvertretende Geschäftsführerin Brigitte Krause. Dienst für betreute Menschen als „Hauptkunden" und Dienst für externe „Kunden" und Kooperationspartner, in dieses Segment ordne sich das HPZ heute ein, wobei die Qualität der Arbeit mit Behinderten, mit von Behinderung bedrohten Menschen und deren Angehörigen im Mittelpunkt stehe.

Begonnen hat alles Anfang der 1960er Jahre, als der Sohn des Weideners Alfred Krause mit zwei Jahren erkrankte und mit einer geistigen Behinderung leben musste. Krause stellte bei seiner Tätigkeit als Vertreter fest, dass seine Familie mit dieser Problematik nicht allein war. Es gab in der

Region mehrere solcher Fälle. Ihm kam dabei zu Ohren, dass es einen Landesverband Lebenshilfe gibt, der sich geistig behinderter Kinder annimmt. So gründete er dann am 27. März 1965 mit weiteren dreizehn Eltern den Verein „Lebenshilfe für das geistig behinderte Kind in Weiden". Den Vorsitz übernahm Alfred Krause selbst. Die Vision der Gründer war, eine Einrichtung zu schaffen, in der die Kinder betreut und gefördert werden.

Am Hammerweg in Weiden, in der Gaststätte „Waldheim", begann der Verein mit vierzehn Kindern seine Arbeit. Als die Schützlinge ins Schulalter kamen, erhielt der Verein Räume in der Gerhardinger-Schule. Die Zahl der zu Betreuenden stieg an. Eine Werkstatt in Weiden kam ebenso dazu wie eine Wohngruppe im alten Schulhaus in Letzau und eine Kinderwohngruppe im Schulhaus in Döllnitz. Krause: „Irgenwann war die Lebenshilfe verstreut in der ganzen Umgebung, das ließ sich logistisch nur schwer bewältigen." Der Verein ging auf Grundstückssuche und wurde in Irchenrieth fündig. MdL Gustl Lang war

ein Wegbereiter dieser Niederlassung. „Das erste Gebäude war 1969 ein Kindergarten", weiß Brigitte Krause. Vierzig Mädchen und Jungen unter zehn Jahren waren darin untergebracht. 1972 folgten Sonderschule, Sporthalle und Werkstatt. 1976 wurden Wohnheim und Zentralküche gebaut. Ab 1983 dann Gruppenwohnhäuser. Im Jahr 2000 richtete man die Regenbogenwerkstatt in Weiden ein, 2002 wurde die Förderstätte und 2012 das Wohn- und Pflegeheim erweitert. Neunhundert Menschen werden mittlerweile in Irchenrieth betreut. In der Vorschule und Schule sind es hundertsiebzig Kinder, in der Förderstätte achtzig Menschen und in den Werkstätten vierhundertzehn Leute. Ständig wohnen hundertneunzig Menschen im HPZ, davon sind vierzig im Pflegeheim. Vierundsiebzig Busse fahren im Jahr zwei Millionen Kilometer. Die Zentralküche kocht von Montag bis Freitag achthundert Mittagessen am Tag. Beeindruckende Zahlen.

Das HPZ weiß aber auch, dass es immer neue Herausforderungen geben wird, die es zu meistern gilt. Bei allen Neuerungen, zum Beispiel bei der Umsetzung der Inklusion, soll Bewährtes erhalten bleiben. Die behinderten Menschen benötigen aber auch mehr Anteilnahme und Wahlmöglichkeiten. Deshalb sind die Kooperationen mit Kindergärten, Schulen und Betrieben der Region wichtig.

Ernst Frischholz

Die HPZ-Führung mit Geschäftsführer Helmut Dörfler, Stellvertreterin Brigitte Krause und Vorstandsvorsitzendem Josef Rupprecht (von links).

KIRCHENDEMENREUTH – HABERLAND

In keiner anderen Gemeinde des Landkreises gibt es so viele Aussichtspunkte wie in Kirchendemenreuth. Grund dafür ist die Fränkische Linie, eine geologische Verwerfung, die das Oberpfälzer Hügelland vom alten Grundgebirge trennt. Diese Abbruchkante, die bei der Verschiebung der Kontinentalplatten entstanden ist, prägt die Landschaft der Haberlandgemeinde. Entstanden ist sie im mittleren Paläozän, also vor etwa vierundfünfzig Millionen Jahren. Wissenschaftler aus aller Herren Länder kommen immer wieder in die Gemeinde, um diese Kante, die Drachenflieger auf dem Vogelberg als Startmöglichkeit nutzen, zu bestaunen.

Kirchendemenreuth ist eine der wenigen Gemeinden unter tausend Einwohnern, die die Gebietsreform überlebt haben, was angesichts der ehrgeizigen Pläne der Staatsregierung, nur Gemeinden über fünftausend Einwohner zuzulassen, schon an ein kleines Wunder grenzte. Damit hat die Gemeinde Geschichte geschrieben. Vor allem auf Betreiben der Kirchendemenreuther Verantwortlichen nahm 1972 die VG Neustadt als erste Verwaltungsgemeinschaft in Bayern ihre Arbeit auf. Das Gebiet der Gemeinde wird gerne Haberland genannt, eine uralte Bezeichnung,

die darauf verweist, dass jahrhundertelang der Anbau von Hafer verbreitet war. Auf den tiefen Verwitterungsböden des Gneises lassen die häufigen Niederschläge und der raue Ostwind dieses Getreide besser gedeihen als viele andere Sorten. Auch das Gemeindewappen kündet davon. Es zeigt eine zarte Haferähre über einem Silberbalken. Dieser Balken steht für das Geschlecht der Gleißenthaler, die lange Zeit die Herren von Döltsch waren.

Das bedeutendste Denkmal ist die katholische Kirche St. Johann in Kirchende-

Einwohner: 880

Fläche: 39,3 km²

Ortsteile: Döltsch, Obersdorf, Wendersreuth, Altenparkstein, Steinreuth, Püllersreuth, Klobenreuth, Denkenreuth, Scherreuth, Glasern, Oed, Menzlhof, Lenkermühle, Hahnenmühle, Holzmühle, Hutzlmühle, Köstlmühle, Kriegshut, Miltenthal, Staudenhof

Wahrzeichen: Kirchen in Kirchendemenreuth

Weitere Sehenswürdigkeit: Fränkische Linie (Geologische Verwerfung)

1043	Mit Püllersreuth ist erstmals ein Ort der Gemeinde urkundlich erwähnt
1280	Erwähnung fast aller anderen Orte im Urbar von Herzog Heinrich
um 1400	Die Gleißenthaler errichten in Döltsch einen Herrschaftssitz
1972	Die Bildung der Großgemeinde Kirchendemenreuth bewahrt das Haberland vor der kommunalen Aufteilung
1976	Eingliederung der früheren Gemeinde Klobenreuth

menreuth. Das schon im 14. Jahrhundert erwähnte Gotteshaus weist romanische Stilelemente auf und ist damit eine der ältesten Kirchen im Landkreis. Zu Beginn des 18. Jahrhunderts wurde St. Johann gründlich verändert und erhielt sein heutiges Aussehen. Sehenswert ist im Inneren vor allem eine Holzdecke aus dem Jahr 1717, die Bibelszenen und Schmuckornamente zeigt. Parksteiner Kapuziner haben die zweiundfünfzig Bildtafeln gestaltet. In den Dreißigerjahren des 20. Jahrhunderts bauten sich die Protestanten nach dreihundertjähriger gemeinsamer Nutzung des Gotteshauses ein eigenes Granitkirchlein und beendeten damit das Simultaneum.

Mit einem leisem Surren arbeitet sich das Rührgerät durch die Molke. Renate Lang kontrolliert von Zeit zu Zeit mit einem Handthermometer die Temperatur im Kessel. Die Quecksilbersäule klettert auf fünfunddreißig Grad Celsius – genau richtig für Hartkäse. Die Bäuerin aus der Oed betreibt die bislang einzige Hofkäserei im Landkreis Neustadt. Ihre Spezialitäten finden immer mehr Liebhaber. Ein Zulauf, mit dem die fünffache Mutter nie und nimmer gerechnet hat. Eigentlich sollte die Hofkäserei nur ein kleines Zubrot für den Viehzucht- und Ackerbaubetrieb werden. Viertausend Liter Milch wollte sie pro Jahr verarbeiten. Schon nach einigen Monaten war diese Menge erreicht. Heute macht sie ein Vielfaches davon zu Käse, hat einen geräumigen Hofladen gebaut und ein Brotzeitstüberl, in dem sie ganze Busgesellschaften verköstigen und Geburtstage sowie andere Jubiläumsfeiern ausrichten kann.

DIE KÄSE-BÄUERIN AUS DER OED

Dabei liegt der Hof abgelegen im Kirchendemenreuther Ortsteil Oed. Hier gibt es gerade einmal ein Dutzend Anwesen und rund sechzig Seelen. Einer der Höfe ist der „Annersnhof" der Langs. Die Geheimadresse für Käsefreunde ist nicht leicht zu finden. Eine kleine Straße, die von der Ostmarkstraße zwischen Altenstadt und Erbendorf abzweigt, führt vorbei an Wiesen und Wäldern in die Oed. An einer blank geputzten Schiene hängen in der im rückwärtigen Bereich des Hofes errichteten Käserei die Arbeitsutensilien: ein großer Quirl, Alupfannen, Messstäbe. In einem fahrbaren Regal in der Ecke türmen sich Klarsichtbecher aus Kunststoff in verschiedenen Größen und Formen, Gläser, Schraubverschlüsse ... In Gummistiefeln steht die Bäuerin mit Jeans und Schürze vor dem doppelwandigen Edelstahlkessel. Warmwasser zwischen den Wänden bringt die eingelabte Molke auf die richtige Temperatur: eben fünfunddreißig Grad für Hartkäse und vierundsechzig Grad für Weichkäse. Renate Lang rührt, misst und erzählt von Gerinnungs- und Dicklegungszeiten, von mesophilen und thermophilen Kulturen, die sie beimengt. Mit der Käseharfe – einer Art überdimensionaler Eierschneider – macht sie aus der fest gewordenen Masse im Bottich Käsebruch. Sie zieht die „Harfe" so lange durch das Gefäß, bis die Teile erbsengroß sind. „Je härter der Käse, desto kleiner der Bruch", sagt Renate Lang.

Durch einen Zufall kam sie zum Käsemachen. Ein Bekannter aus Parkstein, der Schafsmilch verarbeitete, suchte einen Chauffeur für die Fahrt zu einem Käseseminar nach Weihenstephan. Die Bäuerin setzte sich ans Steuer und war begeistert. Jahrzehnte verarbeitete sie Milch für den Hausgebrauch in kleinen Mengen. „Das war oft ein richtiges Gemansche", erinnert sie sich. Als die beiden Nachzügler – die Zwillinge Anna und Sebastian – das Kindergartenalter erreicht hatten, beschloss sie, die Sache professionell anzugehen. Mit unerwartetem Erfolg. Mittlerweile beliefert sie nicht nur ihren eigenen Hofladen und den Weidener Wochenmarkt, sondern auch etliche Supermärkte in der Region. Und ihr Probierstüberl hat sie schon erweitern müssen.

Wolfgang Benkhardt

Renate Lang ist die einzige Käsebäuerin im Landkreis. Sie hat die Entscheidung, einen Teil ihrer Milch selbst zu vermarkten, noch keine Sekunde bereut. Mit der Käseherstellung hat der „Annersnhof" nun ein wichtiges zusätzliches Standbein.

Die Fränkische Linie ist eine geologische Verwerfung von internationaler Bedeutung. Im Haberland ist diese Bruchkante alter Erdschollen besonders schön zu sehen. Ein Parkplatz an der Bundesstraße bei Döltsch lädt dazu ein, die Aussicht auf das tiefer liegende Oberpfälzer Hügelland zu genießen. Den Bildstock hat Jagdpächter Dr. Hammer 1986 errichten lassen. Auf dem unteren Bild ragt der Vulkankegel Parkstein aus dem sanften Auf und Ab der Felder und Wälder heraus. Der heute im Haberland weit verbreitete Rapsanbau schafft für das Panorama einen goldenen Rahmen.

KIRCHENTHUMBACH – WEIT IM WESTEN

Schon im 9. Jahrhundert wird der Ort Kirchenthumbach als Tupach erstmals urkundlich erwähnt. Und dieser Name kommt noch heute dem „Tumpa" sehr ähnlich, wie die Gemeinde in Mundart genannt wird. Wer die Gründungsväter waren, lässt sich nicht mit letzter Bestimmtheit sagen. Vielleicht waren es Mönche oder Einsiedler, die als Missionare den christlichen Glauben verbreitet

haben. 1174 erwarben Graf Adelfolk von Reiffenberg und seine Gemahlin Richinza die Thumbach'schen Besitzungen der Adelheid von Wartberg, die sich mit dem Herzog von Dachau vermählt haben soll und sich später in das Kloster Michelfeld zurückgezogen hat. Graf Adelfolk erbaute 1175 eine stark befestigte Burg mit vier Ecktürmen, mit Ringmauer, Wassergraben und Zugbrücke an der Stelle, wo heute

9. Jhd.	Erste urkundliche Erwähnung des Ortes als Tupach
1430	Hussiten plündern den Ort
1634/46	Plünderungen und Brandschatzung durch schwedische Söldner im Dreißigjährigen Krieg
1871	Ein Großfeuer vernichtet fast den gesamten Markt
1978	Kirchenthumbach wird Sitz einer Verwaltungsgemeinschaft

Einwohner: 3260

Fläche: 67,5 km²

Ortsteile: Aicha, Altzirkendorf, Asbach, Bärmühle, Blechmühle, Burggrub, Dammelsdorf, Ernstfeld, Fronlohe, Görglas, Göttersdorf, Grünthanmühle, Haselmühle, Haunzamühle, Heinersberg, Heinersreuth, Höflas, Knittlhof, Krücklasmühle, Lenkenreuth, Luisenhof, Metzenhof, Metzenmühle, Metzlasreuth, Neuzirkendorf, Oberaichamühle, Oberlenkenreuth, Obertreinreuth, Pechhaus, Penzenreuth, Pfaffenstetten, Putzmühle, Rothmühle, Röthenlohe, Sassenreuth, Sommerau, Sorg, Straßenhäusl, Tagmanns, Thieroldsreuth, Thurndorf, Treinreuth, Unteraichamühle, Wölkersdorf, Zinnschacht

Sehenswürdigkeiten: Maria-Zell-Kirche in Kirchenthumbach, Brauereimuseum und Brauerei Heber-Bräu, Pfarrkirche St. Jakobus, Thurndorf, Pfarrkirche St. Georg, Neuzirkendorf, Filialkirche St. Sebastian, Altzirkendorf, Kirche St. Laurentius, Weißenbrunn bei Neuzirkendorf, ehemalige Wallfahrtskirche Mariä Heimsuchung bei Heinersreuth, Kreuzigungskapelle auf dem Kalvarienberg bei Thurndorf, historische Ausgrabungen aus dem 11. Jahrhundert in Thurndorf

die Kirche steht. Davon kündet auch das Wappen, das einen weißen Turm in rotem Feld zeigt. Von 1353 bis 1401 stand Kirchenthumbach unter böhmischer Herrschaft. Die Erweiterung des Truppenübungsplatzes Grafenwöhr 1938 bescherte einen großen Zuwachs, da sich viele Familien, die ihren Grundbesitz aufgeben mussten, in und um Kirchenthumbach ansiedelten. Später profitierte der Ort auch vom Strom der vielen Heimatvertriebenen nach dem Zweiten Weltkrieg. Bei der Gebietsreform wurden 1978 die ehemals selbstständigen Gemeinden Heinersreuth, Neuzirkendorf, und Thurndorf in den Markt eingegliedert. Sassenreuth hat sich bereits 1972 freiwillig in den Markt Kirchenthumbach eingliedern lassen.

Die Bergkirche Maria Zell (oben) steht auf einer Anhöhe westlich des Marktes. Nach der Erzählung geht sie auf das Gelübde eines Schneiders zurück. Der in Kirchenthumbach geborene Friedrich Eisenhut soll bei der Fahrt von Wien nach Graz bei einem Überfall die Gottesmutter angerufen und ihr den Bau der Kapelle versprochen haben, wenn die Räuber von ihm abließen. Die Bösewichte verschwanden, und der Schneider hielt Wort. Als Gnadenbild ließ er das Bildnis der Gnadenmutter von Maria Zell in der Steiermark abmalen. Beim Bürgerfest präsentieren sich die Damen des Ortes gerne im feschen Dirndl (Mitte). Ein Aushängeschild des Ortes ist die Kirchenthumbacher Blaskapelle (unten), die übrigens alljährlich auch auf dem Chinesischen Turm im Englischen Garten in der Landeshauptstadt in München aufspielt.

DIE ÄLTESTE GLOCKE BAYERNS

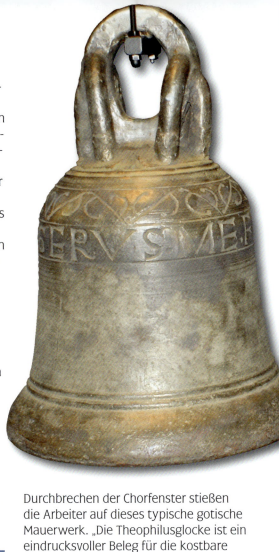

Fest gemauert in der Erden steht die Form, aus Lehm gebrannt. Heute muss die Glocke werden. Frisch Gesellen, seid zur Hand – Wer kennt sie nicht, diese Zeilen aus dem „Lied von der Glocke" von Friedrich Schiller? Als er 1799 diese Strophe dichtete, war die Glocke, die heute im dem Turm der Turndorfer Jakobuskirche hängt, bereits fast sechshundert Jahre alt. Es handelt sich dabei um die älteste Glocke Bayerns, vielleicht sogar von ganz Deutschland.

Auf den ersten Blick reagieren viele Besucher enttäuscht, wenn sie den uralten Guss sehen. Handelt es sich dabei doch eher um ein Glöckchen als um die heute üblichen großen Kirchenglocken. Das wertvolle Stück ist nur rund vierzig Zentimeter hoch, und der Durchmesser beträgt etwa sechsunddreißig Zentimeter. Auffallend sind die romanischen Verzierungen. Als Sterbeglocke erfüllt sie heute noch immer ihren Dienst. Genannt wird sie Theophilusglocke. Der Name rührt daher, dass sie zu den Glocken gehört, die genauso gegossen worden sind, wie es im Jahr 1123 der Benediktinermönch Theophilus beschrieben hat. Es sind nur noch zwei weitere Glocken dieses Typs in Deutschland bekannt. Eine hängt in Theisen in Sachsen und die andere in Ascharn in Thüringen. Aber keine ist so formvollendet wie die Thurndorfer. Eine Inschrift verrät: „Wolfgerus me fecit" – Wolfgerus hat mich gemacht. Eine Jahreszahl sucht man vergeblich.

Wie sie in den 1560 bei einer Erweiterung der Kirche erbauten Turm kam, darüber kann nur spekuliert werden. Unter Umständen befand sie sich früher in der ehemaligen Burgkapelle. Bei den Renovierungsarbeiten 1903 fand man Beweise, dass im Gotteshaus noch Teile aus dem 13. und 14. Jahrhundert stammen. Beim Durchbrechen der Chorfenster stießen die Arbeiter auf dieses typische gotische Mauerwerk. „Die Theophilusglocke ist ein eindrucksvoller Beleg für die kostbare Ausstattung einer Ministerialenkirche am Aufgang der Romanik. Da Thurndorf zu den Besitzungen der Grafen von Sulzbach gehörte, darf angenommen werden, dass Gebhard II. oder Berengar II. die Glocke nach Thurndorf bringen hat lassen", weiß Bürgermeister Fritz Fürk. Reste der alten Turmhügelburg, die dem Ort ihren Namen gegeben haben, sind übrigens noch vorhanden. Das mächtige Quadermauerwerk wurde im Rahmen der Dorferneuerung fachmännisch gesichert und für die Nachwelt erhalten. Schautafeln informieren über die Geschichte der mittelalterlichen Befestigungsanlage und natürlich über die uralte Glocke.

Wolfgang Benkhardt

Die Jakobuskirche in Thurndorf beherbergt einen seltenen Schatz. Im Turm hängt die älteste Glocke Bayerns. Nach einem Benediktinermönch, der die Gusstechnik genau beschrieben hat, wird sie Theophilusglocke genannt.

KOHLBERG – VON KÖHLERN GEGRÜNDET

Die Entstehung Kohlbergs, durch dessen Gebiet schon zu Beginn der Zeitrechnung die Bernsteinstraße führte, geht auf die erste Hälfte des 12. Jahrhunderts zurück. Die Köhler am Berg gaben dem Ort den Namen. Holzkohle wurde damals zum Schmelzen des Eisenerzes benötigt. Etwa zeitgleich entstanden auch der Eisenhammer in Röthenbach und die als „Gründörfer" bezeichneten Orte Hannersgrün, Artesgrün und Weißenbrunn.

Schon 1250 wird Kohlberg als eigenes Richteramt beschrieben, dessen Bezirk sich etwa mit dem heutigen Gemeindebereich deckt. Das 1442 verliehene Ortswappen zeigt mittig einen verkohlten Ast auf weißem Grund, darunter einen grünen Berg und obenauf weiß-blaue bayerische Rauten. Zu dieser Zeit führte Kohlberg bereits die Bezeichnung „Markt", wie ein Hinweis in der Marktverleihungsurkunde für Kaltenbrunn aus dem Jahr 1344 belegt. Nach der Einführung des lutherischen Glaubens im Gemeinschaftsamt Parkstein-Weiden im Jahre 1542 mussten die Kohlberger, je nach der religiösen Einstellung des Landesherrn, mehrfach den Glauben wechseln. Der Dreißigjährige Krieg war eine Zeit des Schreckens. Die günstige Lage an der

Goldenen Straße von Nürnberg nach Prag brachte neben der Pest viel anderes Unheil über Land und Leute. 1634 legte eine Abteilung Kroaten Feuer, und der Ort samt Kirche und Pfarrhaus brannte ab. Lediglich das „Busch'nhaus" am nordöstlichen Ortseingang blieb verschont.

Bei Einführung des Simultaneums im Jahre 1663 zählte Kohlberg gut siebzig Katholiken und dreihundertachtzig Protestanten. Dieser Zustand brachte ständig Reibereien zwischen den Konfessionen bis zum Bau der katholischen Pfarrkirche (1914 bis 1916). Nach dem Ende des Zweiten

1250	Beschreibung des Richteramtes Kohlberg im Salbuch Ottos des Erlauchten, Herzog von Bayern
1634	Durchziehende Truppen stecken Kohlberg in Brand
1875	Anschluss von Röthenbach an die Bahnlinie Weiden–Nürnberg
1916	Auflösung des 250 Jahre dauernden Simultaneums durch den Neubau der katholischen Kirche
1946	Beginn der Aufnahme von Hunderten Flüchtlingen und Vertriebenen Großgemeinde Theisseil
1972	Freiwillige Eingemeindung der Landgemeinde Hannersgrün

Einwohner: 1260

Fläche: 33,5 km²

Weiterer Ortsteil: Röthenbach

Wahrzeichen: katholische Herz-Jesu-Pfarrkirche mit 42 Meter hohem Turm

Weitere Sehenswürdigkeiten: evangelische Nikolauskirche mit Mauerbering und Torturm, neubarocke katholische Pfarrkirche Herz Jesu, Hammerschloss mit Schlosskapelle (1726) und Hammerweiher in Röthenbach, Aussichtspunkt bei der Dreifaltigkeit auf dem Kohlbühl (588)

Weltkrieges wuchs die Einwohnerzahl der für zwei Jahre zwangsvereinigten Gemeinden Kohlberg und Hannersgrün infolge Zuzugs von Flüchtlingen auf insgesamt zweitausendzweihundert. Das war fast eine Verdoppelung gegenüber 1939. Da es kaum Bauland gab, verließen viele Flüchtlingsfamilien Kohlberg und die Siedlung Schlemm in den 50er Jahren wieder.

Im Zuge der Gebietsreform wurde zum 1. Januar 1972 die Landgemeinde Hannersgrün mit dem Weiler Thannhof in den Markt Kohlberg eingegliedert. Seit 1976 ist die Gemeinde Mitglied der Verwaltungsgemeinschaft Weiherhammer.

Sehenswert sind die beiden Kirchen von Kohlberg. Die neubarocke Kirche Herz Jesu (links) wurde während des Ersten Weltkriegs errichtet. Der Bau bedeutete gleichzeitig das Ende des Simultaneums. Die Barockzwiebel kam übrigens erst Ende der Achtzigerjahre auf den zweiundvierzig Meter hohen Turm. Wesentlich älter ist die kleine, gedrungen wirkende evangelische St.-Nikolaus-Kirche. Bis vor gut hundert Jahren befand sich beim Gotteshaus auch der Friedhof des Ortes. Eine wunderschöne Aussicht hat man vom Marterl am Kohlbühl.

Was tun, wenn das letzte Dorfwirtshaus schließt? Die Weißenbrunner wollten sich nicht in dieses Schicksal ergeben und in das Klagelied vieler anderer Orte, denen Ähnliches widerfahren ist, einstimmen, sondern „aus der Not eine Tugend machen". Mit der Ruhe im Dorf wollten und konnten sie sich nicht anfreunden. Zumindest einmal im Jahr sollte es hoch hergehen, eine rechte Gaudi geben, eine Art Kirchweih oder ein Dorffest halt. Sie riefen eine eigene Kirchweih ins Leben, quasi als Ersatz der traditionellen Wirtskirchweih.

ZUR KIRWA STATT INS WIRTSHAUS

„Johann Bertelshofer war es, der nicht lockerließ und die Jungen immer wieder ermunterte, ein Festl aufzuziehen", erinnern sich die Einwohner. Er darf daher durchaus als Ideengeber und als „Pate" der Weißenbrunner Bergkirwa bezeichnet werden. 1978 fand auf dem Gelände der Eheleute Kummer die Premiere statt. Nur

einen Tag sollte das Fest dauern, doch „Kommissar Zufall" spielte in die Karten. Die „Etzenrichter Blaskapelle" hatte riesig Spaß mit dem Publikum und verlängerte diesen Event spontan, beschloss auch, am Montag noch einmal aufzuspielen. Zunächst fand alles im Freien statt. Später im Zelt, und dann wurde die Kirwa in die Maschinenhalle verlegt. Improvisation wurde und wird großgeschrieben: Die Bar, zwischendurch in einer benachbarten Garage untergebracht, wanderte in den ehemaligen Schafstall. Auch beim Programm ließen sich die Kirwaboum und -moidln immer wieder neue Attraktionen einfallen. „Anfangs konnten die Gäste beim Bogenschießen ein Schaf gewinnen, und für Kinder wurde ein Wettschießen mit Luftgewehren angeboten", erinnern sich

die älteren Semester. Mehrere Jahre gab es auch ein Seilziehen. Dann wurden am Kirchweihsamstag beim Preisschafkopf die Karten geklopft. Mittlerweile startet die Kirwa am Sonntag mit einem Weißwurstfrühstück, Kaffee und Kuchen, Baum-Austanzen, gutem Essen, gemütlichem Beisammensein, und am Montag gibt es eine Party mit fetziger Musik für alle Junggebliebenen. Seit dem dreißigjährigen Bestehen, also 2008, ist auch das Austanzen eines Kirwabaums im Programm. 2012 wurde erstmals ein „Kirwabärtreiben" am Montagnachmittag veranstaltet. Nachdem den Jungen das Fest immer noch zu kurz war, gibt es zusätzlich eine Fete, bei der die Kirwa eingegraben wird, natürlich nur, um sie im nächsten Jahr rechtzeitig wieder ausgraben zu können.

Anfangs war die komplette Dorfgemeinschaft der Ausrichter. Da sich alles auf dem „Bergbauernhof" abspielte, wurde die Organisation sehr schnell auf Angela und Karl Kummer übertragen. Inzwischen wird die Regie im Vorfeld federführend von Tochter Ulrike geführt. Und mit den Söhnen Jürgen, Johannes und Matthias sowie deren Frauen beziehungsweise Freundinnen, die bereits fließig mit anpacken, steht die nächste Generation schon Gewehr bei Fuß.

Rudi Walberer

Vor dem Tanz holen die Kirwaburschen ihre Moidln mit dem Traktor und einem geschmückten Leiterwagen ab (oben). Dann wird der Kirwabaum ausgetanzt (unten).

LEUCHTENBERG – LANDGRAFENORT

Egal, aus welcher Himmelsrichtung man sich der Gemeinde nähert, von überall grüßt die Ruine auf dem fünfhundertzweiundsiebzig Meter hohen Burgberg ins Land. Die mächtigen, trutzigen Mauern lassen noch erahnen, wie berühmt und mächtig die Leute, die darin wohnten, einst waren. Der Name „Herren von Lukenberge" taucht um das Jahr 1100 erstmals in der Geschichte auf. Was vor dieser Zeit sich im Gebiet von Leuchtenberg abspielte, wer dort herrschte, wer die Burg baute, ist urkundlich nicht nachzuweisen. Alle Annahmen über Vorgänger des Geschlechts der Leuchtenberger können ihre Richtigkeit haben, aber es finden sich bis heute diesbezüglich keine exakten Beweise.

Auch wann sich die ersten Siedler dort niedergelassen haben, weiß niemand. Davon berichtet ebenfalls keine Urkunde oder sonstige Geschichtsquelle. Es waren wohl Huf- und Wagenschmiede, Schreiner, Sattler, Schneider und andere Handwerker, die sich am sonnigen Südhang dem Schutze der Burgherren anvertrauten.

Dass 1124 durch Otto den Heiligen von Bamberg auf Bitte des edlen Gebhard von Waldeck-Leuchtenberg eine Kirche einge-

weiht wurde, beweist, dass die Umgebung mit Lückenrieth, Lerau, Ringelbrunnen, Steinach und Wieselrieth bereits besiedelt war. Erst im zweiten Leuchtenberger Lehenbuch um 1400 stößt man auf Namen von Grundstückspächtern. Die Landgrafen, welche die Burg aus Uranfängen einer Befestigungsanlage erbaut und immer wieder erweitert haben, kehrten der Burg als Wohnsitz bald den Rücken. Sie zogen 1322 aus dem kalten Gemäuer aus und bezogen im größten Ort ihres Herrschaftsbereiches, in Pfreimd, eine angenehmere Residenz. Im Schloss selbst saßen von da

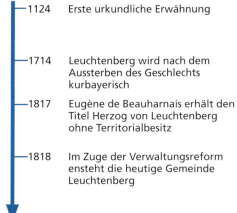

Einwohner: 1260

Fläche: 32,4 km²

Ortsteile: Bernrieth, Burgmühle, Döllnitz, Hermannsberg, Kleinpoppenhof, Kleßberg, Lerau, Lückenrieth, Michldorf, Preppach, Sargmühle, Schmelzmühle, Schönmühle, Steinach, Unternankau, Wieselrieth und Wittschau

Wahrzeichen: Burgruine

Sehenswürdigkeiten: Lerautal, Pfreimdtal, Luhetal, Teufels Butterfass bei Burgmühle (Granitformation)

1124	Erste urkundliche Erwähnung
1714	Leuchtenberg wird nach dem Aussterben des Geschlechts kurbayerisch
1817	Eugène de Beauharnais erhält den Titel Herzog von Leuchtenberg ohne Territorialbesitz
1818	Im Zuge der Verwaltungsreform ensteht die heutige Gemeinde Leuchtenberg

an nur noch adelige Pfleger und Landrichter, welche die Geschäfte ihrer Herren verwalteten und den Einwohnern des Ortes Schutz boten. Der Dreißigjährige Krieg brachte Not und Elend über die ganze Landgrafschaft. Eine Verarmung von Adel und Volk war die Folge.

Als Letzter seines ruhmreichen Stammes verstarb Maximilian Adam von Leuchtenberg im Jahre 1646 in Nördlingen, körperlich und seelisch gebrochen. Im Jahre 1902 übernahm der bayerische Staat die Burg und baute den eingestürzten Bergfried wieder auf, wenn auch um sechs Meter niedriger.

Ein beeindruckendes Naturdenkmal ist der Helle Stein bei Steinach (oben). Eine natürlich ausgeformte Vertiefung nährt die Geschichte, dass es sich bei dieser Stelle um einen alte Opferstätte handeln könnte. Der Helle Stein ist eines der südlichsten Vorkommen von Leuchtenberger Granit, der sich an Farbe und Körnung deutlich von den Graniten im südlich anschließenden Naabgebirge und im Bayerischen Wald unterscheidet. Leuchtenberg ist auch Station auf dem Goldsteig, dem längsten Top-Trail of Germany. Dieser Prädikatswanderweg verbindet Marktredwitz mit der Dreiflüssestadt Passau.

Die Ritter und Burgfräulein sind doch schon alle gestorben, warum bist du noch da? Mit großen Augen sieht ein achtjähriger Junge Rita Lingl an und wartet auf die Antwort. „Das war bei einer Kinderführung", schmunzelt Rita Lingl. Burgfräulein sei sie keines, schon eher die Frau in der Burg, hat sie geantwortet. Offiziell wird sie Burgwartin genannt, ein Amt, zu dem sie 1998 kam. „Wie die Jungfrau zum Kind", erinnert sie sich.

Damals gab es schon drei Jahre keinen Burgwart mehr, und die Landgrafenfestung war für Besucher geschlossen. In der Zeitung „Der neue Tag" stand, dass die Marktgemeinde dringend eine Burgwartin oder einen Burgwart sucht. Ihr Mann Franz stammt aus Lückenrieth, einem kleinen Ort, der einen Kilometer unter der Burg liegt, und hatte somit Bezug zum alten Gemäuer. Ganz im Gegensatz zu seiner Frau. Sie stammt nämlich aus Kleinschwand. „Das gehört zur Marktgemeinde Tännesberg", erklärt Rita Lingl. Beide wohnen heute im Leuchtenberger Ortsteil Klein-

poppenhof. „Wir machen das, sagte der Franz, und dann war's auch schon geschehen", erzählt sie. Am 1. April 1998 sperrte sie die Burg erstmals auf für Besucher und wusste über das Gemäuer und sein Innenleben „rein gar nichts".

DIE FRAU MIT DEM SCHLÜSSEL

„Geschichten und Sagen", aus diesem Buch las sie sich ein wenig Grundwissen an, zum Beispiel über die Gräfin, die wegen ihres losen Mundwerks auf dem Folterigel zu Tode gequält worden ist, oder die Grafentochter, die eingemauert worden ist, weil sie sich einem Knappen hingegeben haben soll, oder über den Liebhaber, der beim Kalten Baum hinge-

richtet worden sein soll. „Je mehr ich las, desto mehr faszinierte mich die Burg, und ich suchte alles, was irgendwie aufzutreiben war", erzählt Lingl. Sie fuhr ins Staatsarchiv nach Amberg und auch ans Landesamt für Denkmalpflege in München und bekam dort viele Informationen und Material. Ein Teil daraus findet sich in einer Ausstellung in der Burgkapelle wieder. „Die war so leer, und darum habe ich diese mit Bildmaterial und Grundrissen sowie alten Ansichten von der Burg ausstaffiert." Eine Ritterrüstung hinter Glas durfte auch nicht fehlen.

Ihre Vision von der „belebten Burg" drohte aber manchmal an der Bürokratie oder an Vorschriften zu scheitern. Trotzdem gibt sie sich nicht damit zufrieden, Eintritt zu kassieren und Führungen für die rund sechstausend Besucher zu organisieren. Lingl richtet Kinderrallyes aus, macht Gruselführungen an Halloween. „Kindergeburtstage mit Schatzsuche in der Burg sind ein Renner."

Rita Lingl, seit 2003 Vorsitzende des Fördervereins Burg Leuchtenberg, stellt in den Sommermonaten mit den Fördervereinsmitgliedern einmal im Monat das Leben in der Burg so gut wie machbar nach. Da laufen dann Tiere rum, Ritterspiele sind im Gange, eine Rittertafel ist aufgebaut und vieles mehr. Auch eine Burgweihnacht gibt es mittlerweile. Sie lockt rund dreitausend Besucher an einem Adventssonntag an.

Was macht sie an Regentagen, an denen kein einziger Besucher auf die Burg kommt? Sauber machen, Hecken zuschneiden, wenn's nötig ist, die Burganlage mähen oder auch mal ganz ruhig im Kassenhäuschen sitzen und etwas lesen – natürlich über die Burg.

Ernst Frischholz

Rita Lingl ist die Burgwartin der Burgruine Leuchtenberg: eine Aufgabe, in der sie voll aufgeht. Der Renner sind Kindergeburtstage im historischen Gemäuer. Natürlich gibt es dabei auch eine Schatzsuche.

LUHE-WILDENAU – LEBEN AM FLUSS

Der Markt Luhe-Wildenau wurde im Jahr 1978 aus dem Markt Luhe und den Gemeinden Oberwildenau und Neudorf bei Luhe gebildet. Um 905 wurde Luhe erstmals urkundlich erwähnt. Schon um 1270 wurde dem Ort am Zusammenfluss von Haidenaab und Waldnaab von den Wittelsbachern das Marktrecht verliehen. Die Freiheiten wurden 1331 von Kaiser Ludwig dem Bayer bestätigt. Den Luher Bürgern war erlaubt, jährlich zwei Jahrmärkte und wöchentlich einen Markttag abzuhalten. Damit sollten die Einwohner die gleichen Rechte und Freiheiten haben wie die der Reichsstadt Weiden. Das

Dokument beinhaltete zudem die Verleihung der eigenen Gerichtsbarkeit. Diese umfasste die „alltägliche" Rechtsprechung – meist Familien-, Nachbarschafts- und Erbstreitigkeiten – und die Halsgerichtsbarkeit. Heute erinnern noch der Flurname Galgenberg, das ehemalige Richterhaus, der Pranger und das spätmittelalterliche Granitschwertrelief am alten Rathausturm an die Zeit der Luher Rechtsprechung.

Sehenswert ist der gewachsene historische Marktplatz. Seinen Abschluss bilden das alte Rathaus mit dem um 1890 angebauten ehemaligen Schultrakt und im

600 v. Chr.	Anlage eines Hügelgrabes bei Neumaierhof
905	Erste urkundliche Erwähnung von Luhe
um 1270	Verleihung des Marktrechts
1300	Erste urkundliche Erwähnung von Wildenau
1928	Großteil des Marktes brennt ab
1978	Aus 14 Ortsteilen wird der Markt Luhe-Wildenau gebildet

Südwesten die Pfarrkirche St. Martin mit befestigtem Umgriff. Im 14. Jahrhundert war Luhe Dekanatssitz; großer Grundbesitz, zum Teil aus Stiftungen, machte die Pfarrei reich.

Die heutige prächtige Rokokoausstattung der Kirche aus den Jahren um 1730 gibt davon Zeugnis. Auch der ehemalige Pfarrhof, 1790 durch einen Brand verwüstet und nach den Plänen des Waldsassener Baumeisters Frater Muttone wieder aufgebaut, zeugt vom Ertragsreichtum der ausgedehnten Besitzungen.

Einwohner: 3380

Fläche: 38,7 km²

Ortsteile: Luhe, Oberwildenau, Neudorf, Forsthof, Gelpertsricht, Glaubenwies, Grünau, Haselhöhe, Meisthof, Neumaierhof, Schwanhof, Seibertshof, Sperlhammer, Unterwildenau

Wahrzeichen: Golfplatz Schwanhof

Weitere Sehenswürdigkeiten: Barock-/Rokokopfarrkirche St. Martin, Wallfahrtskirche St. Nikolaus am Koppelberg, Kirche St. Barbara in Neudorf, Hammerschlossanlage in Unterwildenau, Philipp Muttone-Pfarrhof in Luhe, historischer Marktplatz mit Altem Rat- und Schulhaus in Luhe, mit Husturm, Granitschwertrelief und Pranger, Altes Richterhaus

Auch Bootsfahrer auf der Naab grüßt der Turm der Pfarrkirche St. Martin (oben). Mit dem idyllisch gelegenen Golfplatz Schwanhof hat die Marktgemeinde eine besondere Attraktion zu bieten (Mitte). An der Nikolauskirche auf dem Koppelberg (unten links) lebte mit Frater Arsenius Graf bis zum Jahr 1935 ein Einsiedler. Zwei Geschichtssäulen weisen in Luhe am Marktplatz auf die ehemaligen Tore und die ungemeine reiche Geschichte des Ortes hin. Das Bild unten zeigt die Stele vor dem ehemaligen Webertor. Gestaltet hat das Kunstwerk Bildhauer Max Fischer aus Neustadt a. d. Waldnaab.

JEDES JAHR ZUR SCHWARZEN MADONNA

Bei der Frage nach dem besten Pilgerwetter muss Bernhard Meiler nicht lange nachdenken: „Etwas Sonne, aber nicht zu heiß und nicht zu kalt." Und auf gar keinen Fall Regen. Schließlich sollen die Wallfahrer nicht durchnässt ankommen und krank werden. Der Marienverehrer aus Luhe-Wildenau managt alljährlich die größte Fußwallfahrt Deutschlands, nämlich die von Regensburg zur Schwarzen Madonna nach Altötting. Rund viertausendfünfhundert Gläubige waren es zuletzt beim Abmarsch in Regensburg. Bei der Ankunft in Altötting war der Zug dann auf fast zehntausend Menschen angewachsen. Der Weg führt auf hundertelf Kilometern zum Gnadenort. „Die Wallfahrt beginnt traditionell in der Kirche St. Albertus Magnus in Regensburg", erzählt der Wallfahrtsführer. Die erste Tagesetappe führt dann über achtunddreißig Kilometer von Regensburg nach Mengkofen (Landkreis Dingolfing-Landau). Als nächstes steht die mit fünfzig Kilometern längste Tagestour nach Massing (Landkreis Rottal-Inn) auf dem Plan. Am dritten Tag werden nur noch dreiundzwanzig Kilometer zurückgelegt. Meiler: „Am Ziel, in Altötting, hat der Zug dann oft eine Länge von etwa drei Kilometern."

Seit 1830 machen sich die Pilger schon auf den Weg. Jedes Jahr. Selbst während des Dritten Reichs wurde gepilgert. Los geht es immer am Donnerstag vor Pfingsten. Abmarsch ist teilweise um drei Uhr in der Nacht. „In den Tagen unseres Unterwegsseins sind wir Kirche, so wie sie sein soll: voller Bewegung, Lebendigkeit, Vielfalt

und Glauben, mit einem einzigen, gemeinsamen Ziel. Die Gemeinschaft mit Gott, die wir spüren dürfen, wenn wir in der Basilika von Altötting unsere große Eucharistie feiern", schwärmt der Pilgerführer von der einzigartigen Atmosphäre. Durch einen Postkollegen ging er vor über dreißig Jahren erstmals mit und war sofort begeistert. Seitdem hat er keine Wallfahrt verpasst und war auch gerne bereit, sich 1997 bei der Generalversammlung im Schwarzenfelder Jugendheim in das Amt des Pilgerführers wählen zu lassen, als ein Nachfolger für Josef Gietl gesucht wurde. „Wenn einem was gefällt, dann engagiert man sich auch dafür." Der Pilgerzug ist eine gewaltige Aufgabe, die viel Zeit in Anspruch nimmt. Bis zu achttausend Übernachtungen gilt es vorzubereiten.

Jeden Abend müssen die Pilger in rund ein Dutzend verschiedene Orte gebracht werden. Omnibusse und eine Armada von Begleitfahrzeugen sind im Einsatz. Auch rund ein Dutzend Sanitätsfahrzeuge, zwei Rettungswagen, sechzig Rotkreuzhelfer und vier Ärzte sind immer dabei.

Herausragende Dinge hat der Postbeamte schon viele erlebt. Unvergessen ist ihm zum Beispiel das Jahr 2001, als der heutige Papst, Joseph Ratzinger, als Kardinal die Gläubigen in Altötting empfangen hat. Oder die 175. Jubiläumswallfahrt 2004, bei der am Schluss zirka zehntausend Gläubige gemeinsam unterwegs waren. Und natürlich 2006, als er zweimal Papst Benedikt XVI. entgegentreten durfte. Beim Gottesdienst in Altötting überreichte er vor sechzigtausend Gläubigen für alle Wallfahrer einen Ehrenpilgerstab. „Ja, wunderbar. Des san ja die Regensburger", antwortete Papst Benedikt XVI. in schönstem Dialekt.

Wolfgang Benkhardt/Martin Staffe

> *Bernhard Meiler mit dem Pilgerkreuz der Altötting-Wallfahrt. Seit 1997 kümmert er sich als Pilgerführer um die Organisation der größten Fußwallfahrt Deutschlands, die er in dreißig Jahren kein einziges Mal versäumt hat.*

163

MANTEL – HEIMAT DER „BUTZLKOUH"

Seltsame Ortsnamen gibt es in der Oberpfalz eine ganze Menge. Einer davon lautet Mantel. Eine Sage berichtet, dass dort einst eine Räuberbande beim Teilen der Beute auf dem Mantel des Hauptmanns überrascht worden sei.

Die Legende erscheint auf den ersten Blick plausibel, lag der Ort doch mitten im Wald an einer alten Handelsstraße, die von Nürnberg über Sulzbach und Weiden nach Böhmen führte. Und das Wappen des Ortes zeigt einen silbernen Mantel mit abflatternden Bändern an einem blauem Kragen. Trotzdem ist diese Geschichte wohl nur eine Legende. Viel wahrscheinlicher ist es, dass der Ortsname, der seit dem 14. Jahrhundert überliefert ist, auf den mittelhochdeutschen Namen eines Baumes zurückzuführen ist. Die Bezeichnung „Mantel" stand für Föhre beziehungsweise Kiefer. Und davon gibt es hier eine ganze Menge. Der Boden ist hier im Tal der Haidenaab stark kieshaltig. Auf dem wasserdurchlässigen, nährstoffarmen Untergrund hat die anspruchslose Kiefer gegenüber anderen Bäumen Standortvorteile.

Die lichten Wälder sind ein wichtiger Lebensraum für seltene Tiere und Pflanzen, wie den vom Aussterben bedrohten Ziegenmelker oder die Waldfledermaus. Wer sich näher für die ungewöhnliche Flora und Fauna interessiert, für den gibt es beim Waldforum Rupprechtsreuth einen Lehrpfad, der in die Geheimnisse des Forstgebiets einführt. Dieser Walderlebnispfad war einer der ersten im Naturpark Nördlicher Oberpfälzer Wald. Und er kam so gut an, dass das dafür kreierte Männchen „Butzlkouh" – ein Oberpfälzer Ausdruck für Kiefernzapfen – mittlerweile das Maskottchen des gesamten Naturparks ist. Eine Besonderheit dieser „grünen Lunge" ist es, dass es hier kaum große Steigungen gibt.

1212	Erste urkundliche Erwähnung in einer Urkunde König Friedrichs II.
1332	Erster Beleg für die Pfarrei Mantel
1654	Erhebung zum Markt
1801	Ein Großbrand zerstört über siebzig Häuser
1972	Eingliederung von Steinfels bei der ersten Phase der Gebietsreform
1980	Mantel erhält nach 20 Jahren Zugehörigkeit zur VG Weiherhammer wieder volle Selbstständigkeit

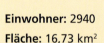

Einwohner: 2940

Fläche: 16,73 km²

Ortsteile: Rupprechtsreuth, Steinfels, Kellerhaus, Turnhallesiedlung, Kalkhäusl, Rupprechtsreuther Mühle

Sehenswürdigkeiten: St.-Moritz-Kirche, katholische und evangelische St.-Peter-und-Paul-Kirchen, Schloss Steinfels mit Mariä-Himmelfahrt-Kapelle, Schloss Rupprechtsreuth mit Barbara-Kapelle

Das macht den Manteler Wald nicht nur zu einem Geheimtipp für Wanderer und Spaziergänger, sondern lockt auch Scharen von Radfahrern an. Beliebte Ziele sind ein Waldspielplatz mit Waldforum und ein Turnpfad. Auch einen speziellen Wanderweg für Rollstuhlfahrer gibt es.

2012 feierte Mantel achthundertjähriges Bestehen. Unter der Bezeichnung „Mandtel" ist der Ort am 26. September 1212 erstmals in einer Urkunde Kaiser Friedrichs II. (damals noch deutscher König) erwähnt. Die Erhebung zum Markt erfolgte rund vierhundert Jahre später, genau 1654.

Malerisch spiegelt sich der Turm der St.-Moritz-Kirche in der Haidenaab. Der Ort hat eine der schönsten Büchereien im ganzen Landkreis. Ein Erlebnis sind die Feste beim idyllischen Waldforum nahe Rupprechtsreuth.

RÄUBER-HAUPTMANN TROGLAUER

Der Sage nach verdankt der Markt Mantel seinen Namen einem Räuber, der eben dieses Kleidungsstück ausbreitete, um darauf die Beute aufzuteilen. Eine seltsame Ironie des Schicksals ist es, dass im 18. Jahrhundert wirklich ein Räuberhauptmann, der aus Mantel stammte, Angst und Schrecken in ganz Nordbayern verbreitet hat. Seine Geschichte ist durchaus vergleichbar mit der des berühmten Schinderhannes oder des Bayerischen Hiasl, sodass sich mit der Lebensgeschichte des berühmt-berüchtigten Sohnes des Marktes leicht ein ganzes Buch füllen ließ. Der Bösewicht hieß Franz Troglauer. Seine abenteuerliche Lebensgeschichte liest sich für uns heute wie ein Roman.

Der Manteler Franz Troglauer war im 18. Jahrhundert ein weit und breit gefürchteter Räuber. Auf dem Bild oben ist Alfons Lebegern in diese Rolle geschlüpft. Troglauer war kein Kind von Traurigkeit. Durchaus möglich, dass er mit seinen Kumpanen auch im Gasthof „Zur Post" in Mantel gezecht hat (rechts). Den gab es nämlich bereits zur Zeit Troglauers. Bis weit ins 19. Jahrhundert hieß das Wirtshaus „Zum Hirschen".

Geboren wurde Troglauer am 8. Juli 1754. Der Parksteiner Landrichter spricht später davon, dass Troglauer schon in seiner Jugend ein Dieb und Räuber gewesen sein soll. Mit gut dreißig Jahren, im Jahr 1786, saß er zum ersten Mal im Amberger Zuchthaus ein. Nach zwei weiteren Arresten schloss er sich mit einigen Brüdern und Schwestern der später sogenannten „Großen Fränkischen Diebes- und Räuberbande" an. In dieser über hundertachtzigköpfigen Bande brachte er es schnell zum Rädelsführer. Bei einem Diebstahl in Bamberg entwendete die Bande Beute im Wert von zwölftausend Gulden, darunter auch der Bischofsstab des Weihbischofs. 1796/97 saß Troglauer wegen eines Pferdediebstahls in Untersuchungshaft in Vilseck. Diese Stadt war eine bambergische Enklave in bayerischem Gebiet. Obwohl man ihn hier ursprünglich zu ewigem Kerker verurteilen wollte, begnügte man sich damit, ihn an den Pranger zu stellen und danach des Landes zu verweisen. Als die „Große Fränkische Diebes- und Räuberbande" 1798 durch Verrat aufflog und viele Bandenmitglieder verhaftet wurden, musste Troglauer quer durch Bayern flüchten. In Regensburg wurde er gefasst, konnte jedoch bei einem Gefangenentransport in Stadtamhof fliehen. Einige Wochen später wurde er in Straubing inhaftiert, konnte aber auch von dort entkommen. Schließlich scharte er einige Kumpane um sich und gründete eine eigene kleine Räuberbande.

Von 1799 bis Dezember 1800 trieb Troglauer mit seinen Kumpanen in der gesamten Oberpfalz und in Franken sein Unwesen. Als er nicht mehr viel zu verlieren hatte, wollte er aus Rache für frühere Verhaftungen den Landrichter Georg von Grafenstein auf Parkstein ermorden. Die Regierung in Amberg setzte hundert Gulden Belohnung für denjenigen aus, der Franz Troglauer gefangen nahm. Trotzdem wagte es niemand, gegen diese Räuber, die auch in viele Kirchen einbrachen und sich von Wilderei ernährten, öffentlich vorzugehen. Im Dezember 1800 gelang es schließlich einem Gerichtsdiener in Freystadt bei Neumarkt, Troglauer festzunehmen. Von dort wurde er nach Amberg transportiert, wo man ihm den Prozess machte. Am 6. Mai 1801 endete sein Leben am Galgen in Amberg.

Über zweihundert Jahre nach seinem Tod tut man sich mit einer Beurteilung dieses Räubers schwer. War er eher einfacher Krimineller oder doch eine Art Sozialrebell? Auch wenn die Obrigkeit hart mit ihm ins Gericht ging, kann man nicht ausschließen, dass die einfache Bevölkerung in ihm mehr sah als einen einfachen Kriminellen.

Bernhard Weigl

MOOSBACH – DIE WIES LÄSST GRÜSSEN

Der Ort Moosbach liegt am Oberlauf der Pfreimd in einer Landschaft, die früh vom Menschen erschlossen war. Zahlreiche Funde aus der Steinzeit sprechen von der Belebung durch den vorgeschichtlichen Menschen. Mit „Reginboto de Mosebach", einem Ministerialen der Grafen von Sulzbach, beginnt 1144 die geschichtliche Zeit. Moosbach wird von alters her als Markt bezeichnet und war der Hauptort des Amts Treswitz, das eine herrschaftliche Marktverfassung hatte. Bei dieser Verwaltungsform wurden Bürgermeister und Räte aus allen Orten des Gerichtsbezirks gewählt, jedoch hatten Bürgermeister und Rat ihren Sitz in Moosbach, wo auch das Marktrecht ausgeübt wurde.

Das Wappen, das 1543 dem Gericht Treswitz verliehen wurde, zeigt im Schilde die Symbole von Moosbach. Das herrschaftliche Marktrecht ging 1608 auf den Ort Moosbach über, wodurch dieser als wirtschaftlicher Mittelpunkt gestärkt wurde. Das Zunftwesen, das schon im 16. Jahrhundert gut ausgebaut war, bewirkte eine Förderung des Handwerks, um die Mitte des 18. Jahrhunderts hatten alle Zünfte des Amts Treswitz ihren Sitz in Moosbach. Im landwirtschaftlichen Bereich nahm die

Viehzucht mit Tagesauftrieben von mehr als tausend Rindern einen bedeutenden Raum ein. Die Viehmärkte von Moosbach gehörten zu den größten der nördlichen Oberpfalz.

Die Pfarrei wird 1297 erstmals erwähnt. Das weitläufige Pfarrgebiet verringerte sich 1300 durch die Abtrennung der Filialen Böhmischbruck und Etzgersrieth.

Das Wahrzeichen des Marktes, die Wieskirche, geht auf die Bürgerstochter Elisabeth Hüttner zurück. Sie kam 1746 von

1144	Erste urkundliche Erwähnung
1552	Genehmigung der Regierung zur Gründung einer Schule aus der Stiftung der Brüder Trautwein
1608	Verleihung der Marktrechte
1748	Bau der Wieskirche
1972	Gebietsreform – die Großgemeinde Moosbach wir aus den Gemeinden Moosbach, Etzgersrieth, Tröbes, Gröbenstädt, Heumaden und Teilen von Burkhardsrieth (Isgier) gebildet

Einwohner: 2480

Fläche: 64 km²

Ortsteile: Burgtreswitz, Etzgersrieth, Gaisheim, Gebhardsreuth, Gröbenstädt, Grub, Heumaden, Isgier, Moosbach, Niederland, Ödbraunetsrieth, Ödpielmannsberg, Ragenwies, Rückersrieth, Saubersrieth und Tröbes

Wahrzeichen: Wieskirche

Weitere Sehenswürdigkeiten: Schloss Burgtreswitz und Kurpark Moosbach mit Minigolfplatz und Streichelzoo

einer Wallfahrt zur Wies bei Steingaden mit einer Nachbildung der Figur vom Geißelten Heiland zurück und stellte sie in einer Feldkapelle auf. Das war der Beginn einer Wallfahrt. Bald musste die Kapelle um einen hölzernen Anbau vergrößert werden. Da die Zahl der Pilger weiter zunahm, wurde 1748 der Grundstein für eine Kirche gelegt. Am 21. September 1752 war das Werk vollendet. Von 1766 bis 1769 wurde noch ein Turm angebaut. Die Innenarchitektur und die Einrichtungen stammen von einheimischen Künstlern und sind teils in Barock, teils in Rokoko gestaltet. Das Gnadenbild fand in einem Gehäuse auf dem Tabernakel einen würdigen Platz.

IN BURG-TRESWITZ SPUKT ES

Viele glaubten, dass sie von allen guten Geistern verlassen seien, als die Marktgemeinde das Schloss Burgtreswitz (mitsamt einem Schlossgespenst) übernahm, um es zu sanieren. Das war im Jahr 1983. Mittlerweile ist das Denkmal nicht wiederzuerkennen. Mit Hilfe eines Fördervereins hat es sich zum kulturellen Zentrum entwickelt. Nur umgehen soll es angeblich noch immer. Über die Ursprünge der Burg Treswitz ist nichts bekannt. Möglicherweise wurde mit dem Bau durch die Grafen von Sulzbach im 12. Jahrhundert begonnen. 1304 wird mit Konrad II. von Paulsdorf der erste Pfleger genannt. Mit dem Vertrag von Pavia von 1329 kam Burg Treswitz in den Besitz der pfälzischen Wittelsbacher. Anschließend war Treswitz fast dreihundert Jahre kurpfälzisches Pflegamt. Der Richter zu Treswitz ist erstmals 1353 urkundlich nachgewiesen. 1410 ging Treswitz an Pfalzgraf Johann. 1585 wurde es ein Hochgericht und war zur Ausübung des Blutbannes berechtigt. 1594 wurden die beiden Ämter Tännesberg und Treswitz miteinander vereinigt. 1634, im Dreißigjährigen Krieg, wurde die Burg durch kaiserliche Truppen zerstört. Der Wiederaufbau dauerte Jahrzehnte. Von 1799 an war Treswitz Landrichteramt. 1809 erfolgte die Verlegung des Landgerichts nach Vohenstrauß. *Peter Garreiss*

Nach alten Erzählungen findet Matere keine Ruhe. Er soll ein strenger und gefürchteter Steuereintreiber und Gerichtsschreiber im Amt Treswitz gewesen sein. Bei den Untertanen war er gefürchtet. Ein Bauer aus Ödpielmannsberg verfluchte ihn deshalb. Matere sollte eines schlimmen Totes sterben und anschließend so viele Jahre im Grab keine Ruhe finden, so viele Gulden er den Untertanen zu unrecht aus der Tasche gezogen habe. Als er starb, soll der Teufel mit furchtbarem Gerassel in den Burghof eingefahren sein, um die Seele des Verstorbenen abzuholen, die in der Gestalt eines großen, kohlschwarzen Raben zum Fenster hinausflog. Seitdem spukt es im Schloss.

Mit dem Kurpark hat der Markt Moosbach am östlichen Ortsrand ein acht Hektar großes Erholungsgelände mit zahlreichen Attraktionen geschaffen, darunter eine Minigolfanlage und ein Streichelzoo.

NEUSTADT AM KULM – VULKANSTADT

Mit der Gebietsreform im Jahre 1972 schloss sich der Kreis wieder. Denn damals suchten die ehemaligen Gemeinden Filchendorf und Mockersdorf sowie der Weiler Scheckenhof den Anschluss an die Stadt Neustadt am Kulm. Damit wurde eine Einheit gebildet, wie sie in der Zeit der ersten urkundlichen Erwähnung rund achthundert Jahre vorher bereits bestanden hatte. Aber schon viel früher hat der Kulm die Menschen geradezu magisch angezogen. Dies beweisen archäologische Funde, die bis in die Hallstattzeit (800–450 v. Chr.) zurückreichen. Kelten, Narisker, Hermonduren, Thüringer und schließlich die Slawen lebten hier bereits. Um die Jahrtausendwende entstanden die heute bekannten Siedlungen.

Im Jahre 1281 verkaufte Landgraf Friedrich von Leuchtenberg, dessen Vorfahren 1119 unter anderem die Reichsfeste Rauher Kulm als Reichslehen bekommen hatten, den Besitz mit den Dörfern Filchendorf, Scheckenhof, Speichersdorf, Wirbenz und Mockersdorf an den Burggrafen Friedrich von Nürnberg. Die Burggrafen erbauten auch die Stadt zwischen den beiden Kulmen, planmäßig wie auf dem Reißbrett. Kaiser Karl IV. stellte im Jahr 1370 dazu die Erlaubnisurkunde aus. Der mit Mauern, Er-

kern und Türmen befestigten Stadt wurde 1427 sogar das Halsgericht zugestanden. Vier Jahre vorher hatten Karmelitermönche hier ein Kloster mit Kirche errichtet, deren gotische Außenfassade im Chorraum noch heute an die Gründungszeit erinnert.

Mit der Reformation wurde Neustadt nach dem Grundsatz „eius regio, cuius religio" mit den Burggrafen 1527 protestantisch. Beim Bundesständischen Krieg 1554 wurden die beiden Burgen auf dem Rauhen und Schlechten Kulm monatelang ausgehungert und völlig zerstört. Seitdem verwalteten die Amtsleute der Markgrafen

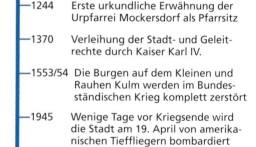

Einwohner: 1230

Fläche: 20 km²

Ortsteile: Filchendorf, Mockersdorf, Scheckenhof, Firkenhof, Tremau, Lämmershof, Neumühle, Baumgartenhof

Wahrzeichen: Rauher Kulm

Sehenswürdigkeiten: Rauher Kulm mit Aussichtsturm und Blockschuttfeld, Kleiner Kulm, Stadtkirche mit Fresken, Friedhofskirche mit Purucker-Orgel, Rokoko-Pfarrkirche in Mockersdorf

1119	Erste urkundliche Erwähnung der Burg auf dem Rauhen Kulm
1244	Erste urkundliche Erwähnung der Urpfarrei Mockersdorf als Pfarrsitz
1370	Verleihung der Stadt- und Geleitrechte durch Kaiser Karl IV.
1553/54	Die Burgen auf dem Kleinen und Rauhen Kulm werden im Bundesständischen Krieg komplett zerstört
1945	Wenige Tage vor Kriegsende wird die Stadt am 19. April von amerikanischen Tieffliegern bombardiert
1972	Mockersdorf, Filchendorf und Scheckenhof kommen bei der Gebietsreform zur Stadt

von der Stadt aus das umliegende Land. Der Dreißigjährige Krieg, besonders das Jahr 1634, brachte eine fast völlige Zerstörung und circa zweihundertfünfzig Pesttote. Mit der Einverleibung nach Bayern im Jahre 1803 verlor die Stadt sämtliche Ämter. Große Brände von 1833 und 1846 brachten viel Not für die Bürger. Der letzte große Schicksalsschlag traf Neustadt am 19. April 1945, als zwischen 9 und 10 Uhr amerikanische Bombenflugzeuge aufkreuzten und über sechzig Gebäude, Häuser und Städel zerstörten. Dies war das Ende des bis dahin fast noch vollständig erhaltenen historischen Stadtbildes mit spätgotischem Stadttor und dem Rathaus von 1654.

Mittelpunkt der Stadt Neustadt am Kulm ist der Stadtplatz (unten), auf dem man sich Anfang November zum Kirwa-Aussingen trifft (oben). Die jungen Leute haben dabei auch ihre eigene Hymne, die da lautet: „Prost, Brüder und Schwestern zwischen den Kulmen ..."

Der Rauhe Kulm ist eines der schönsten Ausflugsziele im Landkreis. Das Blockschutt-feld in Gipfelnähe (rechts) ist aufgrund des ungewöhnlichen Kleinklimas ein Lebens-raum für seltene Tiere und Pflanzen. Vom Turm hat man einen traumhaften Blick über das Oberpfälzer Hügelland. Auch der Kleine Kulm ist einen Besuch wert. Der kleine Bru-der wird von Ziegen beweidet. Aus dem Abtrieb der „Goißn" machten die Kulmstädter zuletzt ein richtiges Fest.

NEUSTADT/WALDNAAB – KREISSTADT

Es ist ein unendlich Kreuz, Glas zu machen, so steht über der Tür des Neustädter Stadtmuseums geschrieben. Gerne würden die Einwohner dieses Kreuz noch einmal auf sich nehmen. Doch die Glasöfen der drei großen Bleikristallfirmen F. X. Nachtmann, Tritschler, Winderhalder

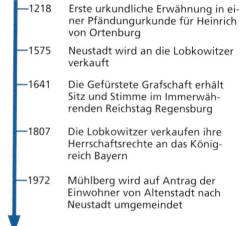

Einwohner: 5810

Fläche: 10 km²

Ortsteile: Mühlberg

Wahrzeichen: Lobkowitz-Schlösser, Pfarrkirche St. Georg

Weitere Sehenswürdigkeiten: Stadtplatz, Stadtmuseum, Felixkirche

& Co. sowie Schrenk & Co. sind erloschen. Geblieben sind das Attribut „Stadt des Bleikristalls" und die mundgeblasenen und handgeschliffenen zerbrechlichen Kostbarkeiten in vielen Haushalten und im Stadtmuseum.

Wahrzeichen des Ortes ist der unter Denkmalschutz stehende Stadtplatz mit seinen farbenfrohen mittelalterlichen Hausfassaden, mit Rathaus, Pfarrkirche St. Georg und den beiden Schlössern der Lobkowitzer. Auf das böhmische Adelsgeschlecht,

das früher darin residierte, lassen die Neustädter übrigens nichts kommen. Hatten die böhmischen Regenten Neustadt doch sogar zur Gefürsteten Grafschaft mit Sitz im Immerwährenden Reichstag zu Regensburg gemacht.

Die katholische Stadtpfarrkirche St. Georg war damals fürstliche Hofkirche und diente zeitweilig auch als Grablege des Fürstenhauses. Das Hochaltarbild stammt vom Neustädter Maler Thaddäus Rabusky (1776 bis 1862), einem großen Sohn der Stadt. Ein anderer Großer war der am Stadtplatz geborene Komponist Franz Gleißner (1761 bis 1818). Auch die Vorfahren des bekannten Komponisten Christoph Willibald Ritter von Gluck (1714 bis 1787) waren alteingesessene Neustädter Bürger.

Als Ort an der Goldenen Straße, die einst Nürnberg mit Prag verband, hat Neustadt schon viele prominente Reisende gesehen. Einer davon war Kaiser Karl IV., der bei einer Schenkung von zehn Huben Holz, das sind rund fünfzig Tagwerk Wald, nach damaligem Brauch am 1. August 1354 seinen linken Handschuh als Faustpfad in der Stadt zurückließ. Das wertvolle Stück kann im Stadtmuseum bestaunt werden. Auf einem Gneisrücken erbaut, ist die gute

1218	Erste urkundliche Erwähnung in einer Pfändungurkunde für Heinrich von Ortenburg
1575	Neustadt wird an die Lobkowitzer verkauft
1641	Die Gefürstete Grafschaft erhält Sitz und Stimme im Immerwährenden Reichstag Regensburg
1807	Die Lobkowitzer verkaufen ihre Herrschaftsrechte an das Königreich Bayern
1972	Mühlberg wird auf Antrag der Einwohner von Altenstadt nach Neustadt umgemeindet

Stube mit gerade einmal dreiundvierzig Hausnummern sehr überschaubar. Aber genau das macht den besonderen Charme der kleinsten Kreisstadt Bayerns aus, in der man sich noch kennt, miteinander im Wirtshaus politisiert und den Hut vor seinem Nachbarn zieht.

Weit und breit bekannt ist die Neustädter Dotsch-Kirwa, die alljährlich im November gefeiert wird. Beim Dotsch, der hier in großen Mengen verdrückt wird, handelt es sich übrigens nicht um Kartoffelpuffer, sondern um köstliche, mit allerlei Naschwerk belegte Schmierkuchen.

Auch wenn mittlerweile alle Glaswannen erloschen sind, bleibt Neustadt a. d. Waldnaab doch die Stadt des Bleikristalls. Blickfang im Stadtmuseum ist eine einzigartige Goldrubin-Überfangvase. Der Glasbrunnen vor der Stadthalle (unten links) symbolisiert eine Blüte. Der Neustädter Künstler Max Fischer hat damit seiner Stadt ein Denkmal gesetzt. Ein weiterer Brunnen steht vor dem Rathaus und erinnert an die 2012 abgeschlossene Stadtplatzsanierung. Es handelt sich dabei um das Werk „Reflexion" von Erwin Otte, der damit einen Ort der Kommunikation geschaffen hat (rechts).

Wenn Richard Hallmann in seine schwarze Kutte schlüpft, dann ist bald Schluss mit lustig. Schließlich hat er als Nachtwächter für Ruhe und Ordnung zu sorgen. Dabei ist er eigentlich gar kein Kind von Traurigkeit, eher im Gegenteil. Doch Dienst ist Dienst und Schnaps ist Schnaps. Und sein Ehrenamt als Nachtwächter nimmt der Neustädter – Jahrgang 1956 – sehr ernst. Schließlich ist er nicht nur so aus Gaudi ein Mann der Nacht, sondern schon seit 1987 Mitglied der Europäischen Türmer- und Nachtwächterzunft. „Ich bin damit das einzige Gründungsmitglied in der ganzen Oberpfalz", strahlt der bärtige Neustädter.

Langsam schlurft er in der schwarzen Kutte mit der hölzernen Laterne und der Hellebarde zum nächsten Auftritt. Um die Hüfte hat er eine Schnur gebunden, an der bei jedem Schritt ein an einem Ring befestigter großer Metallschlüssel scheppert. „Die hat mir ein Kollege aus Lübeck geschmiedet, weil ich nur einen Holzschlüssel hatte", erzählt der Neustädter. Unter seinem Kinn hängt, an zwei Schnüren befestigt, ein Signalhorn, mit dem er jeden Auftritt anbläst. „Aus echtem Büffelhorn", betont der Nachtwächter. Wenn er zu singen beginnt, läuft vielen Leuten eine Gänsehaut auf. Die sonore Bassstimme geht durch Mark und Bein. „Hört, ihr Herrn, und lasst euch sagen" hallt es durch die Straßen.

„In Neustadt gab es einst bis zu vier Nachtwächter", weiß Hallmann. So hatten zum Beispiel die Freyung und der Stadtplatz eigene Bedienstete. Der Nachfolger schafft dies locker alleine. Nun ja, es gibt ja auch nicht mehr so viel zu tun wie anno dazumal, als die Kollegen „nicht von der Gasse gehen durften, ehe es Tag war, damit keine Feuersbrunst oder sonstige Gefahr übersehen werde". So steht es zumindest in der Chronik.

MANN DER NACHT AUS LEIDENSCHAFT

Dort sind auch die Namen vieler Vorgänger niedergeschrieben. Der wohl bekannteste war Oswald Hafner, der im 19. Jahrhundert lebte und auch als begnadeter Heimatdichter und Verfasser von Büchern in die Geschichte der Stadt einging. Hallmann hat Respekt vor Hafner. Bei seinen Stadtrundgängen macht der „Rich" deshalb gerne in der Fröschaustraße Station. Vor einem kleinen Haus am Fuße des Gneisrückens, auf dem die Altstadt thront, bleibt er stehen und zeigt auf eine braune Tafel, die dort mit vier Schrauben befestigt ist. Darauf steht in weißen Lettern: „Der Neustädter Heimatdichter Oswald Hafner wurde 1806 hier geboren."

„Das Schicksal spielte ihm übel mit", weiß Hallmann. Mit drei Jahren hatte Hafner bereits Mutter und Vater verloren. Er wurde von einer Witwe aufgezogen und arbeitete zuerst als Hirtbub, später als Knecht, dann in einer Ziegelei und eben als Nachtwächter. 1833 quittierte Hafner wegen der miserablen Bezahlung seinen

Richard Hallmann setzt die Tradition der Nachtwächter in der Kreisstadt fort. Zu besonderen Anlässen marschiert er durch die Straßen und Gassen der Stadt und teilt den Bürgern mit, welche Stunde die Turmuhr der Pfarrkirche St. Georg geschlagen hat.

Dienst. Hallmann kann Hafner nachfühlen. Schließlich hat auch er viel durchgemacht. Als Maurer musste er nach einem Unfall umschulen, war beim Kreisjugendring, bei der Jugendhilfe, lernte Bürokaufmann und war zuletzt als Reiseveranstalter selbstständig. Seit 2005 bezieht er Rente. Nachtwächter wollte er eigentlich nie werden. Er rannte sich zum Stadtjubiläum 1982 die Hacken ab, um mit Ludwig Fritsch die Bürgerwehr aus der Taufe zu heben. Als dann eine Truppe beisammen war, offenbarte ihm der „Fritsch-Luk" am „Bankl" vor dem Landratsamt, dass er, Hallmann, nicht mitmachen dürfe, weil er als Nachtwächter gebraucht werde. „Zuerst war ich natürlich maßlos enttäuscht", erzählt er. Doch im Nachhinein war dies für ihn ein Glücksfall. Als Nachtwächter hat er bereits so viel erlebt und so viele Länder bereist, dass er mit seinen Erlebnissen ein ganzes Buch füllen könnte. So wie einst Hafner.

Wolfgang Benkhardt

Der bedeutendste Sohn der Stadt Neustadt a. d. Waldnaab ist Franz Gleißner, der sich nicht nur einen Namen als Komponist und Münchener Hofmusiker gemacht hat, sondern auch am Ruhm von Wolfgang Amadeus Mozart ein bisschen beteiligt ist. Der Neustädter war es nämlich, der die Grundlage für das Köchelverzeichnis geschaffen und damit für eine neue Ordnung im musikalischen Nachlass des weltberühmten Musikers gesorgt hat. Zudem gilt der Komponist zahlreicher Symphonien, Messen und anderer Musikstücke als Miterfinder des lithografischen Notendrucks.

Gleißner erblickte am 6. April 1761 als „rechtmäßiger Sohn" des Leinwebers und Gärtners Johann Stephan Gleißner und seiner Frau Anna Margaretha, geb. Dozauer, das Licht der Welt. Früh wurde die musikalische Begabung erkannt. Dabei spielte wohl eine Rolle, dass Neustadt damals Residenzstadt der Lobkowitzer war, die sehr viel für Kunst und Musik übrig hatten.

Franz Gleißner wuchs nur einen Steinwurf vom Schloss entfernt, im Stadtplatzhaus mit der Nummer 29, dem heutigen Filchner-Haus, auf. Im zarten Alter von elf Jahren kam er nach Amberg an das Churfürstliche Jesuiten-Gymnasium, wo man dem begnadeten Sänger eine außerordentliche Neigung zur Musik und Dichtkunst bescheinigte. Seine erste Komposition war 1778 eine Seelenmesse auf den Tod Maximilians III. Joseph (Bayern), die leider verschollen ist. Um 1780, mit neunzehn Jahren, ging er nach München, um seine philosophischen Studien zu vollenden.

Am kurfürstlichen Seminar setzte er seine Ausbildung fort und versuchte sich in den verschiedensten Musik-Tondichtungen. Im Faberbräu in München wurden Gleißners Singspiele „Der Äpfeldieb oder der Schatzgräber" (12. Februar 1783), „Leonhard Ritt, der Bänkelsänger" (8. Mai 1785) und „Der Erntekranz" (16. Juni 1785) aufgeführt. Einen großen Erfolg feierte er mit dem Stück „Agnes Bernauerin", das zweiundzwanzigmal vor vollem Haus gespielt wurde. 1796 kam er in Kontakt mit Alois Senefelder, der mit der Lithografie Musiknoten drucken wollte. Gleißner unterstützte Senefelder finanziell und förderte ihn nach Kräften. 1796 entstand die erste Musiklithografie mit Gleißners Werk „Feldmarsch der Churpfalzbayer'schen Truppen". In der Folge gründeten die beiden Männer zusammen die Firma Gleißner & Senefelder in München.

Der Erfolg war programmiert: Kupferstich-Noten kosteten damals das Fünffache der neuen Steindruck-Noten.

NEUSTÄDTER SORGT BEI MOZART FÜR ORDNUNG

1799 erlangten Alois Senefelder und Franz Gleißner und deren Erben vom bayerischen Kurfürsten Maximilian IV. Joseph ein „Privilegium exclusivum" auf die Dauer von 15 Jahren. Ihre Steindruckerei firmierte jetzt unter dem Namen „Königliche alleinprivilegirte Steindruckerey von Aloys Senefelder, Franz Gleißner & Comp. in München". In diesem Zusammenhang traf Gleißner mit dem Offenbacher Musikverleger Johann Anton André zusammen, der Mozarts Nachlass erworben hatte. Am 28. September 1799 wurde ein Vertrag zwischen Senefelder/Gleißner und André zum „Erwerb des Geheimnisses, Noten und Bilder auf Stein zu drucken" unterzeichnet.

Ab 1799 war Gleißner für drei Jahre beim Musikverleger Johann Anton André in Offenbach als „Compositeur und Corrector" tätig. Er verfasste das erste thematische Verzeichnis von Mozarts Werken. „Mit roter Dinte" schrieb er auf die „Copien und Originalien" und auf die „Manuskripte nicht nach der Zeitfolge, sondern nach den verschiedenen Gattungen" einen Kommentar und Ordnungszahlen. Gleißners Entwurf bildet die Basis für ein Verzeichnis der Werke Mozarts durch Johann Anton André (1833) und später für das Köchelverzeichnis.

Franz Gleißner kehrte 1806 nach München zurück und wurde dort später „Königlicher Druckerey Inspector". Zwischen November 1816 und Januar 1817 wurde Gleißner zweimal vom „Schlage berührt" und „zu allen Geistes- und Körpersverrichtungen unfähig gemacht". Wenige Monate später starb er. Der Eintrag am 30. September 1818 im Totenbuch der Frauenkirche München lautet: „Franz Seraph Gleißner, Inspektor bey der Königl. Steuerkatasterkommission, gestorben 28. September früh ½ 2 an Schlagfluß, 59 Jahre." Begraben wurde er höchstwahrscheinlich auf dem Alten Münchner Südfriedhof.   *Karl-Heinz Malzer*

PARKSTEIN – LEBEN AM BASALTKEGEL

Stolz ragte einst die Burg Parkstein auf dem steilen Basaltkegel empor. Wahrscheinlich ist die mächtige Anlage, von der nur noch Mauerreste erhalten sind, um die Jahrtausendwende entstanden. Herzog Konrad (Chuono) von Bayern brannte die im Besitz von Bischof Gebhard von Regensburg, eines Halbbruders König Konrads II. des Saliers, befindliche Burg Weihnachten 1052 nieder. Die Burg war immer Reichsdomäne, wurde Ende des 11. Jahrhunderts durch Kaiser Heinrich IV. wieder aufgebaut und wechselte in der Folgezeit sehr häufig die Besitzer. So erwarb im Jahr 1188 Kaiser Friedrich I., Barbarossa, die Burg von den Erbtöchtern des letzten Sulzbacher Grafen Gebhard II. und stellte damit ein wichtiges Bindeglied zwischen der Reichsstadt Nürnberg und der Kaiserpfalz Eger her.

Im Jahr 1278 kam der erste Landrichter nach Parkstein, und mit dem Vertrag von Pavia 1329 gelangte Parkstein zum Sitz eines Landgerichts, das die Hohe Halsgerichtsbarkeit, auch Blutbann genannt, innehatte. 1339 fiel Parkstein an König Johann von Böhmen, der Ort und Burg 1340 seinem Schwager Herzog Rudolf von Sachsen pfandweise überließ und den Bewohnern die Marktrechte verlieh. 1398

baute König Wenzel von Böhmen die erste Kirche und widmete sie dem heiligen Pankratius. Ab 1401 wurde Parkstein öfter verpfändet und erlebte in der Folgezeit Höhen und Tiefen der Reichsgeschichte. 1435 erhielt Parkstein von Friedrich von Brandenburg ein eigenes Wappen nach der Sage, dass ein Mitglied einer kaiserlichen Jagdgesellschaft einen Eber bis auf den Gipfel eines Berges verfolgt und erlegt haben soll. Angetan vom herrlichen Weitblick beschloss er, an dieser Stelle eine Burg zu errichten. Im Dreißigjährigen Krieg galt die

Einwohner: 2290

Fläche: 30,8 km²

Ortsteile: Hammerles, Schwand, Niederndorf, Pinzenhof, Hagen, Frühlingshöhe, Sogritz, Neumühle, Scharlmühle, Polier, Grünthal, Berghof, Theile und Oed

Wahrzeichen: Basaltkegel

Weitere Sehenswürdigkeiten: Pfarrkirche St. Pankratius, Keller in den Vulkan, Bergkirche St. Marien zu den Vierzehn Nothelfern, Geopfad sowie historischer Rundgang mit Audioguides, Vulkanismusmuseum (ab Juli 2013)

1053	Erste urkundliche Erwähnung von Parkstein in den Aufzeichnungen der Niederalteicher Mönche
1278	Der erste Landrichter kommt nach Parkstein
1329	Parkstein wird Sitz eines Landgerichts
1759	Die Feste auf dem Parkstein wird niedergerissen und vier Jahre später im Ort das Schloss erbaut
1808	Das Landgericht wird nach Neustadt a. d. Waldnaab verlegt
1972/78	Die früheren Gemeinden Hammerles und Schwand kommen nach Parkstein

Burg als uneinnehmbar und doch nagte der Zahn der Zeit unaufhaltsam an ihr. Ein verheerender Sturm richtete im Jahr 1756 bedeutenden Schaden an. 1759 wurde begonnen, die Feste niederzureißen. Die Steine konnte man gut brauchen, und schon 1798 waren nur noch Reste von der Burg vorhanden. 1763 wurde ein neues Landgerichtsgebäude gebaut, und im Jahr 1803 entstand der neue Landgerichtsbezirk, der dem Amt Parkstein (vergleichbar mit dem heutigen Landratsamt) eine mächtige Stellung einräumte. Zum 1. Oktober 1808 erfolgte die Verlegung des Landrichteramtes nach Neustadt a. d. Waldnaab. Parkstein verlor schnell politisch an Bedeutung. .

Parkstein war lange die „Hauptstadt" der Region. Das höchste Gericht hatte auf dem Basaltkegel seinen Sitz. Die Nord-Süd-Ausdehnung dieses Landgerichts übertraf in der Blütezeit, Anfang des 19. Jahrhunderts, die Ausmaße des heutigen Großlandkreises. Von Holzhammer bei Schnaittenbach im Süden (heute Landkreis Amberg-Sulzbach) bis Thumsenreuth im Norden (heute Landkreis Tirschenreuth) reichte der Zuständigkeitsbereich des Richters. Er war für rund einunddreißigtausend Menschen und hundertfünfzig Ortschaften zuständig. Der Weidener Stadtrichter hatte damals nur die niedere Gerichtsbarkeit zu bestellen. In Halsgerichtssachen, also den schweren Fällen, führte kein Weg am Basaltkegel vorbei. Dementsprechend groß war das Entsetzen, als 1808 das plötzliche Aus für Parkstein kam. Nach den Niederschriften der Historiker war ein maßgeblicher Grund für die Entmachtung der Verkauf der Lobkowitzer-Herrschaften an das neu gebildete Königreich Bayern. Fürst Max Ferdinand von Lobkowitz machte mit dem Landgericht seiner früheren Herrschaft ein Abschiedsgeschenk, wohl als Dank für fast zweihundertfünfzigjährige treue Untergebenheit.

Achtundsechzig Landrichter hatte Parkstein bis dahin erlebt. Nicht alle entsprachen dem heutigen Bild eines gerechten Juristen. Da war zum Beispiel Friedrich de la Haye, ein französischer Rittmeister und kaiserlicher Rat, der für seine Verdienste im Dreißigjährigen Krieg im Heer Kaiser Maximilians 1640 mit dem Landrichtertitel belohnt wurde. Er kam mit Mätressen, einem französischen Koch und unehelichen Kindern, die er heimlich in einem Korb auf die Burg bringen ließ, und war für allerlei Schurkereien zu haben. 1648 wurde er deshalb seines Amts enthoben.

Positiv in Erinnerung ist hingegen der letzte Landrichter Karl Freiherr von Lichtenstern, der aufgrund eines Sprachfehlers

Ein Bildstock erinnert beim Baugebiet „Schutzengel" an die frühere Richtstätte. In das Marterl ist ein Holzrelief eingelassen, das die letzte Hinrichtung zeigt.

VON „ATN-ATN" UND MÄTRÄSSEN

als „Atn-Atn" – diese seltsamen Worte unterbrachen immer seinen Redefluss – in die Geschichtsbücher einging. Einmal soll er einem anderen Stotterer gegenübergestanden sein, der einen ähnlichen Sprachfehler hatte. Der Mann war wegen einer Erbangelegenheit zum Landrichter geladen worden. Karl Freiherr von Lichtenstern glaubte, dass er ihn verspotten wolle, und ließ den Mann wegen Beleidigung einsperren. Mit einem wollte sich der ansonsten sehr weise Richter übrigens ganz und gar nicht anfreunden: der Abschaffung der Prügelstrafe. Er wandte sie auch noch an, als das längst untersagt war.

Das letzte Todesurteil wurde am 6. August 1774 gesprochen. Johann Georg von Grafenstein verurteilte Magdalena Schmid aus Weidenberg bei Bayreuth wegen Kindsmordes zum Tod auf dem Richtblock. Viele Schaulustige verfolgten ihre Hinrichtung an der Abzweigung der Straße nach Hammerles. Ein Bildstock unter einer Linde, in Parkstein nur „Der Schutzengel" genannt,

erinnert daran. Das Schloss im Ort, das letzte Denkmal aus der Zeit der Landrichter, wurde vor dem Verfall bewahrt. Neben einem Vulkanmuseum wird dort auch das Leben der Parksteiner Landrichter beleuchtet.

Wolfgang Benkhardt

Die bekannteste Landrichtergeschichte ist aus der Zeit des Dreißigjährigen Kriegs überliefert. Im Jahre 1634 wurde die Burg von den Schweden belagert. Die Parksteiner hatten sich auf die Burg geflüchtet, und die Schweden versuchten, sie dort auszuhungern. Nach drei Monaten waren Hunger und Durst auf dem Basaltkegel so groß geworden, dass sich viele Belagerte ergeben wollten. Da griff der Landrichter zu einer List. Er ließ das letzte verbliebene Schwein durch den Burghof treiben, damit es laut quiekte, und feuerte die letzten Weizenkörner auf die Belagerer herab. Die Schweden fielen auf die Finte herein und glaubten, dass auf der Burg Essen und Trinken in Hülle und Fülle vorhanden sei, und zogen ab. Diese in alten Chroniken niedergeschriebene List, die Landrichter Georg Peter von Satzenhofen (1617–1631) zugeschrieben wird, hat allerdings einen kleinen Schönheitsfehler: Zur Zeit der Belagerung war von Satzenhofen bereits gestorben.

SCHÖNSTER BASALTKEGEL EUROPAS

Was ist über den Parkstein nicht schon alles geschrieben worden? Von „Pommes aus Stein" über eines der bedeutendsten Geotope Deutschlands bis hin zum schönsten Basaltkegel Europas reichen die Attribute dieser Sehenswürdigkeit, die achtundreißig Meter hoch mitten im Marktflecken in die Höhe wächst und vom Bergkircherl gekrönt ist. Es ist übrigens fraglich, ob der bekannte Naturforscher Alexander von Humboldt, dem letzterer Ausspruch zugeschrieben wird, den Parkstein je gesehen hat.

Ist aber im Grunde auch egal: Der Hohe Parkstein ist ein Basaltkegel von atemberaubender Schönheit, der faszinierende Blicke in die Erdgeschichte ermöglicht. Und er ist eines der beliebtesten Ausflugsziele der Oberpfalz. Wunderschön kann man dort, an der früheren Abbaukante, die Bildung der kantigen Garben, die bei der Abkühlung von Basalt entstehen, sehen. Lange ging man davon aus, dass er ebenso wie sein Bruder Rauher Kulm eine Vulkanruine sei, die nie wirklich ausgebrochen ist. Diese Theorie musste spätestens zu den Akten gelegt werden, als Wissenschaftler einen alten Keller, der in den Berg führt und wieder freigelegt worden ist, untersuchten. Einschlüsse im Basaltgestein haben bewiesen, dass der Parkstein früher wirklich Feuer und Asche gespuckt hat. Mit einem Alter von etwa zwanzig Millionen Jahren gehört der Basaltkegel übrigens zu den eher jüngeren Zeugnissen der Erdgeschichte im Landkreis.

Wolfgang Benkhardt

Die Garben des Hohen Parksteins sind im Sommer auch eine wunderschöne Kulisse für die Theateraufführungen des Basalttheaters, das dort Schauspiel unter freiem Himmel zeigt.

PIRK – ORT AN DER SALZSTRASSE

Die Gemeinde Pirk liegt direkt an der alten Handelsstraße von Magdeburg nach Wien, die als Salzstraße in die Geschichtsbücher eingegangen ist. Aufgrund der günstigen Lage in Flussnähe war das Gebiet bereits früh besiedelt. In der Bonau, dem fruchtbaren Landstreifen zwischen dem Hauptort Pirk und dem Gemeindeteil Pischeldorf, lebten schon um 500 v. Chr. Kelten. Dies beweisen prähistorische Funde, die man dort entdeckt hat.

Im 12. Jahrhundert gehörte Pirk zum Besitz des Klosters Waldsassen, später waren die mächtigen und einflussreichen Landgrafen von Leuchtenberg die Herren. Von 1646 an war das Gebiet Teil des Kurfürstentums Bayern. Die Freiherren von Riesenfeld besaßen in der Region eine offene Hofmark, deren Sitz Pirk war. Im Zuge der Verwaltungsreformen in Bayern entstand mit dem Edikt von 1818 die heutige politische Gemeinde.

Der Ort profitiert dabei von der unmittelbaren Nachbarschaft zur kreisfreien Stadt Weiden. Diese Nähe und die Nähe zum sich gut entwickelnden Aluminiumwerk in Pirkmühle hat dem Ort, der flächenmäßig zu den größten im Landkreis gehört, einen deutlichen Einwohnerzuwachs beschert.

Dem Zuzug vieler Neubürger nach dem Krieg hat der Ort auch sein Wahrzeichen zu verdanken: die Auferstehungskirche. 1964 wurde Pirk zur eigenen Pfarrei. Damit verbunden war von 1962 bis 1964 der Bau des neuen Gotteshauses mit Pfarrhaus und Jugendheim. In der Kirche, die wegen ihrer eigenwilligen, nach oben strebenden Architektur auch schon mal augenzwinkernd als „Sprungschanze" bezeichnet wird, gibt es im Altarraum ein Meister-

Einwohner: 1790

Fläche: 26,2 km²

Ortsteile: Pirk, Pirkmühle, Pirkerziegelhütte, Pischeldorf, Au, Hochdorf, Enzenrieth, Engleshof, Zeißau, Matzlesberg, Gleitsmühle

Wahrzeichen: Auferstehungskirche und Betriebsanlage der Firma Constantia Hueck Folien GmbH & Co. KG

Weitere Sehenswürdigkeiten: Marienkirche und Brauereigutshof mit Gewölbekeller in Pirk, Pauschkapelle im Enzenriether Forst, Schlössl in Enzenrieth, Dorfkapelle mit Anger und denkmalgeschützte Steinbrücke in Engleshof

1118	Erste urkundliche Erwähnung von Pirk
1748	Maria Antonia Ludmilla Federl, eine Kammerdienerin der Kaiserin Elisabeth von Österreich, errichtet in ihrem Testament eine Stiftung für die Kirche zu Pirk
1920	Gründung des Aluminiumfolienwalzwerks Hueck & Cie. durch Oskar Eduard Hueck
1972	Eingemeindung der früheren Gemeinde Enzenrieth
1978	Eingemeindung der früheren Gemeinde Engleshof

werk des Münchener Professors Franz Nagel zu sehen. Der Auferstandene erblüht in beeindruckender Pracht aus dunklen, finsteren Farben. Die zweite Kirche im Ort ist ein barockes Kleinod, das der Muttergottes geweiht ist. Mit dieser Kirche eng vebunden ist auch die Stiftung der Maria Antonia Ludmilla Federl von Pirk, Kammerdienerin der Kaiserin Elisabeth von Österreich. Maria Federl hat am 16. März 1748 in ihrem Testament die Kirche von Pirk als Universalerbin bedacht. Wunsch der Erblasserin war es, dass in Pirk ein Benefizium für einen Priester eingerichtet wird.

Seit Ende der 1990er Jahre gibt es die Pirker Zoigltour des VC Concordia Pirk. Zuletzt lockte dieser Radsportevent über tausend Teilnehmer an. Für die Radfahrer gibt es alljährlich mehrere Strecken zur Auswahl, von ganz schön schwer bis zur Familienroute.

Die Pirker Blechmusi gehört zweifellos zu den bekanntesten Botschaftern der kleinen Gemeinde. Egal, ob Starkbieranstich oder Bürgerfest, Kirwa oder Altstadtfete, wenn die Kapelle ihr Blech hervorholt, hält es kaum einen auf dem Sitz.

Dabei war es ein „Zougroaster", also ein Zugezogener, der die große Musikalität, die in den Pirkern schlummert, entdeckt und den Stein ins Rollen gebracht hat. Erwin Kiener, der im November 1972 in die Gemeinde zog, wollte bereits nach wenigen Wochen seine Idee verwirklichen, eine Blaskapelle zu gründen. Am 5. Dezember 1972 kamen zur Vorbesprechung prompt über vierzig Kinder mit ihren Eltern ins Jugendheim Pirk, wo der Musikbegeisterte sein Vorhaben erläuterte. Der Funke sprang über, die Idee zog Kreise. Erwin Kiener fand im damaligen Pfarrer Gottfried Leibl und Bürgermeister

Georg Stahl einsatzfreudige Mitstreiter. Dieses „Gründungstrio" begeisterte die jungen Leute und deren Eltern für das Vorhaben. Und so konnte noch im Dezember die Kapelle aus der Taufe gehoben werden.

Natürlich musste vor dem ersten Auftritt fleißig geprobt werden, und Instrumente und Noten sind schließlich auch nicht ganz billig. Doch die Begeisterung der Initiatoren wirkte ansteckend. Sogar der damaligen bayerische Ministerpräsident Alfons Goppel und Bezirktagspräsident Johann Pösl machten Geld für die Ausbildung der Pirker Musiker locker.

Am zweiten Weihnachtsfeiertag 1973 war es dann so weit. Fast ein Jahr nach der Gründung trat die Kapelle zum ersten Mal

PIRKER BLECHMUSI EIN EXPORT-SCHLAGER

öffentlich auf. Sie umrahmte den Weihnachtgottesdienst musikalisch. Und offensichtlich gefiel's den Leuten und auch dem Herrn Hochwürden. Denn daraus entstand eine Tradition, die bis heute beibehalten wird.

Apropos Tradition: Eine Veranstaltung mit besonderer Anziehungskraft ist in Pirk das seit 1989 veranstaltete Starkbierfest der Pirker Blaskapelle. Alljährlich im März verbreiten die Musiker in der Turnhalle der Josef-Faltenbacher-Schule beim Saisonauftakt Nockherbergstimmung. Das süffige Starkbier kommt dazu natürlich ebenfalls aus Pirk. Wozu hat man schließlich ein Brauhaus im Ort? Zumindest in dieser Beziehung ist man in Pirk autark.

Die Pirker Blechmusi sorgt dafür, dass der Name des Ortes auch außerhalb des Landkreises bekannt wird. Auch zahlenmäßig ist die Kapelle eine starke Truppe.

PLEYSTEIN – ROSENQUARZSTÄDTCHEN

Pleystein liegt inmitten eines alten Siedlungslandes, das schon in der Jungsteinzeit, so um 10 000 v. Chr., vom Menschen erschlossen war. Steinzeitliche Funde, die im Museum ausgestellt sind, belegen dies. In der geschichtlichen Zeit finden sich als Besitzer die Herren von Pleystein, ein Zweig der Familie Waldau-Waldthurn, die aus Hostau in Böhmen stammten. 1242 erfolgte die erste urkundliche Erwähnung. In der zweiten Hälfte des 13. Jahrhunderts ging Pleystein an die Landgrafen von Leuchtenberg über, welche die Entwicklung des Ortes am Rosenquarzfelsen förderten. Auf ihre Fürsprache hin erhielt Pleystein im Jahre 1331 von Kaiser Ludwig die Nürnberger Stadtrechte verliehen. Auch an der Gründung

der Pfarrei 1395 waren sie maßgeblich beteiligt. Mit den Stadtrechten war die Abhaltung eines Wochenmarktes verbunden, ebenso das Geleitrecht auf der Handelsstraße Nürnberg–Prag, die bis zum Jahr 1612 durch die Stadt führte. Dies waren die Hauptgründe für die gute wirtschaftliche Entwicklung, die schon 1391 eine Erweiterung der Stadt notwendig machte.

Als Stadt an der Grenze wurde Pleystein in früheren Jahrhunderten bei Kriegszügen fast immer in Mitleidenschaft gezogen. Im Jahre 1400 wurde sie von den pfälzischen Truppen eingenommen. Während der Hussiteneinfälle wurde sie dreimal zerstört. 1634 fielen die Truppen des Kroatenoberst Marco Corpes in die Stadt ein, plünderten

1242	Erste urkundliche Erwähnung
1331	Stadterhebung
1901	Brandkatastrophe
1957	Ernennung zum staatlich anerkannten Erholungsort
1978	Pleystein wird Sitz der Verwaltungsgemeinschaft
2006	675-Jahr-Feier der Stadt

sie und verbrannten achtundvierzig Häuser, darunter das Rathaus und das Amtshaus. Im Herbst desselben Jahres brach die Pest aus. Das 19. Jahrhundert brachte eine Serie von Großbränden. 1842, 1848 und 1899 versanken Teile der Stadt immer wieder in Schutt und Asche. Die größte Brandkatastrophe aber traf die Einwohner am 10. Juli 1901. Das Feuer, das auf der Grabenmühle ausbrach, vernichtete hundertfünfzig Haupt- und Nebengebäude, auch die beiden Kirchen verbrannten. Nach dem letzten Krieg erhöhte sich in Pleystein die Bevölkerungszahl durch den Zuzug von Flüchtlingen. Seit 1957 ist Pleystein staatlich anerkannter Erholungsort, seit 1978 Sitz einer Verwaltungsgemeinschaft.

Einwohner: 2550

Fläche: 36 km²

Ortsteile: Bartlmühle, Berglerwerk, Bibershof, Birkenbühl, Bodenmühle, Burkhardsrieth, Finkenhammer, Finstermühle, Hagenmühle, Lohma, Miesbrunn, Peugenhammer, Pfifferlingstiel, Pingermühle, Premmühle, Radwaschen, Schafbruck, Schafbruckmühle, Schönschleife, Spielhof, Steinbach, Rammelsleuten, Trutzhofmühle, Unterbernrieth, Vöslesrieth, Zengerhof

Wahrzeichen: Rosenquarzfelsen mit Kloster und Wallfahrtskirche

Weitere Sehenswürdigkeiten: Stadtpfarrkirche St. Sigismund, Friedhofskapelle, „PleySteinpfad", Stadtmuseum u. v. m.

Mitten in der Stadt Pleystein hat die Laune der Natur einen Rosenquarzfelsen herausmodelliert. Auf dem Berg stehen die Kreuzberg-kirche und ein Kloster, das von den Oblaten des heiligen Franz von Sales betreut wird (links unten). Mit den geologischen Besonderheiten beschäftigt sich der „PleySteinpfad", von dem aus man einen wunderschönen Blick auf das Rosenquarzstädtchen hat (links oben).

Eine einfache Musikkassette, für junge Menschen heute fast ein Relikt aus der Steinzeit, veränderte das Leben der Pleysteiner Sängerin Brigitte Traeger grundlegend. Sie nahm darauf im Jahre 1990 ein selbst gesungenes Stück auf. Es war die Zeit, als Dieter Thomas Heck noch Moderator beim Bayerischen Rundfunk war und in seiner Sendung „Jetzt sing i" Nachwuchsinterpreten suchte.

Brigitte Traeger schickte ihre Kassette ein. Die Reaktion war unerwartet: Publikum und Kritiker waren sich einig (was ja nicht immer so zutrifft) und bescheinigten der damals siebzehnjährigen Oberpfälzerin aus der Ortschaft Waldkirch in der Gemeinde Georgenberg eine Stimme mit viel Einfühlungsvermögen und großer Sensibilität und dazu noch Humor und gute Laune. Drei Jahre später unterschrieb Brigitte Traeger bei Bogner-Records den ersten Plattenvertrag. Die Unterschrift war gleichzeitig der Start zu einer erstaun-

lichen musikalischen Karriere. Sechs Jahre später, es war das Jahr 1999, machte die gelernte Bauzeichnerin aus der Musik, ihrem bisherigen Hobby, den Beruf.

DIE SCHÖNE STIMME DER OBERPFALZ

Es dauerte nicht lange, und der Name Brigitte Traeger war in der volkstümlichen Schlagermusik ein fester Begriff und ein leuchtender Stern. Bei jedem Auftritt, live oder im Fernsehstudio, faszinierte die Sängerin mit Wohnsitz in Pleystein ihr Publikum. Die Liste ihrer Auftritte bei den Fernsehanstalten ist lang. Die Namen der

Sendungen bürgen dafür, dass einfaches Absingen von Texten nicht gewollt war. Die Sender entschieden sich mit den Auftritten von Brigitte Traeger für eine Interpretin, die sich mit ihrem Liedgut identifiziert und mit ihrer Stimme überzeugt. Der „Musikantenstadl" der ARD, der „Grand Prix der Volksmusik" im ZDF, die „Wernesgrüner Musikantenschenke" des MDR, „Wenn die Musi spielt" des ORF, Schlager- und Hitparaden der Volksmusik und eine Vielzahl weiterer Auftritte in bekannten Sendungen im öffentlich-rechtlichen Fernsehen waren das Spiegelbild für die Beliebtheit und Sympathie der Sängerin, aber gleichzeitig auch für die perfekte Darbietung ihrer Lieder. „Best Performance" könnte es neudeutsch heißen, was Brigitte Traeger bei ihren Auftritten abgeliefert hat.

Doch all diese Auftritte, umgeben von der Prominenz der volkstümlichen Musik, haben die Sängerin nie davon abgehalten, ihrer oberpfälzischen Heimat und ihren Wurzeln treu zu bleiben. „Ehrlich bleiben und nie abheben", nennt sie ihre wichtigen Grundsätze. Deshalb ist es für die ehemalige „Musikantenkaiserin" des MDR selbstverständlich, an ihrem Wohnort auch vor kleinerem Publikum, meist urlaubenden Gästen, aufzutreten. Und seit dem Jahr 2002 hat sie sich mit großem Erfolg auch der sakralen Musik verschrieben. Brigitte Traeger erkannte, dass das öffentlich-rechtliche Fernsehen das Programmangebot in ihrer Musikrichtung kürzt, und nahm dies zum Anlass, sich mit kirchlicher Musik einen Traum zu verwirklichen. Mit ihrer persönlichen Einstellung zum Glauben ist ein Gotteshaus der Ort für das Gespür von Ruhe und Geborgenheit. Die Sängerin hat, um sich hier keinen Zwängen unterwerfen zu müssen, mittlerweile ein eigenes Label und einen eigenen Verlag gegründet und produziert ihre CDs selbst.   *Walter Beyerlein*

Brigitte Traeger hat ihr Hobby zum Beruf gemacht. Die Sängerin hat dabei keinen Gedanken daran verschwendet, dem schönen Oberpfälzer Wald den Rücken zu kehren.

KINDLEIN, OCHS UND ESEL UNTERM MESSER

Die Stadt Pleystein ist die Hochburg der Krippenschnitzer im Landkreis. Wenn der böhmische Wind über die Höhen des Oberpfälzer Waldes pfeift, dann wird unter der Regie der Vorsitzenden Hermann Schneider und Gerhard Müller im Werkraum der Grund- und Mittelschule gewerkelt. Meist ist dies von Mitte Oktober bis Ostern der Fall. Seit den Siebzigerjahren gibt es in Pleystein im Landkreis Neustadt a. d. Waldnaab diese Interessengemeinschaft der Holzschnitzer. Die Tradition des Mandlmachens ist aber viel älter. Seit über hundertfünfzig Jahren werden in Pleystein Kindlein, Ochs und Esel, Maria und Josef, Schafe und viele andere Figuren selbst geschnitzt. Im 19. Jahrhundert begründeten einfache, talentierte Bauern und Handwerker die Hausfleißschnitzerei, indem sie sich in ihrer Freizeit nach und nach ihre eigene Hauskrippe anfertigten. Nicht nur Figuren aus Lindenholz entstanden, auch Stallungen, Holzhäuser, Kir-

chen, Burgen, Ruinen, Kapellen, ja ganze Gebirgszüge und vieles mehr, unterlegt mit Moos, Kranewitstauden, Tannen- und Fichtenzweigen, alten Baumschwämmen, Rindenstücken und Wurzelstöcken. „Leider wurden durch einen verheerenden Brand am 10. Juli 1901 fast alle damals vorhandenen Krippen vernichtet", wissen die Mitglieder. Im Jahre 1925 existierte jedoch wieder in den meisten Anwesen eine selbst gefertigte Weihnachtskrippe. Dann kam der nächste Rückschlag. Von 1939 bis 1955 wurden viele Krippen verkauft, oder sie gingen verloren.

Einer der bekanntesten Schnitzer der Pleysteiner Gilde war der Schreinermeister Matthias Strigl (1881–1961), der neben Krippenfiguren auch Kreuze und sogar Beichtstühle anfertigte. Die Hauskrippe des „Matern" stammt aus der Zeit vor dem Zweiten Weltkrieg. Auch die Hauskrippe von Landwirt Josef Helm (1894–1970) zählt

bereits über neunzig Jahre. „Christkindl in der Oberpfalz" taufte der legendäre Schmiedemeister Georg Müller (1899–1966) eine seiner typischen Gestaltungen vom wunderbaren Geschehen der Heiligen Nacht, die er in der Nachkriegszeit anfertigte. Interessant ist die Tatsache, dass fast alle vorhandenen Krippen Nachbildungen der Kreuzbergkirchenkrippe sind, die 1918 im Oberammergauer Stil gefertigt und 1986 von der rührigen Pleysteiner Schnitzergemeinschaft umfassend restauriert und ergänzt worden ist. Als oberstes Gebot gilt, keine maschinell vorgefertigten Stücke zu verwenden. Jeder muss versuchen, eigene Talente zu entdecken und zum Ausdruck zu bringen. Im Stadtmuseum gibt es übrigens das ganze Jahr eine Dauerausstellung über die Schnitzkunst. Außerdem ist die Einrichtung jährlich Schauplatz von Schnitzertagen. Ach ja, Gäste sind zu den Treffen immer willkommen.

Wilhelm Hartung

Blick in die Pleysteiner Krippenschnitzstube. Jung und Alt sind mit Begeisterung bei der Sache, wenn es darum geht, neue Mandln für die Krippe zu schnitzen. Die „Profis" erklären den Anfängern, wie's geht.

PRESSATH – STADT AN DER HAIDENAAB

Feste muss man feiern, wie sie fallen, so sagt ein altes Sprichwort. Und so feierten die Bürger der Stadt 1955 mit einem Fest, von dem man heute noch spricht, tausendjähriges Bestehen. Dabei weiß keiner, wie alt Pressath wirklich ist. Die geschichtlichen Wurzeln reichen nämlich viel weiter zurück. Doch wie gesagt, Feste muss man feiern, wie sie fallen. Und damals war einfach allen zum Feiern zumute. Die Schrecken des Krieges waren zehn Jahre vorüber und die Wirtschaft brummte ... Solch schöne Jahre hatte Pressath in der Vergangenheit nicht allzu oft erlebt.

Der Ortsname ist slawischen Ursprungs und dürfte mit der Einwanderung der Sorben und Wenden im 6.–8. Jahrhundert aus dem böhmischen Raum im Zusammenhang stehen. Durch die von Süden her vordringenden Bajuwaren im 9. und 10. Jahrhundert wurde diese Gegend als bayerisches Siedlungsgebiet erschlossen. Boden- und Skelettfunde aus jener Zeit auf dem Eichelberg bestätigen dies.

Das gewonnene Neuland war Bestandteil der Markgrafschaft der Babenberger aus dem Nordgau und kam 1008 an das neugegründete Bistum Bamberg. 1119 er-

scheint es bei der Herrschaft Waldeck, deren Gebietserweiterung zur Gründung der Landgrafschaft Leuchtenberg geführt hat. So kam es auch, dass im Mai 1123 Bischof Otto der Heilige von Bamberg vor seiner Pommern-Missionsreise sich kurzzeitig in Pressath und Leuchtenberg aufgehalten hat. Trotz dieser langen Geschichte gibt es im Ort nur wenige historische Bauwerke. Die Vestn ist eines davon. Dort hatte der Unterrichter von Waldeck seinen Sitz. Plünderungen, Brandschatzungen und große

Einwohner: 4330

Fläche: 66,3 km²

Ortsteile: Altendorf, Dießfurt, Döllnitz, Eichelberg, Friedersreuth, Haigamühle, Herzogspitz, Hessenreuth, Kahrmühle, Kohlhütte, Mühlberg, Pfaffenreuth, Riggau, Stocklohe, Troschelhammer, Tyrol, Waldmühle, Wollau, Ziegelhütte, Zintlhammer

Wahrzeichen: Pfarrkirche St. Georg

Weitere Sehenswürdigkeiten: Friedhofskirche St. Stephanus, Hammerschloss in Dießfurt, Marterrangen bei Eichelberg

9./10. Jh.	Erschließung des Gebiets als bayerisches Siedlungsgebiet
1283	Das Gebiet kommt an die Wittelsbacher Herzöge von Bayern
1410	Pressath wird gebannter und gefreiter Markt
um 1450	Bau der Friedhofskapelle St. Stephanus
1633	Die Schweden erstürmen die Stadt
1845	König Ludwig I. von Bayern verleiht die Stadtrechte
1863	Anschluss an das Eisenbahnnetz
1972	Zugewinne durch Gebietsreform

Brände 1676, 1692, 1722, 1759 und 1782 ließen den Ort immer wieder in Schutt und Asche versinken und sorgten für eine große Verschuldung der Einwohner. 1290 suchten die Geißler Pressath heim, in den Hussitenkriegen äscherten die Horden Prokops des Kleinen und Trusinas von Schwanberg die Stadt ein. 1633 stürmten die Schweden den Ort. Unter den neunundfünfzig Toten war damals auch die Posthalterstochter Agnes Raith, der ganz in der Nähe der früheren Stadtmauer eine Straße gewidmet ist. Sie ging als Heldin in die Geschichtsbücher ein.

Die Stadt Pressath ist eine Station auf dem Haidenaabradweg. Man passiert dabei auch das Hammerschloss in Dießfurt (oben). Ein beliebtes Einkehrlokal ist die Kahrmühle bei Pressath (unten rechts). Natürlich darf an der Brücke über die Haidenaab in Pressath auch eine St.-Nepomuk-Figur nicht fehlen.

ERZBISCHOF MIT DER OBERPFALZ IM HERZEN

Das Entsetzen war groß, als sich Anfang Oktober 2001 die Nachricht vom Ableben von Erzbischof Dr. Hans Schwemmer herumsprach. Wie ein Lauffeuer verbreitete sich die unfassbare Nachricht in der Stadt. War doch manch einer der festen Überzeugung gewesen, dass der Herrgott mit dem Pressather noch Größeres vorhatte. Und nun sollte er tot sein? Unfassbar.

Schwemmers Leben war geprägt vom weltweiten Einsatz für den Heiligen Stuhl. Dennoch blieb er im Innersten seines Herzens ein heimatverbundener, bodenständiger Mann, der stolz auf seine Oberpfälzer Heimat war. Am 11. September 1945 in Riggau bei Pressath geboren, besuchte er zunächst die Volksschule, wechselte 1955 an das Humanistische Gymnasium Weiden und erwarb dort 1964 das Abitur. Als Theologiestudent in Regensburg wurde er zum Vorsitzenden des Allgemeinen Studierenden Ausschusses gewählt, also zum Studentensprecher. Und als erster Student der neuen Universität Regensburg sorgte er mit der Matrikelnummer 1 bereits in jungen Jahren für Schlagzeilen.

Am 3. Juli 1971 wurde Hans Schwemmer in Regensburg zum Priester geweiht. Seine erste Kaplanstelle war in Sulzbach-Rosenberg, dann wurde er nach Cham versetzt. Im Oktober 1975 wechselte er nach Rom. Dort schloss er die Ausbildung an der Päpstlichen Diplomatenakademie mit der Promotion ab. Die diplomatischen Lehrjahre führten ihn zunächst an die Nuntiatur in Neu-Delhi (Indien) und dann nach Brüssel. Er war dort nicht nur für Belgien zuständig, sondern der Auftrag galt auch für die Europäische Gemeinschaft. 1986 schließlich führte ihn sein Weg nach Argentinien. Bis 1989 wirkte er in Buenos Aires. Anschließend wurde er wieder in den Vatikan zurückbeordert, wo er in der deutschsprachigen Abteilung im Staatssekretariat des Vatikans eingesetzt war. Welch hohe Wertschätzung Dr. Hans Schwemmer dort genoss, zeigt die Tatsache, dass er schon im April 1990 mit der Leitung der Abteilung beauftragt wurde. Diese Verantwortung an führender Stelle bedeutete enge und sehr persönliche Kontakte zu Kardinälen, Erzbischöfen und Bischöfen im gesamten deutschsprachigen Raum.

Der 21. September 1997 war nicht nur ein großer Tag für Dr. Hans Schwemmer, sondern auch für seine Heimatpfarrei Pressath und die gesamte Diözese Regensburg. Der Pressather wurde im Hohen Dom zu Regensburg von Kardinalstaatssekretär Angelo Sodano zum Erzbischof geweiht. Kurz darauf ernannte ihn Papst Johannes Paul II. zum Nuntius von Papua-Neuguinea und den Salomoninseln. Diese Aufgabe erfüllte Dr. Hans Schwemmer bis zu seinem plötzlichen Tod am 1. Oktober 2001.

Das Leben von Erzbischof Dr. Hans Schwemmer war geprägt vom leidenschaftlichen und unermüdlichen Engagement für Menschen. Der Diplomat des Vatikans hatte stets ein offenes Herz für Notleidende. Ende der 80er Jahre sammelte er Spenden für Kinder in den Slums von Buenos Aires, während seiner Zeit in Papua-Neuguinea rief er zu einer Spendenaktion auf, um der Bevölkerung dort nach einer Dürrekatastrophe zu helfen. Es konnten dort Familien mit insgesamt über fünfzehntausend Kindern unterstützt werden. Wenn er sich für Bedürftige einsetzte, war das immer mit vollem Elan und nie oberflächlich. Sein ausgeprägtes Gespür für Menschenwürde und soziale Gerechtigkeit haben Hans Schwemmer ausgezeichnet. Er war von der Überzeugung durchdrungen, dass Gott sich für die gesamte Welt interessiert. Hans Schwemmer war ein großer Sohn der Stadt Pressath, ein Oberpfälzer und Bayer aus Leidenschaft. Er war ein Erzbischof zum Anfassen.

Dr. Hans Schwemmer wurde am 13. Oktober 2001 in der Kirche seiner Heimatpfarrei St. Georg in Pressath beigesetzt. Die Gruft befindet sich vor dem rechten Seitenaltar.

Anton Gareis

Ein großer Sohn der Stadt Pressath: Titularerzbischof Dr. Hans Schwemmer. Er kehrte immer wieder gerne nach Pressath zurück und hatte bis zuletzt hier auch einen Wohnsitz.

PÜCHERSREUTH – DER SPRINGENDE HUND

W er in Püchersreuth die evangelische Kirche betritt, entdeckt am Altar ein rot hinterlegtes und golden eingefasstes Doppelwappen. Es erzählt von der Püchersreuther Vergangenheit, als das Landsassengut von den Familien Hundt und Sparneck gemeinsam verwaltet worden ist. Das gleiche Doppelwappen kann man am Neuen Schloss entdecken. Im Gemeindewappen, das einen springenden Hund zeigt, lebt ein Teil davon weiter. Püchersreuth war Teil des Kurfürstentums Bayern. Gemeinde wurde der Ort im Zuge der Verwaltungsreformen in Bayern im Jahre 1818. Seit der Gebietsreform 1972/1978 gehören auch die früher selbstständigen Kommunen Ilsenbach, Eppenreuth und Wurz zu Püchersreuth, das Mitglied der Verwaltungsgemeinschaft Neustadt ist.

Mit der Kirche St. Quirin auf dem nahen Botzerberg hat der Ort ein sehenswertes Kleinod zu bieten. Die beliebte Wallfahrtskirche entstand unter Fürst Ferdinand von Lobkowitz nach den Plänen von Antonio Porta und wurde am 10. August 1687 von Bischof von Leitmeritz Jaroslav Graf von Sternberg in Böhmen geweiht. Sehenswert ist sie vor allem wegen des Hochaltars, der von hufeisenförmigen Akanthusranken umgeben ist. Das Altarblatt zeigt das Pfingstereignis. Das Gnadenbild mit dem heiligen Quirinus befindet sich am rechten Seitenaltar. Es soll aus der Burgkapelle der Kronburg stammen, die sich ganz in der Nähe befand.

Die Gemeinde ist auch ein Zentrum des Islandpferdesports. Mit dem Lipperthof im Ortsteil Wurz haben Uli und Irene Reber dort ein renommiertes Gestüt und einen Zuchthof, auf dem immer wieder international besetzte Turniere stattfinden. Die beiden Betreiber und ihre Reitfreunde haben schon viele Titel nach Wurz geholt und damit dafür gesorgt, dass der Name der Gemeinde in ganz Europa auf den Siegerlisten auftaucht. Wurz hat übrigens auch bei den Musikfreunden einen besonderen Klang. Vom Gestüt gleich um die Ecke befindet sich nämlich der Alte Pfarrhof, den 1780 der bekannte Barockbaumeister Johann Jacob Philipp Muttone als Sommersitz für die Waldsassener Zisterzienser errichtet hat. Die Berliner Ärztin Rita Kielhorn hat ihn 1973 erworben und lädt seit 1988 mit einem Förderkreis regelmäßig dorthin zu den Wurzer Sommerkonzerten ein, einer Kammermusikkonzertreihe.

1072	Erste urkundliche Erwähnung des Ortes Wurz
1680	Bau der Wallfahrtskirche St. Quirin
1780	Bau des Wurzer Pfarrhofs
1818	Mit dem bayerischen Gemeindeedikt entsteht die Gemeinde Püchersreuth
1972/78	Die Gemeinden Ilsenbach, Wurz und Eppenreuth kommen zu Püchersreuth

Einwohner: 1610

Fläche: 25,2 km²

Ortsteile: Auerberg, Baumgarten, Botzersreuth, Eppenreuth, Ilsenbach, Kahhof, Kotzenbach, Lamplmühle, Lindnerhof, Mitteldorf, Pfaffenreuth, Rotzendorf, Rotzenmühle, St. Quirin, Stöberlhof, Thomasberg, Walpersreuth, Wurz, Ziegelhütte

Wahrzeichen: Kirche St. Quirin

Weitere Sehenswürdigkeiten: Kirchen St. Peter und Paul in Püchersreuth, St. Johann in Ilsenbach, St. Matthäus in Wurz, Straußenfarm in Kotzenbach Skulpturenweg rund um St. Quirin

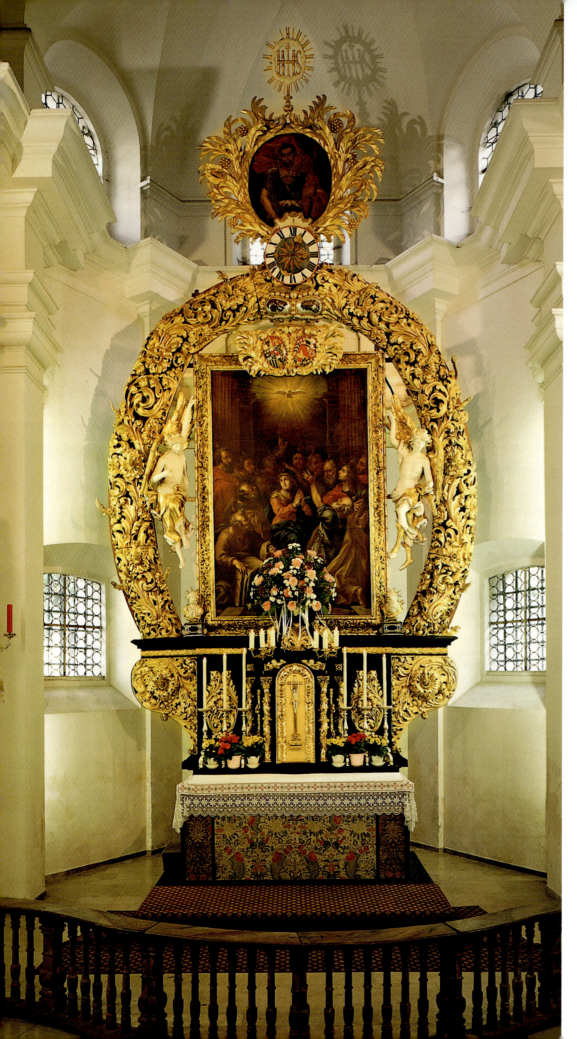

DAS GRÖSSTE HUFEISEN DER WELT

Es ist ein wirklich ungewöhnliches Gotteshaus, das da oben von dem kleinen Botzerberg, rund fünfzehn Fußminuten von Ilsenbach entfernt, ins Land grüßt. Geweiht ist es dem heiligen Quirin von Neuss, einem in der Region eher seltenen Patron. Die Erklärung, wie der römische Tribun in die raue Oberpfalz kam, findet man bei den Anfängen der Wallfahrt im 16. Jahrhundert. Ganz in der Nähe gab es eine Burg. Die Burgkapelle soll dem heiligen Quirin, damals ein beliebter Patron der Ritter, gewidmet gewesen sein. Als diese Kronburg unterging, sollen um 1530 Bauern der Umgebung eine Figurengruppe gerettet und ihr in einer Kapelle am Fuße des Berges ein neues Zuhause gegeben haben. Es kam wie so oft in der Region. Immer mehr Pilger suchten das Gnadenbild auf und aus der Bretterkapelle wurde eine wunderschöne Kirche im italienischen Renaissancestil auf dem Berg, bei deren Bau 1680 die Lobkowitzer finanzkräftig mitgeholfen haben. An die Fürsten erinnert nicht nur ein Wappen in der Kirche, sondern auch die Kirchenorgel, die früher in der Bibliothek der Lobkowitzer in Prag stand. Mit Baujahr 1692 ist sie die älteste Kirchenorgel der Oberpfalz. Berühmt ist das Gotteshaus für den hufeisenförmigen Akanthusrahmen rund um das Altarbild: angeblich das größte Hufeisen der Welt. Das Gnadenbild, das am rechten Seitenaltar zu finden ist, zeigt, wie die Tochter des heidnischen Tribun von einem Kropfleiden geheilt wird. Quirin wurde Christ und starb später als Märtyrer.
Wolfgang Benkhardt

Tausende von Pilgern zogen früher zur Wallfahrtskirche. Legendär sind die „Petersströme" zum Fest Peter und Paul. St. Quirin bildete mit den Kirchen St. Felix und Mutter-Anna bei Neustadt einen dreifachen Gnadenstern.

SKULPTUREN RUND UM ST. QUIRIN

Der Weg ist das Ziel. Beim Skulpturenweg entlang des Rundwanderwegs Ilsenbach ist dies mehr als nur so ein dahingesagter Spruch. Kunstwerke aus Granit, Eisen und Holz säumen die zwölf Kilometer lange Strecke in der Gemeinde Püchersreuth. Unterwegs begegnet man seltsamen Gestalten und Dingen, wie einem rostenden Raubritter, einer poetisch veranlagten Baumtruhe oder einem Hund, der über seinen eigenen Schatten springt – mit siebenhundert Kilogramm Eisen „im Gepäck" ...

Acht Künstler aus der Region, Günter Mauermann aus Weiden, die Püchersreuther Klaus Kuran und Rüdiger Goedecke, die Rotzendorferin Astrid Kriechenbauer, die Nabburgerin Barbara Hierl, Karl-Hans Bergauer aus Waldsassen, der Krummennaaber Klaus Neugirg und Hans Burmeister aus Hermannsreuth bei Bärnau, haben Kunst und Natur in Einklang gebracht. Begriffe wie Weg, Zeit oder Ziel treffen auf aktuelle Themen und die Geschichte der Region. Ein Kunst-Ge(h)nuss für alle, welche sich auf den Dialog einlassen. Natürlich spielen dabei die Wallfahrtskirche St. Quirin und die Erzählungen, die sich um die früher versunkene Kron(en)burg ranken, eine wesentliche Rolle.

Wolfgang Benkhardt

Der Püchersreuther Klaus Kuran lässt einen Hund über den eigenen Schatten springen (oben). Im Hintergrund sieht man die Wallfahrtskirche St. Quirin. Natürlich spielt auch Granit unterwegs eine Rolle (unten).

SCHIRMITZ – ALTE HANDELSSTRASSE

Malerisch schmiegt sich die Gemeinde Schirmitz am Rand der Weidener Bucht an die sanft aufsteigende Hügellandschaft des Oberpfälzer Waldes. Die Gemeinde vereint aufgrund der Nähe zur kreisfreien Stadt Weiden die Annehmlichkeiten einer Stadt mit den Vorzügen des ländlichen Wohnens.

Schirmitz gilt übrigens als eine der ältesten Siedlungen in der Weidener Bucht. Für diese Feststellung spricht auch die Tatsache, dass Schirmitz eine Urpfarrei in der Region ist. Erstmals urkundlich erwähnt ist der Name aber erst im Jahr 1223. Ein gewisser Marcward von Schirnwitz trat damals als Zeuge in einer Urkunde zwischen Diepold von Leuchtenberg und Heinrich von Ortenburg-Murach auf. Wer Schirmitz wirklich gegründet hat, lässt sich nicht mehr nachweisen. Aufgrund des ungewöhnlichen Namens ging man lange davon aus, dass aus dem Osten vordringende Slawen die Urväter gewesen seien. Vielleicht ist die Siedlung aber auch germanischen Ursprungs.

Historisch bewiesen ist jedoch, dass Schirmitz jahrhundertelang an einer der bedeutendsten Handelsrouten der Region lag: der Magdeburger Straße. Sie verlief von Süden nach Norden quer durch die Oberpfalz in Richtung Elbe. Obwohl vom Verlauf dieser Straße kaum mehr Spuren vorhanden sind, so kann man als sicher feststellen, dass in Schirmitz die alte Trasse noch so wie vor vielen hundert Jahren durch den Ort führt. Die heutige Hauptstraße ist in weiten Bereichen mit der mittelalterlichen Route identisch.

Ein Hinweis auf die Vergangenheit ist der lang gezogene Ortskern mit dem Charakter eines Straßendorfes. Da auf der Magdeburger Straße unter anderem auch kostbares Salz und Bernstein transportiert wurden, wird sie auch „Salzstraße" oder „Bernsteinstraße" genannt.

Trotz der günstigen Lage wurde Schirmitz bald von anderen Gemeinden wirtschaft-

Einwohner: 2050

Fläche: 4,96 km²

Weitere Ortsteile: keine

Sehenswürdigkeiten: Kirche St. Jakobus, Friedhof mit Holzkreuzen, Kirche Maria Königin, Jakobsbrunnen am Rathaus

1223	Marcward von Schirnwitz wird als Zeuge in einer Urkunde genannt
1590	Sebastian Wildenauer, genannt Kastner, erhält für das Gut Schirmitz Landsassenfreiheit
1721	Erhebung des Landsassen von Schirmitz in den Reichsadelsstand
1803	Aufteilung des Ritterguts Schirmitz
1978	Schirmitz wird Sitz einer Verwaltungsgemeinschaft

lich überholt. Grund war vor allem die Grenzlage am Rand des früheren Leuchtenberger Herrschaftsgebietes zur Herrschaft Parkstein. Ständige Grenzstreitigkeiten und die Wirren des Dreißigjährigen Krieges, unter denen der Ort sehr zu leiden hatte, taten das Übrige. Später war Schirmitz Teil des Kurfürstentums Bayern und bildete eine geschlossene Hofmark der Freiherren von Hannakam, deren Sitz Schirmitz war. Im Zuge der Verwaltungsreformen in Bayern entstand mit dem Gemeindeedikt von 1818 die heutige Gemeinde.

Malerisch spiegeln sich die Reiter vor der Silhouette des Ortes im Wasser des Flutkanals. Dem heiligen Jakobus begegnet man in Schirmitz mehrmals. Er ist nicht nur der Patron der katholischen Pfarrkirche, sondern ziert auch den Dorf- und Geschichtsbrunnen am Rathaus. Der Neustädter Bildhauer Max Fischer hat das Kunstwerk 1994 anlässlich der Rathauserweiterung angefertigt.

Der idyllisch am südlichen Ortsausgang von Schirmitz gelegene Friedhof ist ein Ort der Beschaulichkeit und Ruhe. Zu verdanken ist dieser Gottesacker mit seinen einzigartig schönen Holzkreuzen an der ehemaligen Pfarrkirche Sankt Jakob dem einstigen Seelsorger der Pfarrei, Johann Baptist Schwindl, der in diesem Friedhof auch selbst seine letzte Ruhestätte gefunden hat.

Der Straßenbau und die Renovierung des Gotteshauses hatten 1932 eine Verlegung des Friedhofs nach Süden notwendig gemacht. Er war ursprünglich um die gesamte Kirche herum angelegt. Heute noch zeugt die erhöhte Einfassung an der Nordseite von dem dort befindlichen ehemaligen Gottesacker. Der neue, nach Süden hin verlegte Friedhof, sollte nach Ansicht von Pfarrer Schwindl etwas Besonderes werden. Das Besondere, von dem auch die Schirmitzer bald überzeugt waren, sollten Holzkreuze sein – alle in demselben Stil. Lediglich bei der Auswahl der Christusdarstellungen hatten die Schirmitzer freie Hand. Steineinfassungen wurden nicht zugelassen.

Weil Pfarrer Schwindl die Überzeugung vertrat, „Im Tod sind alle Menschen gleich", sollten auf dem neuen Friedhof auch alle Gräber gleich aussehen: mit Holzkreuz und Erdhügel, ohne Stein. Als der Gottesacker 1968 erweitert werden musste, führte

PFARRER SCHWINDLS VERMÄCHTNIS

Pfarrer Josef Schlegl die Gedanken seines Vorgängers weiter und bewahrte so die Einmaligkeit der Grabdenkmäler aus Holz. Mehrfach haben schon Kommissionen die Einzigartigkeit des Schirmitzer Friedhofs hervorgehoben. Der Gottesacker gilt als einer der schönsten in ganz Bayern. Pfarrer Thomas Stohldreier bemerkte aber, als er 1995 nach Schirmitz kam, dass der Gründerwille schon nicht mehr ganz eingehalten wurde und sich ab etwa 2005 auf den Grabstätten immer mehr verschiedene Steingestaltungen eingeschlichen hatten.

Ironie des Schicksals ist es, dass ausgerechnet der Ideengeber für diesen wunderschönen Friedhof als Erster ein Grabdenkmal aus Stein erhalten hat. Der Grund: Um die Grabstätte des aus Pressath stammenden Pfarrers entbrannte nach dessen Tod am 13. Februar 1957 ein furchtbarer Streit zwischen Pressath und Schirmitz, nämlich um den Ort der Beisetzung. Schwindl, der vom 30. Januar 1907 bis zu seinem Heimgang 1957 über fünfzig Jahre lang in Schirmitz tätig war, fand dort schließlich auch seine letzte Ruhestätte. Auf seinem Grab wurde der Grabstein gesetzt, der schon Jahre vor dem Tod Schwindls in Pressath für sein Grab vorbereitet worden war.

Norbert Duhr

Der Schirmitzer Friedhof gilt aufgrund der einheitlichen Grabgestaltung mit Holzkreuzen als einer der schönsten Bayerns.

SCHLAMMERSDORF – KLEIN, ABER FEIN

Kleine Täler, sanfte Hügel, verträumte Dörfer und Weiler, so präsentiert sich die Gemeinde Schlammersdorf dem Besucher. Mit rund neunhundert Einwohnern ist sie in Bezug auf die Bevölkerung die kleinste Kommune im Landkreis. Das von der Creußen von West nach Ost durchzogene Gebiet hat sich viel Ursprünglichkeit bewahrt. Schlammersdorf ist in mehrfacher Hinsicht eine Grenzgemeinde. Geologisch gehen hier die Juraböden in das Bruchschollenland über, sprachlich und politisch grenzt hier die „raue" Oberpfalz an das Frankenland.

Die Herkunft des Namens Schlammersdorf ist trotz mehrfacher Interpretationsversuche noch nicht völlig schlüssig geklärt. Die neuesten Erkenntnisse gehen davon aus, dass es sich bei dem Ortsnamen um eine Mischung aus den slawischen Begriffen „Slava" oder „Slavomir" (Slava „Ruhm") und Mir („Friede") und dem althochdeutschen Namen „Dorf" handelt. Die Siedlung ist vermutlich um das Jahr 1000 entstanden, das Adelsgeschlecht der von Schlammersdorf wurde 1309 mit Chunrad Slamerstorf erstmals in einer Ensdorfer Klosterurkunde erwähnt. Unter den Grafen von Leuchtenberg war er nach heutigem Wissen auch der erste

Grundherr des Dorfes. 1404 ging der Besitz an das Geschlecht der Zirkendorfer über und 1488 an die Plassenberger. Nachdem das Lehensgut dem Kurfürsten anheim gefallen war, hatte den bereits doppelten Rittersitz das Geschlecht der Knodt (ab 1563) inne. Über die Adelsgeschlechter Lindenfels (1657) und Gravenreuth (1710) gingen die beiden Rittermannslehen der Krone Bayerns in den Besitz von Hirschbergs über (1833). Hinzu kamen die Güter Ernstfeld, Naslitz, Höflas und Vorbach. Die heutige Gemeinde entstand im Zuge der Verwaltungsreformen in Bayern mit dem Gemeindeedikt von 1818. Das 1778/1779 vom Kirchenthumbacher Maurermeister Thomas Sebastian Preysinger erbaute

Einwohner: 880

Fläche: 20,24 km²

Ortsteile: Ernstfeld, Haar, Holzmühle, Naslitz, Neumühle, Menzlas, Moos, Starkenacker, Weidenlohe

Wahrzeichen: Pfarrkirche St. Luzia

Weitere Sehenswürdigkeiten: Dreifaltigkeitskapelle zwischen Schlammersdorf und Naslitz, Schloss in Schlammersdorf

um 1000	Entstehung des Ortes
um 1250	Erste Erwähnung der Pfarrei Schlammersdorf
1775-1778	Zeitgleich Bau von Kirche und Schloss in Schlammersdorf
1818	Entstehung der Gemeinde im Rahmen des zweiten bayerischen Gemeindeedikts
1946	Ein Teil der Gemeinde Moos wird eingegliedert

Schlammersdorfer Schloss diente von 1879 bis 1964 als Schulhaus und ist heute in Privatbesitz.

Eine für die Region ungewöhnliche Patronin hat die katholische Pfarrkirche im Dorf. Sie ist der heiligen Lucia geweiht. Beim Langhaus handelt es sich noch um den ursprünglichen Sandsteinquaderbau aus der Zeit um 1775. In den Jahren 1950 bis 1952 wurde das Gotteshaus wesentlich vergrößert. Der Choraltar zeigt das Martyrium der Schutzpatronin. Die beiden Seitenaltäre standen bis 1777 in der Auerbacher Pfarrkirche und stellen die Taufe Jesu und den heiligen Franz Xaver dar.

*Ein Kleinod ist die Dreifaltigkeits-
kapelle auf der Anhöhe zwischen
Schlammersdorf und Naslitz. Bereits 1715 stand dort ein Kirchlein,
das 1770 vergrößert und 1804 während der Säkularisation zerstört
wurde. 1816 wurde unter Pfarrer
Jakob Zeit die jetzige Kapelle gebaut, die in das kirchliche Leben
der Pfarrei oft mit einbezogen
wird und gelegentliche auch als
„Hochzeitskapelle" den passenden
Rahmen bildet.*

BIENENSTUBE AUS DEM MITTELALTER

Rudi Rauh und Josef Püttner, zwei Heimatforscher aus Schlammersdorf, hatten es schon immer gewusst: Die Mauerreste mitten im Wald, unweit des Weilers Moos, mussten von einem ganz ungewöhnlichen Bauwerk stammen. Jahrelang hatten sie gerätselt, um was es sich dabei handeln könnte. Im Sommer 2005 begann Dr. Hans Losert mit Archäologie-Studenten der Universität Bamberg Ausgrabungen, um dem Geheimnis auf die Spur zu kommen. Er brauchte zwei Jahre, dann konnte er das Rätsel des gemauerten Steinkreises wirklich lösen.

Keramik-Scherben aus dem ersten Drittel des 15. Jahrhunderts, getöpfert auf einer Drehscheibe, gaben erste zeitliche Hinweise. Bei der zweiten Ausgrabung im Folgejahr wurden Details sichtbar. „Das Mauerwerk ist kein besonders schönes, aber zeugt von großer Professionalität aus der Zeit", so Losert über den Steinkreis. Im 15. Jahrhundert wurden eigentlich nur Burgen und Kirchen aus Stein gebaut. Eine Burg konnte es aber wegen des ebenerdigen Eingangs nicht sein. Aber eine bislang unbekante Kirche hier im Wald? Daran mochten die Heimatforscher nicht so recht glauben.

Der Zufall wollte es, dass an einem Wochenende des Jahres 2007 durch zwei Entdeckungen Licht ins Dunkel des mysteriösen Gebäudes kam. Josef Püttner stieß im Staatsarchiv Amberg auf eine Urkunde, die einen Hinweis auf das Gebäude gab. In der Urkunde vom 27. November 1432 verbot Herzog Johann von Bayern und Pfalzgraf am Rhein, Bäume zu schlagen, um eine Zeidelweide zu schützen. Nahezu zeitgleich setzte Losert Scherben, die man bei den Ausgrabungen gefunden hatte, zusammen und identifizierte den Fund eindeutig als Räuchergefäß. Der gordische Knoten war durchschlagen. Bei Moos hatte der Pfalzgraf ein großes Bienenhaus.

Losert geht mittlerweile davon aus, dass der Mauerring des Rundbaus der einen Durchmesser von etwa zehn Metern hat, einen zweistöckigen Fachwerk-Aufbau trug und mit einem Zeltdach abgedeckt war. „Es handelt sich um die bislang ältesten Funde von Räuchergefäßen aus dem deutschsprachigen Raum", ordnet Losert den Fund der Scherben ein. „Es ist eine absolut einzigartige Geschichte, die zeigt, wie wichtig Honig und Zeidlerei waren." Es kam übrigens mitterweile rund zwanzig

Meter vom Bienenhaus entfernt noch ein Kohlenmeiler zum Vorschein. Mit rund fünfzehn Metern Durchmesser handelt es sich um eine überdurchschnittlich große Brennstelle, die häufiger als die üblichen dreimal verwendet worden ist. Bei den Ausgrabungen der Biestubn fanden die Archäologen zudem am Rande des Teufelsmoors Gefäße, wie sie zur Pechsiederei verwendet wurden. Das lässt den Schluss zu, dass in der unmittelbaren Umgebung eine Produktionsstätte war. In der Urkunde aus dem Jahr 1432 wird übrigens ausdrücklich vom Verbot eines Meilers gesprochen, wohl weil die erhebliche Rauchentwicklung die Bienen gestört hätte. Als jüngster Fund wurden die Scherben von rund zwanzig Töpfen zum Pechsieden zu Tage gefördert. Die Tontöpfe haben teilweise einen Durchmesser von einem halben Meter. Die Glimmerpartikel in den Scherben lassen den Schluss zu, dass das Material dafür aus dem Fichtelgebirge stammte, wo Pechsiederei ein einträgliches Handwerk war. Die ältesten Scherben stammen aus der zweiten Hälfte des 13. Jahrhunderts und sind damit wesentlich älter als die Biestubn.

Lissy Höller

Ein weit und breit einzigartiges Zeugnis aus dem Mittelalter: Bei Schlammersdorf gab es ein großes pfalzgräfliches Bienenhaus.

SCHWARZENBACH – NATUR PUR

Schwarzenbach, das ist Natur pur. Umgeben von Wäldern und Weihern liegt die Gemeinde im Tal der Haidenaab, die sich hier noch sehr naturbelassen in großen Schleifen ihren Weg bahnen darf. Mit zwei Naturschutzgebieten, dem Schießlweiher (27,6 Hektar) und der Hirschberger Loh (580 Hektar), hat die Gemeinde jede Menge intakte Natur direkt vor der Haustür. Die idyllische Umgebung und das größtenteils flache Gelände eignen sich hervorragend zum Radfahren.

Die ersten Siedler waren Bauern, die sich hier niederließen, weil der Talraum ideale Bedingungen für Ackerbau und Viehzucht bot. Benannt ist der Ort nach dem Schwarzenbach, der die Gemeinde durchfließt und bei Pechhof in die Haidenaab mündet. Die Eisenbahn und die Motorisierung haben den vor noch gar nicht zu langer Zeit ländlich geprägten Ort zur beliebten Wohngemeinde gemacht. Viele Schwarzenbacher pendeln in die umliegenden Ortschaften. Die Einwohnerzahl hat sich in den letzten Jahrzehnten verdoppelt.

Historische Bauten sucht man im Ort vergeblich. Die im 18. Jahrhundert für das Seelenheil erbaute erste Kapelle konnte selbst nach mehrfacher Erweiterung die Gläubigen nicht mehr fassen und wurde durch einen Neubau ersetzt. Die Kirche ist dem heiligen Antonius von Padua geweiht und mit ihrem schlanken Turm das Wahrzeichen des Ortes. Das einzige bedeutende historische Denkmal steht im Ortsteil Pechhof. Wie an vielen Stellen der Haidenaab wurde dort lange die Wasserkraft der Haidenaab genutzt, um einen Hammer zu betreiben. Das Werk ist bereits um 1530 erstmals urkundlich erwähnt. Es wurden dort hauptsächlich Waffen und Werkzeuge hergestellt. Später war der Hammer Sitz einer Glasperlenfabrik und zuletzt, bis zum Jahr 1912, ein Glasschleif- und -polierwerk. Der Hammer gehörte lange zum

1285	Schwarzenbach wird im Herzogsurbar als zur Burg Waldeck gehörendes Gut genannt
1530	Erste urkundliche Erwähnung des Hammers Pechhof
1758	Bau der ersten Kapelle im Ort
1848	Bau der ersten Schule im Ort
1958	Bau der neuen Kirche St. Antonius von Padua
1975	Beitritt zur Verwaltungsgemeinschaft Pressath

Einwohner: 1170

Fläche: 21,4 km²

Ortsteile: Pechhof, Parkstein-Hütten, Schmierhütte, Walbenhof, Fischhaus

Wahrzeichen: Pfarrkirche St. Antonius von Padua

Weitere Sehenswürdigkeiten: Teufelsmoor, Naturschutzgebiete Schießlweiher und Hirschberger Loh

Landsassengut Dießfurt. Ein Privatmann hat die beeindruckende Anlage vor dem Verfall bewahrt und liebevoll restauriert. Das Wappen nimmt übrigens auf die Hammerherrenzeit Bezug. Das graue Band steht für die Wasserläufe und das Schwert stammt aus dem Familienwappen der Nürnberger Patrizier Kreß, denen der Hammer von Pechhof gehörte. Der Löwenkopf weist auf die Wittelsbacher Vergangenheit hin.

Bekannt ist Schwarzenbach auch für das Teufelsmoor, das aus einem Torfstich entstanden ist. Bis in die 50er Jahre des 20. Jahrhunderts wurde dort abgebaut. Heute gedeihen hier seltene Pflanzen wie der fleischfressende Sonnentau.

APFEL-PAPST MICHAEL ALTMANN

Apfelpfarrer Korbinian Aigner hat einmal gesagt: „Der Obstbau ist die Poesie der Landwirtschaft." – eine Auffassung, die der Schwarzenbacher Michael Altmann teilt. Über sechshundert Apfelsorten, die es teilweise schon vor tausendzweihundert Jahren gab, stehen auf Altmanns Obstwiese. An fast allen der etwa zweihundert Bäume hat er mehrere Sorten aufveredelt, um die vielen verschiedenen Arten unterzubringen und die Befruchtung zu gewährleisten. Seine besondere Leidenschaft gilt den alten und historischen Sorten. So hat er ein Edelreis der Weidener Regionalsorte „Purpurmantel" gerettet. „Inzwischen gibt es davon im Landkreis keinen einzigen Baum mehr", bedauert Altmann. Auch der rote Herbstkalvill ist in der nördlichen Oberpfalz vom Aussterben bedroht. „Den gilt es zu retten", sagt er. In Schlammersdorf hat er noch ein Exemplar dieses Baumes entdeckt, dessen letzter tragender Ast jedoch im Absterben begriffen sei. In Anlehnung an Martin Luther, der noch am Tag vor dem Weltuntergang „ein Apfelbäumchen pflanzen" wollte, nimmt Altmann die Veredler in die Verantwortung und fordert sie auf: „Rettet den historischen roten Herbstkalvill durch Veredeln vor dem Aussterben!"

Aus der gesamten Oberpfalz kommen Obstfreunde nach Schwarzenbach, um ihre Sorten von dem Experten der „Gesellschaft für Pomologie und Obstsortenerhaltung Bayern" bestimmen zu lassen. Durch Aussehen, Genussreife, Geruch, Geschmack und nicht zuletzt unter Zuhilfenahme eines ganzen Stapels Bestimmungsbücher hat er schon so manches überraschende Ergebnis zu Tage gefördert. So zeigte sich, dass in Parkstein noch „Große Rheinische Bohnäpfel" wachsen und in Kaltenbrunn die „Harberts Renette" zu Hause ist. Äpfel können auch ungewöhnliche Aromen besitzen: „Ein Laventtaler Bananenapfel beispielsweise schmeckt wie eine Banane", weiß der Fachmann. Viele selbst gefertigte Karteikarten mit handschriftlich verfassten Beschreibungen und aufgeklebten Kernen und Stielen hat er inzwischen gesammelt. Und er gibt seine Kenntnisse in zahlreichen Kursen gerne weiter. Egal ob Obstbaum- und Zierstrauchschnitt oder Veredelungskurse – Altmann steckt die Teilnehmer mit seiner Begeisterung und seiner humorvollen Art an. Das Interesse an seinen Seminaren ist groß, viele Teilnehmer sind „Wiederholungstäter".

Altmann setzt in seinem Obstgarten auf natürliche Schädlingsbekämpfung. Ein Insektenhotel beherbergt „Nützlinge" wie Florfliegen und Schwebfliegen, deren Larven Schädlinge wie Blattläuse vernichten. „Mein Obst ist chemiefrei", erklärt der Pomologe. Altmann empfiehlt zum Anbau in der Region die alten Sorten Geheimrat Dr. Oldenburg und James Grieve. Beides sind Herbstäpfel und schmecken leicht säuerlich. Den Oldenburg kann man bis Weihnachten lagern, der Grieve ist ein etwas zeitigerer Apfel zum sofortigen Verzehr.

Für seine Verdienste um die Erhaltung der alten Obstsorten und sein Engagement im Kreislehrgarten in Floß erhielt Altmann 2004 den Umweltpreis des Landkreises. „Angefangen hat es mit meinem Großvater Johann Walberer", verrät Altmann. Der zog nach dem Krieg von Troschelhammer nach Grafenwöhr um – und nahm seine Obstbäume mit. Die umgepflanzten Bäume trugen auch im neuen Garten wieder. „Ein Apfel war wertvoll. Wir aßen auch das Kernhaus mit, übrig blieb nur der Stiel." Als Vorsitzender des Obst- und Gartenbauvereins Pressath organisierte Altmann 1999 die erste bayerische Landesobstausstellung, die ein nie erwarteter Erfolg wurde. Seitdem findet diese Ausstellung einmal jährlich in wechselnden Orten in Bayern statt. Eine bleibende Erinnerung ist auch die internationale Obstausstellung Euro-Pom 2005 auf der Bundesgartenschau in München mit Ausstellern aus vierzehn Ländern.

Petra Ade

Pomologe Michael Altmann gibt sich selten mit einer Apfelsorte zufrieden. An seinen Bäumen reifen mehrere Sorten heran. Beim Veredeln umwickelt er das aufgepfropfte Edelreis vorsichtig mit einem Gummiband.

SPEINSHART – DAS KLOSTERDORF

Unübersehbarer Mittelpunkt und Wahrzeichen der Gemeinde Speinshart ist das gleichnamige Kloster der Prämonstratenser. Seine Geschichte reicht bis ins 12. Jahrhundert zurück. 1145 ließ Reichsgraf Adelvolk von Reifenberg mit seiner Gemahlin Richinza und den Brüdern Reinhold und Eberhard zu Ehren der Mutter Gottes eine Kirche erbauen und schenkte diese samt den umliegenden Besitztümern dem Orden des heiligen Norbert, den Prämonstratensern eben.

Das Klosterdorf Speinshart wird zu den schönsten Dörfern Süddeutschlands gezählt und hat sich aus den Ökonomiegebäuden der Abtei entwickelt, die nach der Säkularisierung 1803 verkauft wurden. Zum Zuge kamen vor allem ehemalige Angestellte, Pächter und Verwalter des Klosters. Die meisten Gebäude stammen aus der Mitte des 18. Jahrhunderts. Damals hat Abt Dominikus I. nach einem Großbrand das Ensemble teilweise erneuern lassen. Das verheerende Feuer war 1746 von einem Viehknecht fahrlässig verursacht worden.

Mittelpunkt des gesamten Klosterdorfs ist die unter Baumeister Wolfgang Dientzenhofer von 1691 bis 1695 erbau-

te Klosterkirche. Mit ihrer prachtvollen Innenausstattung zählt sie zu den schönsten Barockkirchen Süddeutschlands. Zur Zeit des Abts Dominikus Lieblein erlebte das Kloster Speinshart seine Blütezeit (1734 bis 1771) und entwickelte sich zum kulturellen und geistigen Mittelpunkt der Region. Nach der zweiten Säkularisation 1803 wurde das Kloster erst 1921 durch die Prämonstratenser vom Kloster Tepl neu besiedelt und 1923 wieder zur selbstständigen Abtei. In den letzten Jahren haben intensive Bemühungen um die Sanierung und Revitalisierung des Klosters Speins-

1145	Gründung des Klosters Speinshart
1557	Erste Aufhebung des Klosters
1661	Wiederbesiedelung des Klosters
1803	Auflösung des Klosters durch die Säkularisation
1818	Gründung der politischen Gemeinde Speinshart
1921	Wiederbesiedelung des Klosters durch Prämonstratenser aus Tepl
1972	Freiwilliger Zusammenschluss mit den Gemeinden Seitenthal (ohne Scheckenhof) und Tremmersdorf sowie der Ortschaft Pichlberg

Einwohner: 1120

Fläche: 23,8 km²

Ortsteile: Münchsreuth, Haselhof, Tremmersdorf, Höfen, Haselbrunn, Seitenthal, Barbaraberg, Dobertshof, Zettlitz, Süßenweiher, Herrnmühle

Wahrzeichen: Klosterkirche Maria Immaculata

Weitere Sehenswürdigkeiten: Klosterdorf, Wurzelmuseum in Tremmersdorf, ehemalige Wallfahrtskirche auf dem Barbaraberg

hart erste Erfolge gebracht. Im Frühjahr 1996 konnte mit dem ersten Bauabschnitt der Sanierung des Klosters Speinshart begonnen werden. Mit der Klostersanierung und den vielfältigen Maßnahmen der Dorferneuerung sowie der Sanierung der Wieskapelle durch den Landkreis Neustadt a. d. Waldnaab gelang es, das kulturelle Kleinod Speinshart zu beleben und damit an dessen geschichtliche, überregionale Bedeutung wieder anzuknüpfen. Heute finden dort nicht nur internationale Begegnungen statt, sondern auch viele kulturelle Veranstaltungen.

Bürgermeister Albert Nickl stand beim Speinsharttag im Jahre 2012 die Freude ins Gesicht geschrieben. „Visionen sind Realität geworden", strahlte der Rathauschef. Kein Wunder: Sein Ort ist wieder das, was er einmal war, ein kulturelles Zentrum der Oberpfalz und eine Begegnungsstätte von internationalem Rang. Leicht war es nicht, dieses Ziel zu erreichen. Viele dicke Bretter mussten gebohrt werden. Und noch mehr helfende Hände waren nötig, angefangen von den Mitgliedern des Konvents bis hin zum Förderverein Kloster Speinshart; nicht zu vergessen natürlich die Geldgeber in Regensburg, München und Berlin.

Nickl weiß gar nicht mehr, wie oft die Speinsharter als Bittsteller unterwegs waren, an wie viele Türen sie geklopft haben. Besonders hart mussten sie um die Renovierung und Neueröffnung der Klostergaststätte ringen, die viele Jahre verwaist war und der als Herberge eine Schlüsselrolle im Konzept zukommt. Im Herbst 2013 wird sie wieder ihre Pforten öffnen – endlich.

Eigentlich unverständlich, dass dies alles so lange gedauert hat. Die Speinsharter Pfarr- und Klosterkirche der Prämonstratenser wird aufgrund der prachtvollen Stuckaturen im Innenraum zu den bedeutendsten Klosterkirchen in Süddeutschland gezählt. Die gelungenen Raumproportionen und der prächtige Stuck sorgen für italienisches Flair in der rauen Nordoberpfalz.

Auch das Klosterdorf ist ein Baudenkmal von europäischem Rang. Viele zählen es zu den schönsten Dörfern in ganz Süddeutschland. Die Häuser sind eng mit der Geschichte des Klosters verbunden. Es handelt sich dabei um die ehemaligen Ökonomiegebäude, die nach der Säkularisierung 1803 an frühere Angestellte, Pächter und Verwalter des Klosters verkauft worden

Mit dem Oberbibracher Florian König wurde im September 2012 wieder ein Novize in das Kloster aufgenommen. Abt Josef Kugler (Zweiter von rechts) und Prior Pater Benedikt (rechts) freuten sich über den neuen Frater, der nun Korbinian heißt.

sind. Der Großteil entstand in der Mitte des 18. Jahrhunderts. Ein Brand hatte 1749 unter Abt Dominikus I. von Lieblein zum Neubau dieser Ökonomiegebäude geführt. Wer die Häuserzeile genau betrachtet, kann noch

EIN LEBEN MIT DEM KLOSTER

Gedenktafeln erkennen, die an die Feuersbrunst erinnern. Ein Viehknecht soll im Jahr 1746 das Unglück fahrlässig verursacht haben.

Lange galt es als wenig schick, im Klosterdorf zu wohnen. Die Häuser drohten, zu Leerständen zu werden. Erst als die in den 1980er Jahren angeleierte Dorferneuerung kam, änderte sich dies. Der Leitspruch „Speinshart – das bäuerliche Klosterdorf mit Tradition" ließ einen Ruck durch die Bevölkerung gehen. Die Bewohner fingen

an, ihre Gebäude zu lieben, die Reize des Klosterdorfes neu zu entdecken. Auch für die Wieskapelle, die in die Häuserzeile integriert ist, wurde dank des Engagements des Landkreises Neustadt a. d. Waldnaab eine Lösung gefunden. Das frühere Kirchlein, das von 1747 bis 1752 unter Abt Dominikus I. von Lieblein errichtet worden ist, wird nun für Konzerte, Ausstellungen und Vortragsabende genutzt.

Wolfgang Benkhardt

Die Gattin des Grafen von Reifenberg soll sich 1145 mit einer Gefährtin in den Sümpfen bei Speinshart verirrt haben. In ihrer Not fing die Gräfin zu beten an und gelobte den Bau eines Klosters, wenn sie gerettet würden. Nach langer Suche fand der Graf die beiden Frauen. Als ihm die Gräfin von ihrem Versprechen erzählte, ließ der Graf dreimal seinen Schimmel frei in den Wald laufen. Dreimal blieb das Pferd an der gleichen Stelle stehen. Daraufhin ließ der Graf die Sümpfe trockenlegen und dort das Kloster Speinshart errichten, so berichtet es zumindest die Gründungssage.

ITALIENISCHE BAROCK-BAUKUNST

Die ab 1691 errichtete Speinsharter Klosterkirche zählt zu den schönsten kirchlichen Barockbauten Süddeutschlands. Fünf Brüder – vier weltliche und ein kirchlicher – waren maßgeblich an ihrer Entstehung beteiligt. Die berühmten Barockbaumeister-Brüder Wolfgang und Georg Dientzenhofer schufen den Rohbau für die Klosterkirche. Sie ersetzte einen dreischiffigen romanischen Vorgängerbau (ein Bild davon ist noch auf dem Stifterbild in der Eingangshalle zu sehen).

Für die prachtvolle Innenausstattung italienischer Prägung waren die italienischen Brüder Carlo Domenico und Bartolomeo Lucchese verantwortlich. Der eine war Stuckateur und der andere Maler. Der fünfte „Bruder" war Mitbruder Abt Gottfried Blum, der das wunderschöne Gotteshaus als Gesamtkunstwerk zum Lobe Gottes in Auftrag gab.

Seit einer umfassenden Renovierung des Innenraums sind die Stuckaturen wieder in roter Hintergrundfarbe gefasst, die ganze Pracht der Kirche erstrahlt damit in den Originalfarben der Erbauerzeit. Fehlende Stellen wurden behutsam ergänzt und die alten Teile aufgefrischt. Außerdem ziert die Kirche nun ein neuer Volksaltar, den das Künstlerehepaar Susanna und Bernhard Lutzenberger aus einem einzigen Steinblock gefertigt hat. Die Arbeiten dauerten rund vier Jahre und verschlangen etwa drei Millionen Euro. *Wolfgang Benkhardt*

Die Wände der Kirche gehen scheinbar fließend in die Decke über. Ein großartiges Werk barocker Baukunst. Geweiht ist die Kirche dem Patronat Maria Immaculata, also der Unbefleckten Empfängnis.

STÖRNSTEIN – EINST EIGENER STAAT

Auf ihre Vergangenheit sind die Störnsteiner mächtig stolz. Kein Wunder, war es doch ihr Ort, aus dem die Herrschaft, die später zum Fürstentum Lobkowitz wurde, hervorgegangen ist. Lange war Störnstein mit Neustadt Mittelpunkt der Grafschaft Sternstein-Neustadt. Durch den langen und kontinuierlichen Besitz eines Geschlechts, die Erhebung 1634 zur Gefürsteten Grafschaft Sternstein und der damit verbundenen Reichsunmittelbarkeit war eine über zweieinhalb Jahrhunderte während Konstanz gewährleistet, die sich sehr segensreich auswirkte. Die drei Sterne im Wappen erinnern an diese bedeutende Epoche.

Ausgangspunkt der Herrschaft war ein festes Haus oder ein einfaches Schloss auf dem markanten Granitfelsen im Ort, auf dem heute die katholische Pfarrkirche St. Salvator thront. Nach diesem Stein und dem Geschlecht der Störe, denen die Festung gehörte und die an der organisierten Besiedelung des Nordgaus beteiligt waren, ist der Ort benannt. Von der Burg ist leider fast nichts mehr zu sehen. Um 1600 war sie schon eine Ruine. Ein Teil der Einrichtung des 1934 anstelle eines St.-Katharina-Kirchleins erbauten Gotteshauses soll übrigens noch aus der

alten Burgkapelle stammen, aus dem der Vorgängerbau hervorging. In der Kirche ist auch der Erbauer zu sehen. Der Maler hat beim Wandgemälde im Altarraum den Geistlichen Rat Wilhelm Hecht im Kreise seiner Gläubigen vereiwigt. Es gab bei Störnstein noch ein zweites Gotteshaus. Es stand hinter der Siedlung „Am Gigl", einige hundert Meter von der Felsformation Hafendeck entfernt. Um diese Steingruppe ranken sich zahlreiche Sagen. Die bekannteste erzählt, dass ein Teufel dort seinen Handel getrieben haben soll. Er tauchte in Gestalt eines Jägers auf und wettete mit einem Hirtenjungen, dass er zehnmal so weit wie dieser werfen und mit einem Stein das Kirchlein am Waldrand treffen

Einwohner: 1470

Fläche: 21,4 km²

Ortsteile: Lanz, Oberndorf, Wöllershof, Reiserdorf, Rastenhof, Ernsthof und Mohrenstein.

Wahrzeichen: katholische Pfarrkirche St. Salvator

Weitere Sehenswürdigkeiten: Schlossberg, Haferdeckmühle, Anlage des Bezirkskrankenhauses und Fischzuchtanlage Wöllershof

12. Jhd.	Bau eines „festen Hauses" oder Schlosses auf dem Granitkegel
13. Jhd.	Die Feste gelangt in den Besitz der Herzöge von Bayern
1562	Die Lobkowitzer erwerben die Herrschaft
1643	Der Besitz wird zur Gefürsteten Grafschaft Sternstein
1806	Die Lobkowitzer verkaufen den Besitz an das Königreich Bayern
1972	Gründung der Großgemeinde Störnstein aus den früheren Gemeinden Lanz und Störnstein

könne. Als der Leibhaftige einen Stein nahm, bemerkte der Junge den Geißfuß und stammelte ein Gebet. Da begann das Wandlungsglöcklein zu läuten, die Kräfte des Teufels schwanden und der Block fiel genau auf die Steingruppe, die er heute wie ein Deckel ein Haferl bedeckt. Wer genau hinsieht, soll sogar noch die Spuren der Teufelskrallen erkennen können. Statt eines Bürgerfestes feiern die Störnsteiner alljährlich am ersten Sonntag im August ein Backofenfest, das Besucher von nah und fern anlockt. Tradition sind neben den Köstlichkeiten aus dem Backofen auch die Auftritte der „Historisch Hochfürstlich Lobkowitzischen Grenadier Garde", die an die Zeit der Lobkowitzer erinnert.

Der Kuppelsaal ist das Wahrzeichen des Bezirkskrankenhauses Wöllershof. Es beherbergt eine Psychiatrische Fachklinik mit Schlaflabor, Gerontopsychiatrie und Suchtklinik (oben). Die „Historisch Hochfürstlich Lobkowitzische Grenadier Garde" erinnert an die Zeit, als Störnstein als Gefürstete Grafschaft der Lobkowitzer einen Sitz im Immerwährenden Reichstag in Regensburg hatte. Hier marschiert sie zu Ehren des damaligen Innenministers und späteren Ministerpräsidenten Günther Beckstein auf, der beim Bau der Störnsteiner Spange den ersten Spatenstich vornahm. Mit auf dem Bild Ehefrau Marga (links), die Tunnelpatin beim Mühlberg-Durchstich war.

Wenn es um das Thema Fische geht, ist Hans Bergler in seinem Element. Dann sprudelt es nur so aus ihm heraus. Schnell stellt man fest, dass es in der Region kaum einen größeren „Fisch-Versteher" gibt als ihn. Das kommt nicht von ungefähr, denn Bergler beschäftigt sich von Berufs wegen seit über vierzig Jahren mit den glitschigen Geschöpfen. Bergler ist Fischzuchtmeister, ein in unserer Region eher seltener Beruf. Seit Jahrzehnten leitet er den Teichwirtschaftlichen Beispielsbetrieb des Bezirks Oberpfalz in Wöllershof.

DER FISCH-VERSTEHER DES BEZIRKS

Neun Hektar Teichfläche umfasst die Wöllershofer Hausanlage. Weitere zwölf Hektar kommen außerhalb für die Mutterfischhaltung hinzu. Vom Berater über den Ausbilder bis zum Hausmeister hat Bergler ein großes Arbeitsfeld. Dazu braucht es mehr als einen Acht-Stunden-Tag. Bergler war der erste Auszubildende, als er 1972 seine dreijährige Lehre in dem ein Jahr zuvor neu errichteten Betrieb des Bezirks antrat. „Wir hatten zu Hause in Geisleithen bei Plößberg Teiche. Die Natur und die Fische waren schon in meiner Kindheit meine große Leidenschaft", gesteht er. Nachdem der Vater auch im Teichbau aktiv war, lag es nahe, dass er eine Lehre in der Fischzucht begann. Als er nach drei Jahren Gesellenzeit die Meisterprüfung ablegen wollte, musste er nach Österreich zum Mondsee auswandern, weil in Bayern kein Meisterkurs zusammenging. „Der Titel wur-

Bei seinen Fischhälterungen ist Hans Bergler in seinem Element. Sein spektakulärstes Projekt in all den Jahren war die Nachzucht und Verbreitung des Störs, der als Nischenfisch die Teichwirtschaft stützen soll.

de jedoch bei uns nicht anerkannt", erinnert er sich. Ein Jahr später bekam er dann die Gelegenheit, an der Landesanstalt für Fischerei in Starnberg die deutsche Prüfung als Fischzuchtmeister abzulegen. Seit Jahrzehnten lebt und arbeitet Bergler auf dem Wöllershofer Betrieb – wenn's sein muss, auch schon mal rund um die Uhr. Selbst im Urlaub sieht man ihn oft auf dem Gelände. An drei bis vier Lehrlinge pro Jahr gibt er sein Wissen weiter. „Wir haben in diesem Bereich die meisten Lehrlinge in ganz Bayern ausgebildet", weiß Bergler. Dafür und für sein Engagement wurde er mit dem Goldenen Meisterbrief geehrt.

Die Fischbauern profitieren von Berglers Beratungstätigkeit, die von Besatzmaßnahmen bis zur Vermehrung von gefährdeten Fischarten reicht. Zu diesen zählt auch die Nach- und Aufzucht des Störs. „Ein Highlight in meiner beruflichen Tätigkeit", gesteht er. Seit nunmehr über zwanzig Jahren hat sich der Wöllershofer Betrieb damit in Fachkreisen einen Namen gemacht. Eng verbunden damit ist der Name Bergler. Inswischen wurde der vom Aussterben bedrohte Fisch bis nach Ru-

mänien zurückgebracht. Der rumänische Landwirtschaftsminister informierte sich persönlich bei einem Besuch der Wöllershofer Teichanlage. Bergler ist sich aber auch sicher, dass der Stör den Oberpfälzer Karpfen nie ersetzen wird. Er sieht ihn eher als eine Art Nischenfisch.

Viel hat sich in der Teichwirtschaft und Fischzucht in all den Jahren geändert. „Die Teichwirte klagen heute über strenge bürokratische und gesetzliche Auflagen und Vorgaben, die sie erfüllen müssen. Daneben richten Vögel wie Kormorane und Fischreiher, Fuchs und Mink große Schäden an", sagt Bergler. Während er früher gegen die Forellenseuche zu kämpfen hatte, beschäftigt ihn heute immer häufiger das Koi-Herpes-Virus, eine meldepflichtige Seuchenkrankheit. „Sie wurde durch Zierfische aus Israel und Asien eingeschleppt und endet für die heimischen Fische meistens tödlich", berichtet er. Neben seinen Fischen hat er nur ein Hobby: die Jagd. Das passt recht gut zur Fischerei. Denn auf die Jagd kann er auch nachts gehen, wenn seine Fische schlafen.

Hans Prem

TÄNNESBERG – BELIEBTES URLAUBSZIEL

Malerisch schmiegt sich der staatlich anerkannte Erholungsort Tännesberg an den Schlossberg an. Die Burg oben, von der noch Reste zu sehen sind, war wohl auch der Ausgangspunkt für die Siedlung unten. Erstmals urkundlich erwähnt wurde Tännesberg im Jahre 1150 im Traditionskodex des Klosters Reichenbach. Damals schenkten drei Brüder von Willhof dem Kloster einen Grundbesitz in Pischdorf. Sie übergaben ihn in die Hand des „Irinfrid de Swerzinfelt" (Schwarzenfeld), der ihn auf Bitten des Abtes Erchinger zusammen mit einem Gut Weidental einem „Reginger de Tegenisperge" zur Verwaltung übertrug. Als Zeuge wird in dieser Urkunde auch ein „Otto de Tegeninisperge" genannt. Die beiden Tännesberger waren Dienstleute des Markgrafen von Nabburg. Tännesberg war damals ein Eigengut der Diepoldinger, der Markgrafen von Nabburg. Bestanden aber hat Tännesberg schon wesentlich früher.

Am 22. März 1412 erhob Pfalzgraf Johann Tännesberg zum Markt und verlieh ihm die Rechte seiner Residenzstadt Neunburg v. W. Tännesberg kann damit als einziger Markt im ehemaligen Landkreis Vohenstrauß nicht nur diese frühe Erhebung urkundlich nachweisen, sondern es wurde durch die Verleihung der Rechte der Residenzstadt auch besonders hervorgehoben. Mit der Verleihung der Marktrechte war die niedere Gerichtsbarkeit verbunden.

In der jüngeren Zeit sorgt Tännesberg vor allem durch ökologische Projekte für Schlagzeilen. Rotviehhaltung, Projekt Kainzbachtal, Rebhuhn-Zoigl sind hier nur einige Schlagworte. Im September 2004 wurde dem Markt Tännesberg das „Viabono-Qualitätssiegel" verliehen. Dieses Gütesiegel zeichnet den Ort als ein heraus-

Einwohner: 1490

Fläche: 32,1 km²

Ortsteile: Fischerhammer, Großenschwand, Kainzmühle, Karlhof, Kaufnitz, Kleinschwand, Neumühle, Pilchau, Schnegelmühle, St.-Jodok-Kirche, Tanzmühle, Voitsberg, Weinrieth, Woppenrieth

Wahrzeichen: Schlossberg (693 Meter)

Weitre Sehenswürdigkeiten: Obstlehrpfad, Geologischer Lehrpfad, Bursweiher, Hochspeicher Rabenleite, Kirche St. Jodok, Pfarrkirche St. Michael

1150	Erste urkundliche Erwähnung im Traditionskodex des Klosters Reichenbach
1400	Pfalzgraf Ruprecht III. erwirbt die letzten Teile der Herrschaft Tännesberg
1412	Gründung des Marktes Tännesberg
1796	Nach einer Viehseuche wird der St.-Jodok-Ritt begründet
1839	Der Markt versinkt beim letzten Großbrand in Schutt und Asche

ragendes Naturreiseziel aus. Mittlerweile wurde dieses Gütesiegel noch mit der Auszeichnung Modellgemeinde für Biodiversität getoppt.

2012 mündeten diese Bemühungen in die Aufnahme der Preisträgerliste „365 Orte im Land der Ideen", einer Aktion, die zur Fußball-WM im eigenen Land entwickelt worden ist. Die Juroren würdigten den Markt als besonders beeindruckendes Beispiel für ausgeprägte Innovationskultur und als ein Spiegelbild bedeutender Zukunftstrends. Ziel aller Maßnahmen ist es, die biologische Vielfalt zu erhalten und zu verbessern.

UMRITT ZU EHREN VON ST. JODOK

Das hätte sich der Zeugmacher Leonhard Paritus auch nicht träumen lassen, als er Ende des 18. Jahrhunderts aus tiefer Frömmigkeit auf dem Weg zur St.-Jodok-Kirche ein Marterl an seinem Acker setzte. Der Tännesberger begründete damit die Tradition der nach dem Bad Kötztinger Pfingstritt zweitgrößten Pferdewallfahrt Bayerns. Damals, 1796, wütete eine Viehseuche im Ort. Über „zweihundert Stück Hornvieh" sind nach den Aufzeichnungen in kurzer Zeit daran verendet.

Leonhard Paritus soll der Erste gewesen sein, der wieder ein Rind durchbrachte, und dankte dies dem Herrgott mit dem Marterl, das er dem heiligen Wendelin widmete. Die Tännesberger gelobten später, daran vorbei zur St.-Jodok-Kirche zu pilgern. Immer am vierten Sonntag im Juli ist es so weit. Zu der ersten Wallfahrt wollten die Bauern nach den Niederschriften ursprünglich ihr gesamtes Vieh mitnehmen. Aber diese Pläne ließ man verständlicherweise bald wieder fallen. Heute braucht es das ohnehin nicht mehr.

Denn seit der Wiederbelebung des 1866 aus bislang ungeklärten Gründen verbotenen Pilgerzugs im Jahr 1950 kommen auch von auswärts viele Reiter mit ihren Pferden, um den Tännesbergern beim Erfüllen des Gelübdes zu helfen. Hundertfünfzig bis zweihundert festlich herausgeputzte Rösser wurden zuletzt jährlich gezählt. Reiter ist dabei nicht gleich Reiter. Es gibt schwarze Kreuzritter (sie stehen für die Paulsdorfer, die einstigen Herren von Tännesberg), Georgsritter mit weißem Umhang (sie verkörpern Standhaftigkeit), blaue Martinsritter (ein Symbol der Großzügigkeit), rote Ritter (sie stehen für drei Brandkatastrophen im Ort), Ritter mit Kettenhemden (als Erinnerung an die vielen Pesttoten) und andere mehr.

St. Jodok war schon im Mittelalter ein sehr bekannter Wallfahrtsort. Daran erinnert ein Kreuz, das in der Kirche zu sehen ist. Es stammt aus dem Jahr 1690. Damals wütete in Wien die Pest. Pilger marschierten unter diesem Kreuz bis nach Tännesberg, um das Ende der Seuche zu erbitten. Als der „Kreuzzug" in der Oberpfälzer Wallfahrtsstätte angekommen war, soll in Österreich wie durch ein Wunder die Seuche zum Erliegen gekommen sein.

Erst nach dem Zweiten Weltkrieg, im Jahre 1949, wurde die alte Tradition unter Leitung von Karl Eckl und Pfarrer Friedrich Reichl wieder aufgenommen. 1964 musste sie wegen Pferdemangels erneut eingestellt werden. Die steigende Beliebtheit des Pferdes als Reittier ermutigte Werner Heider und Simon Wittmann nach der Renovierung der St.-Jodok-Kirche 1977 zur Wiedereinführung. Seitdem ist der Ritt eines der wichtigsten Brauchtumsfeste im Landkreis. *Wolfgang Benkhardt*

Der St.-Jodok-Ritt ist die zweitgrößte Pferdewallfahrt Bayerns. Der Umzug, an dem sich auch Landrat Simon Wittmann (vorne, Mitte) alljährlich beteiligt, geht auf eine Viehseuche zurück, die Ende des 18. Jahrhunderts im Ort wütete. 1949 wurde die Tradition der berittenen Prozession wiederbelebt.

Tännesberg hat viele idyllische Flecken zu bieten. Einer der schönsten Plätze ist mit Sicherheit der Schlossberg, dem der Marktflecken zu Füßen liegt (unten).

THEISSEIL – DIE EINZIGE „NEUE"

Manche Gemeinden sind eher klein strukturiert und doch nennen sie sich seit der Gebietsreform Anfang der 1970er Jahre Großgemeinde, weil sie sich mit der einen oder anderen Kommunen zusammengeschlossen haben. Eingemeindung nennt sich das im Amtsjargon. Theisseil ist so eine Großgemeinde. Aus drei Kommunen – Edeldorf, Letzau (Bild oben) und Roschau – mit vierzehn Ortsteilen ging Theisseil 1972 hervor. Auch die Bürger hießen das in einer Abstimmung für gut. Aber die Gemeinderäte und Bürgermeister konnten sich auf keinen der früheren Namen einigen. Der Kompromiss hieß Theisseil.

Die Gemeinde schrieb, kaum aus dem Ei geschlüpft, Geschichte. Sie ist die einzige Kommune im Landkreis, die bei der Gebietsreform neu gebildet worden ist, und sie ist Mitglied der ersten Verwaltungsgemeinschaft, die in Bayern ihre Arbeit aufgenommen hat, nämlich am 1. Juli 1973.

Dreißig Jahre später wurde an den Grundfesten der Gemeinde gerüttelt. Eine Bürgerinitiative hatte 2003, unter anderem wegen der schlechten Finanzlage, einen Bürgerentscheid zur Eingliederung in die Stadt Weiden erreicht. Mit 67,3 Prozent stimmten die Einwohner für Theisseil

und gegen Weiden, für die Dorfidylle und gegen die Stadt.

Viele Theisseiler blicken ohnehin auf die Weidener regelrecht herab. Rein landschaftsmäßig, versteht sich. Quer durch das Gebiet der Gemeinde verläuft die Fränkische Linie, eine Abbruchkante, die das Alte Gebirge vom Weidener Becken trennt. Es ist einfach grandios, dort oben mitzuerleben, wenn die Sonne an Herbstabenden ihre Rottöne über das Weidener Becken ausgießt und sich hinter der dunklen Silhouette des Parksteins zur Ruhe bettet.

12. Jhd.	Bau der romanischen Kirche St. Ulrich in Wilchenreuth
1777	Die Ortschaft Theisseil kommt zu Bayern
1818	Entstehung der Gemeinden Edeldorf, Roschau und Letzau
1968	Bau des Fernmeldeturms Geisleite bei Letzau
1972	Gründung der Großgemeinde Theisseil
2005	Einweihung der neuen St.-Johannes-Nepomuk-Kirche in Letzau

Einwohner: 1230

Fläche: 21,4 km²

Ortsteile: Aich, Edeldorf, Fichtlmühle, Görnitz, Hammerharlesberg, Harlesberg, Letzau, Oberhöll, Remmelberg, Roschau, Schammesrieth, Theisseil, Wiedenhof, Wilchenreuth

Wahrzeichen: Fernmeldeturm Geisleite

Weitere Sehenswürdigkeiten: romanisches Gotteshaus St. Ulrich und Meißner-Kelch in Wilchenreuth

Und dann ist da natürlich der Goldsteig, der die Gemeinde auf dem Weg zum Fischerberg durchquert, vorbei an der evangelischen Kirche St. Ulrich in Wilchenreuth, der einzigen romanischen Kirche der Oberpfalz, deren Grundriss nie verändert worden ist. Eines der ältesten Gotteshäuser der gesamten Oberpfalz.

Die eindrucksvollen Wandmalereien in der Kirche, die bis 1912 von beiden Konfessionen genutzt worden ist, zeigen Jesus als Weltenrichter. Der Meißner-Kelch der Kirche ist das älteste nachgewiesene Goldschmiedestück von Weiden und stammt aus dem Jahr 1614.

214

Verzauberte Prinzessinnen, Hexen, Räuber, Zauberer, Drachen und Märchenkönige: Hermann Papacek beherrscht sie alle. Der Edeldorfer ist Puppenspieler aus Leidenschaft. Wenn sich samstags oder sonntags im kleinen Saal des Gasthofs „Edelweiß" der dunkelblaue Samtvorhang hebt und die Augen der Kinder, die auf den Holzstühlen vor der Bühne sitzen, zu leuchten beginnen, ist der Vater von zwei erwachsenen Kindern in seinem Element. Doch längst macht er nicht nur den lieben Kleinen mit seinem Spiel eine Freude. Bei der Premiere des „Brandner Kaspars" saßen sogar der Landrat und die Bürgermeisterin im Puppentheater.

Der Frohsinn ist Hermann Papacek ins Gesicht geschrieben. Mit verschmitztem Gesicht sitzt er da und erzählt von den selbst geschriebenen Stücken, den liebevoll gestalteten Kulissen und natürlich seinen Puppen, dem Seppl, dem Kasperl, der Hexe Krümelzahn, dem Zauberer Larifari, dem Drachen Wendelin und all den anderen, denen er Leben einhaucht. Er will die Kinder nicht erschrecken oder gar einschüchtern. Stockschläge gibt es bei der Edeldorfer Puppenbühne nicht. Wenn der Kasperl den Räuber fängt, dann streift er ihm mit einer List das Kartoffelfangnetz über. „Auch die Kleinen sollen ihre Freude an dem Spiel haben und ein bisschen gescheiter als vorher das Theater verlassen", erläutert er seine Philosophie und grinst.

Sein erstes Stück hat der Edeldorfer als Sechsjähriger geschrieben. Als seine beiden Kinder, Tochter Irina und Sohn Michael, auf die Welt kamen, erinnerte er sich wieder ans Puppentheater auf dem Dachboden. Zuerst in der Familienrunde, dann bei Kindergeburtstagen und später

Mit ein paar handelsüblichen Handpuppen hat Hermann Papacek begonnen. Mittlerweile hat er Dutzende von selbst gemachten Figuren. Die Köpfe und Gliedmaßen fertigt der Edeldorfer aus Modelliermasse.

EDELDORFER LÄSST DIE PUPPEN TANZEN

beim Pfarrfest in Wilchenreuth hieß es: Vorhang auf! Papacek war damals Pfarrgemeinderatsvorsitzender. „Wir brauchten irgendeine Attraktion für die Kinder und da bin ich dann halt mit meinem Kasperltheater angerückt." Die „Verzauberte Prinzessin" kam so gut an, dass Vater und Sohn beschlossen, mit Vorstellungen das Taschengeld des Sprösslings aufzubessern. Als der frühere Servicemitarbeiter beim Fernmeldeamt mit gut fünfzig Jahren frühzeitig in den Ruhestand wechseln konnte, hatte er richtig Zeit, die Puppen tanzen zu lassen. Zuerst kamen Tourneen für die Aktion „Lichtblicke" im Landkreis dazu, dann eine feste Bühne im Gasthaus Janker in Edeldorf, zuletzt ein großer Anhänger ...

Ehefrau Monika nimmt das Hobby ihres Mannes ganz gelassen. „Meine Freundinnen witzeln zwar manchmal, dass mein Mann im Keller mit Puppen spielt, aber ansonsten finde ich toll, wie er anderen eine Freude macht." Sie räumte vor einigen Jahren deshalb sogar ihr Studio, das sie sich unter dem Dach eingerichtet hatte – mit vielen antiken Möbeln, einer geblümten Couch und Blick zum Sternenhimmel. Statt zum Trocknen geschnürte Salbei-, Lavendel- und Pfefferminzbüschel hängen dort nun Puppen an der Wand und warten auf ihren großen Auftritt.

Wolfgang Benkhardt

Zwei Kirchen prägen das Bild des Dörfchens Wilchenreuth. Beide sind dem heiligen Ulrich geweiht. Das kleine, evangelische Gotteshaus ist romanischen Ursprungs und reicht bis ins 12. Jahrhundert zurück. Im Inneren ist Jesus als Weltenrichter zu sehen (rechts). Bis zum Bau der größeren katholischen Kirche wurde das Gotteshaus von beiden Konfessionen gemeinsam genutzt. 1909 ging das Simultaneum nach über zweihundert Jahren zu Ende. Die Katholiken erhielten den Hochaltar, zwei Relieftafeln und rund neuntausend Mark Abfindung.

TRABITZ – GEMEINDE MIT SCHLOSS

Trabitz ist slawischen Ursprungs und bedeutet so viel wie „Grasland". Auch wenn die Gegend damals, also zur Zeit der Slawen, sicher ganz anders ausgesehen hat, passt der Name doch irgendwie noch immer. Am Fuße des Rauhen Kulms gelegen, säumen Felder, Äcker und Wiesen die Orte der ländlich strukturierten Gemeinde. Daran ändert auch nichts, dass die Landwirtschaft seit dem Zweiten Weltkrieg an Bedeutung verliert. Doch der Reihe nach: So um 800 setzte unter baierisch-fränkischer Herrschaft von Süden her allmählich eine baierische Besiedelung ein, die slawische Bevölkerung wurde nach und nach friedlich „eingedeutscht". Die älteste bekannte urkundliche Erwähnung betrifft den Gemeindeteil Burkhardsreuth und datiert vom Jahre 1181; der Name „Trabitz" ist in einem Lehenbuch vom Ende des 14. Jahrhunderts erstmals belegt.

Die Bilder des 1985 angenommenen Wappens erinnern an die beiden wichtigsten historischen Grundherrschaften. Der Turm steht für das 1145 gegründete Prämonstratenserkloster Speinshart, das Höfe und Ländereien unter seine Botmäßigkeit brachte. Auf die fränkischen Freiherren von Hirschberg, die ab dem 17. Jahrhundert in Weihersberg und Umgebung die wichtigsten Grundherren waren und denen heute das Schloss Weihersberg wieder gehört, verweist der Hirsch im oberen Wappenfeld. Doch auch Hammerwerke, Schmieden und Mühlen bestanden im Gemeindegebiet seit dem Mittelalter. Die Eröffnung der Eisenbahnstrecke Bayreuth–Weiden 1863 setzte einen Strukturwandel in Gang. Eine Glasschleiferei und eine Spiegelglasfabrik nahmen ihren Betrieb auf. Aus ganz Ostbayern und Böhmen zogen Glashüttenarbeiter hierher. Doch in den 1920er Jahren sank die Nachfrage, die Weltwirtschaftskrise warf

Einwohner: 1320

Fläche: 27 km²

Ortsteile: Bärnwinkel, Blankenmühle, Burkhardsreuth, Feilersdorf, Feilershammer, Fischgrub, Gänsmühle, Grub, Grünbach, Hub, Kohlbach, Kurbersdorf, Pichlberg, Preißach, Schmierhof, Drahthammer, Weihersberg, Zainhammer, Zessau

Wahrzeichen: Schloss Weihersberg

Weitere Sehenswürdigkeiten: Schlosskapelle mit Eichenallee in Weihersberg, ehemalige Wehrkirche in Burkhardsreuth, Aussichtspunkt Pichlberger Höhe

1181	Erste urkundliche Erwähnung von Burkhardsreuth
1863	Eröffnung der Eisenbahnlinie und damit beginnender Strukturwandel
1941	Verlagerung einer Fertigungsstätte für Auspuffschalldämpfer nach Trabitz
1972/75	Zusammenschluss von Gemeinden zur Großgemeinde Preißach
1978	Umbenennung in Trabitz

ihre Schatten auch auf Trabitz. 1929/30 mussten die Glaswerke schließen. Während des Zweiten Weltkrieges wurde Trabitz dann aber erneut zu einem Industriestandort. Das Nürnberger Unternehmen Paul Leistritz verlagerte 1941 eine Fertigungsstätte für Auspuff-Schalldämpfer hierher. Bis heute ist dieses Werk, das 1994 an die französische Firma ECIA (seit 1997 Faurecia) verkauft wurde, der wichtigste Arbeitgeber. Die heutige Gemeinde ist das Ergebnis der Gebietsreform: 1972 schloss sich ein Teil der Gemeinde Pichlberg mit der Gemeinde Preißach zusammen, 1975 folgten die Gemeinden Weihersberg und Feilersdorf. Die nunmehrige Großgemeinde Preißach nahm 1978 den Namen „Trabitz" an.

Über dem Tal der Haidenaab steht das Schloss Weihersberg. Seit der Baumbestand gelichtet und die Fassade neu verputzt und getüncht ist, strahlt das schmucke Anwesen wieder weit ins Tal – und das sogar in den Originalfarben von anno dazumal. Wohnen möchte darin trotzdem nicht jeder. Im Schloss soll es nämlich spuken.

Trotzdem hat Lutz Freiherr von Hirschberg alles darangesetzt, das Anwesen wieder in Familienbesitz zu bringen. Anfang des 19. Jahrhunderts war es von den von Hirschbergs verkauft worden und stand dann nach mehreren Besitzerwechseln zwanzig Jahre leer. 1996 waren die Bemühungen des Rechtsanwalts von Erfolg gekrönt. „Richtig heruntergekommen war das

DAS SPUK-SCHLOSS BEI PRESSATH

Anwesen", erinnert sich der Schlossherr an die ersten harten Jahre. Richtig gut erhalten war eigentlich nur das Verlies, das aus dem 12. Jahrhundert stammt, also aus dem Vorgängerbau. Denn das jetzige Schloss wurde erst 1468 errichtet und danach nie zerstört. „Das macht das Denkmal bauhistorisch besonders wertvoll", weiß von Hirschberg.

Viele Sagen und Legenden haben sich da im Laufe der Jahrhunderte angesammelt. Auch Lutz Freiherr von Hirschberg hat schon „mysteriöse" Vorfälle erlebt. So zeigte beispielsweise Wolf Adam von Hirschberg, der dreizehnte Vorfahr des jetzigen Schlossherrn, erstmals nach langer Zeit sein wahres Gesicht, als der Nachkomme das erste Mal als rechtmäßiger Besitzer sein Schloss betrat. Vom Ölgemälde aus dem 15. Jahrhundert löste sich in dem Moment ein aufgemalter Kopf von der Leinwand, als von Hirschberg das Bild passierte. Darunter kam das ursprüngliche Antlitz des Ahnherrn hervor. Er lebte von

1614 bis 1694, hatte sechzehn Kinder und war als Quertreiber und berüchtigter Duellant und Haudegen bekannt. Den Unterlagen des Heimatpflegebundes Pressath, die Eckhard Bodner zusammengestellt hat, kann man entnehmen, dass er als unverwundbar galt und mit dem Teufel im Bunde stehen sollte. Der Sage nach konnte er zu Fuß über den Weiher gehen oder mit der Kutsche darüberfahren. Als er starb und die Männer in der Pressather Kirche sein Grab vorbereiteten, soll er als Geist erschienen sein und gefragt haben, was sie da tun. „Leider gibt es keinen Beleg dafür, dass er jemals in Weihersberg war", bedauert Freiherr von Hirschberg. Das Ölgemälde, auf dem Wolf Adam zu sehen ist, hänge trotz mehrmaligen Ausrichtens immer schief. Beim Verlegen eines Elektrokabels durch die Wand hinter dem Bild sei an der Stelle hinter dem Kopf von beiden Seiten kein Durchkommen gewesen. Erst ein paar „deftige Worte" an die Adresse des Ahnherrn habe Abhilfe geschaffen.

Bekannt ist auch die Sage von Maria Anna von Hirschberg, der „Weißen Frau". Sie verunglückte am 6. Juni 1833 tödlich

Das Schloss Weihersberg ist manchen nicht recht geheuer. Dort soll es nachts umgehen.

mit der Pferdekutsche auf dem Schleifberg zwischen Zessau und Grünbach. In finsteren Nächten soll sie jammernd und wimmernd betrunkenen Zechern erscheinen, meist zwischen Vogelherd und Knödelbrücke. Als der Schlossherr den Kachelofen im Herrschaftszimmer von Maria Anna abbaute, roch er plötzlich „ein süßes, schweres Damenparfüm". „Die Duftwolke hatte etwa einen halben Meter Durchmesser und war scharf abgegrenzt." Sie habe sich stundenlang gehalten und sei erst am anderen Morgen verschwunden.

Am bekanntesten ist wohl die Geschichte von der „nie versiegenden Quelle" im Keller des Schlosses. Solange der Schlossherr das Wasser mit den Bauern der Umgebung teilt, wird das Wasser nie weniger werden. „Der Wasserstand im Becken ist wirklich immer gleich", weiß der Schlossherr, der sich aber sicher ist, dass es für alle diese geheimnisvollen Dinge „irgendeine natürliche Erklärung" gibt.
Petra Ade

Rund um den Rauhen Kulm sind viele Zeichen großer Volksfrömmigkeit zu finden. Eines davon steht an der Straße von Preißach in Richtung Filchendorf (unten). Alle Versuche, bei der Dorferneuerung Preißach Licht ins Dunkel der Entstehung des Marterls zu bringen, sind gescheitert. Von der Pichlberger Höhe hat man einen wunderschönen Blick auf die Hügelketten der Umgebung (oben). Auf dem Bild in der Mitte wurde der Zainhammer-Weiher vor der Silhouette des Rauhen Kulms zum Schwanensee.

VOHENSTRAUSS – PFALZGRAFENSTADT

Vohenstrauß darf für sich in Anspruch nehmen, die größte Stadt des Landkreises zu sein. An einer wichtigen alten Handelsstraße nach Prag gelegen und von traumhafter Landschaft umgeben, hat der Ort seit Jahrhunderten eine zentrale Bedeutung für die Region. Vohenstrauß darf sich dabei sogar Pfalzgrafen-Residenzstadt nennen. Das kam so: Vohenstrauß war immer wieder von den wittelsbachischen Länderteilungen betroffen. Nach dem Landshuter Erbfolgekrieg (1503/05) wurde Vohenstrauß den jungen Herzögen Ottheinrich und Philipp von Pfalz-Neuburg zugeteilt. Pfalzgraf Friedrich von Vohenstrauß (1557–1597) erbte als vierter Sohn des Pfalzgrafen Wolfgang von Zweibrücken-Veldenz nach dessen Tod 1569 das Pflegamt Flossenbürg mit den Märkten Vohenstrauß und Floß sowie die halbe Herrschaft Weiden-Parkstein. Daraufhin erbaute er in den Jahren 1586 bis 1593 die nach ihm benannte Friedrichsburg.

Friedrich heiratete 1587 Fürstin Katharina Sophia von Liegnitz, eine Tochter des schlesischen Herzogs Heinrich XI. Ihre drei Kinder ereilte der Tod bereits im Säuglingsalter, so dass die Linie ausstarb. Nach dem Tod des Pfalzgrafen (1597) und seiner Frau (1608) erlosch die pfalzgräfliche Residenzzeit wieder. Nach der Landesteilung im Jahr 1614 kam der Markt an die Herrschaft Pfalz-Sulzbach, bis 1777 der letzte Sulzbacher, Karl Theodor, nach dem Erlöschen der bayerischen Kurlinie die Pfalz wieder mit Bayern vereinigte.

Bis zur Gebietsreform 1972 war Vohenstrauß Kreisstadt. Auch wenn dieser Titel verloren ging, so ist die Stadt doch immer das wirtschaftliche und schulische Zentrum des östlichen Landkreisbereichs.

1378	Urkundliche Erstnennung als Stadt
1586	Bau der Friedrichsburg
1839	Letzter großer Stadtbrand
1912	Wiedererhebung zur Stadt
1913	Beendigung des Simultaneums in der Stadt Vohenstrauß
1972	Vohenstrauß wird Großgemeinde und verliert den Landkreisstatus

Einwohner: 7830

Fläche: 74,06 km²

Ortsteile: Altenstadt bei Vohenstrauß, Altentreswitz, Arnmühle, Binnermühle, Böhmischbruck, Braunetsrieth, Erpetshof, Fiedlbühl, Fürstenmühle, Galgenberg, Goldbachschleife, Grünhammer, Hammer, Hartwichshof, Herrnmühle, Iltismühle, Kaimling, Kaltenbaum, Kapplhaus, Kößing, Kößlmühle, Lämersdorf, Linglmühle, Luhmühle, Neumühle, Neuwirtshaus, Oberlind, Obernankau, Oberschleif, Obertresenfeld, Papiermühle, Roggenstein, Straßenhäuser, Taucherhof, Trasgschieß, Übersteherhäusl, Unterlind, Unterschleif, Untertresenfeld, Waldau, Wastlmühle, Weißenstein, Wiegenhof, Wilhelmshöhe, Zeßmannsrieth, Zieglhütte, Zieglmühle

Wahrzeichen: Friedrichsburg

Weitere Sehenswürdigkeiten: Stadtplatz, Heimatmuseum, Museum „Schätze der Oberpfalz"

Die Friedrichsburg ist ein massiger, dreigeschossiger Kastenbau mit steilem Satteldach, umstellt von fünf Rundtürmen mit Spitzhelmen. Beeindruckend sind die ornamentierte Bohlenbalkendecke im ersten Obergeschoss, Reste barocker Rahmenstuckdecken und ein gewaltiger Dachstuhl. Seit 2011 ist die Stadt Vohenstrauß stolze Schlossherrin und somit zum ersten Mal in ihrer Geschichte im Besitz des Wahrzeichens.

Die schmucke Kirche St. Johannes der Täufer in der Ortsmitte von Altenstadt bei Vohenstrauß sieht auf den ersten Blick wie viele Kirchen im Landkreis aus. Und doch ist sie einzigartig. Seit der Einführung des Simultaneums am 15. März 1654 wird sie von beiden Konfessionen gemeinsam genutzt. Die zuständigen Pfarrämter in Vohenstrauß verschwenden keinen Gedanken daran, dies zu ändern. Der katholische Stadtpfarrer und Dekan Alexander Hösl sowie der evangelische Stadtpfarrer Peter Peischl pflegen das gute Verhältnis, das unter ihren Vorgängern gewachsen ist.

DAS LETZTE SIMULTANEUM IM LANDKREIS

Die Kirche ist eines der ältesten Gotteshäuser in der nördlichen Oberpfalz. Möglicherweise stammen Teile davon noch von dem Bau, den 1124 Bischof Otto von Bamberg geweiht hat. Altenstadt ist nicht nur die älteste Pfarrei im Raum der Stadt Vohenstrauß, sondern gehört zu den Urpfarreien östlich der Naab. Jener Bischof Otto von Bamberg weihte die Kirche, damals im Herrschaftsbereich der Grafen von Sulzbach gelegen, auf seiner ersten Missionsreise nach Pommern. „Hier liegen auch die Wurzeln der Stadt Vohenstrauß, denn erst in der ersten Hälfte des 13. Jahrhunderts kam es zur Gründung des späteren Marktfleckens", wissen Kreisheimatpfleger Peter Staniczek und Dr. Volker Wappmann, Theologe und Religionslehrer.

Letzterer hat sich eingehend mit den Simultaneen befasst. „Das Wort stammt vom lateinischen „simul", was ‚zugleich' bedeutet", weiß er. Darunter wird das gemeinsame Nutzungsrecht verschiedener Konfessionen an kirchlichen Einrichtungen verstanden. Früher war dies in vielen Gotteshäusern in der nördlichen Oberpfalz üblich. Die Wurzeln dieser Regelung reichen bis zur Reformationszeit um das Jahr 1542 zurück. Damals wandten sich viele Menschen dem neuen Glauben zu. Die Gegenreformation von 1627 bis 1649 zwang der Bevölkerung wieder den katholischen Glauben auf. Der Dreißigjährige Krieg hatte dagegen den Effekt, dass die Frage gestellt wurde, was an Gemeinsamkeiten bei den Konfessionen vorhanden ist. Pfalzgraf Christian August wollte Frieden zwischen den Gläubigen und erfand deswegen 1652 für seine Untertanen im vom Pfalz-Neuburg unabhängigen Fürstentum zwischen Sulzbach und Flossenbürg eben jenes Simultaneum, jenes friedliche Miteinander. Die anvisierten Ziele gingen nicht in Erfüllung. Die Konfessionen wuchsen trotz der gemeinsamen Gotteshäuser auseinander und nicht zusammen. Gingen die Konfessionen im 17. Jahrhundert aufeinander zu und arbeiteten auf ein gemeinsames Abendmahl hin, brach das 18. Jahrhundert wieder Gräben auf. Das Simultaneum führte vielerorts zu einem verbissenen Gegeneinander. Konsequenterweise löste man deshalb die meisten Simultaneen im zurückliegenden Jahrhundert wieder auf. In Altenstadt war dies nicht der Fall.

„Heute wissen die Gläubigen das Simultaneum erneut zu schätzen", ist sich Dr. Volker Wappmann sicher, der selbst im Gremium des Simultankirchenausschusses sitzt. Jeweils sechs Vertreter der katholischen und der evangelischen Seite der Kirchenstiftung und des Kirchenvorstands bringen sich hier ein. Im dreijährigen Wechsel steht einmal der katholische und einmal der evangelische Stadtpfarrer dem Gremium vor. Das verbindet, baut Brücken des Glaubens.

Dr. Wappmann berichtet von folgender Begebenheit: Es war um das Jahr 1729. Damals wurde der Innenraum der Simultankirche in Altenstadt getüncht. Im Zuge dieser Renovierung schrieb ein katholischer Maurer über den Chorbogen den Satz: „Unter deinen Schutz fliehen wir, o heiliger Johannes". Das Ganze geschah, ohne den evangelischen Pfarrer zu informieren. Dieser ließ ein paar Tage später den ganzen Schriftzug wieder löschen. Während der umfassenden Innenrenovierung im Jahre 1994 wurde der übertünchte Schriftzug wiederentdeckt. Diesmal setzten sich die damals amtierenden Stadtpfarrer Hermann Bock und dessen katholischer Amtsbruder Stadtpfarrer Franz Winklmann, die ein vorbildliches Miteinander im brüderlichen Umgang pflegten, zusammen und einigten sich darauf, den Schriftzug zu belassen, mit einem kleinen Unterschied: Heute steht über dem Chorbogen der Verkündigungssatz „Unter deinen Schutz fliehen wir, o heiliger Herr". Nicht mehr der heilige Johannes, sondern Gott selbst wird also angerufen. *Elisabeth Dobmayer*

Der katholische Stadtpfarrer Alexander Hösl (rechts) und sein evangelischer Kollege Peter Peischl stehen in Altenstadt am gleichen Altar in der Kirche.

Konzentrisch wachsen die Häuserreihen um den Stadtplatz von Vohenstrauß, wie die Luftaufnahme unten verdeutlicht. Ein Schmuckkästchen ist das Heimatmuseum der Stadt (rechts). Mit dem Edelsteinmuseum „Schätze der Oberpfalz" der Familie Ochantel und dem Färbermuseum (Öffnung nur nach Anmeldung) hat die Stadt noch zwei weitere interessante Sammlungen zu bieten.

VORBACH – NAH DRAN AN FRANKEN

Das Gebiet der heutigen Gemeinde Vorbach gehörte zum Rentamt Amberg und zum Landgericht Eschenbach des Kurfürstentums Bayern. Durch das Gemeindeedikt 1818 entstanden die Vorläufer der heutigen Gemeinde. Ihre heutige Größe erlangte die Kommune bei der bayerischen Gebietsreform im Jahre 1978, als sie aus den ehemaligen Gemeinden Vorbach und Oberbibrach gebildet wurde.

Der ältere Teil der Kommune ist der Ort Oberbibrach. Um 1119 ist die Burg Bibrach in einer Urkunde des Klosters Michelfeld bereits genannt. Freiherren von Bibra sollen sie gebaut haben. Leider ist die einstige Burg komplett abgetragen. Nur noch der Turmhügel ist verflacht erhalten. Vom einstigen Bauwerk kündet auch das Wappen der Gemeinde, das einen aufrecht stehenden Biber auf rotem Grund zeigt. In Oberbibrach steht auch das bedeutendste Denkmal der Gemeinde: die Kirche St. Johannes, die zu den bemerkenswertesten Gotteshäusern im gesamten Landkreis gehört (Bild oben). Errichtet wurde sie von 1761 bis 1771 anstelle einer gotischen Vorgängerkirche, auf die noch ein aus Sandstein gefertigter Taufbrunnen hinweist. Das aus einem einzigen Stück gehauene Kunstwerk ist aus der alten Kirche über-

nommen worden. Beeindruckend sind die Deckengemälde in der Kirche. Sie stammen vom Amberger Maler Michael Wild, dem gleichen Künstler, der im Bibliothekssaal des Speinsharter Klosters die Gemälde gestaltet hat. Das in einem mächtigen Stuckrahmen gefasste große Bild zeigt den Patron, wie er die Geheime Offenbarung schaut und niederschreibt. Flankiert ist das ungewöhnliche Kunstwerk von Szenen aus dem Leben des heiligen Johannes.

Kult sind in „Biwara" die Kirwa, bei der Fehltritte am „Stachus" gnadenlos ausgesungen werden, und das Aufstellen des

um 900 erste Siedlungstätigkeiten in Vorbach und Oberbibrach

1119 Erstnennung der Burg Bibrach in einer Michelfelder Klosterurkunde

1818 Erstnennung von Vorbach in einem Schriftstück des Klosters Speinshart

1876 Vorbach wird Eisenbahnstation

1947 Gründung der Möbelfabrik Weiß, der heutigen Firma Novem

1978 Zusammenlegung der Gemeinden Vorbach und Oberbibrach

Maibaums, der immer einer der größten im Landkreis ist und nach alter Tradition stets fünfundvierzig Meter misst. Das behaupten zumindest die Dorfbewohner.

Im Hauptort Vorbach spielt sich das öffentliche Leben vor allem im Gemeindezentrum ab, in dem neben Kanzlei, Sitzungssaal und verschiedenen anderen wichtigen Einrichtungen auch ein Dorfwirt, eine Kegelbahn und ein Saal für rund zweihundert Gäste untergebracht sind. Dort treten, zum Beispiel im Rahmen des „Vorbacher Kulturherbstes", auch immer wieder namhafte Künstler auf.

Einwohner: 1030

Fläche: 15 km²

Ortsteile: Grün, Höflas, Oberbibrach, Oberhammermühle, Rosamühle, Unterbibrach, Vorbach

Wahrzeichen: –

Sehenswürdigkeiten: Sankt-Anna-Kirche in Vorbach, Sankt-Johannes-Kirche in Oberbibrach, Herz-Jesu-Kapelle in Höflas, Turmstumpf der früheren Burg in Oberbibrach

Die Dorfjugend von „Biwara" deckt beim Kirwa-Aussingen auf dem „Stachus" gnadenlos die Fehltritte des vergangenen Jahres auf (oben). Regelmäßig ist dabei auch der Maibaum ein Thema, den die Feuerwehr und der Motorradclub alljährlich auf dem Dorfplatz aufstellen (unten).

WAIDHAUS – DAS TOR ZUM OSTEN

Wer an Waidhaus denkt, dem kommt unweigerlich die Grenze in den Sinn, das Tor vom Osten in den Westen und umgekehrt. Früher trennte es die westliche Welt des Frankenlandes von den östlichen Königreichen, später den Warschauer Pakt von der Nato. Von 1355 bis 1378 erklärte Kaiser Karl IV. die Route über Bärnau zur Reichsstraße und verbot die Benutzung anderer Verbindungen. Die Händler benutzten trotzdem lieber den kürzeren und leichteren, mit weniger Steigungen versehenen Weg über Leuchtenberg, Waidhaus und Pfraumberg als verbotene Straße. Nach der Hinrichtung von Jan Hus als Ketzer fielen seine Anhänger auf ihren Rachefeldzügen in jährlichen Abständen vorzugsweise über Waidhaus in den Westen ein. Waidhaus allein brannten sie dreimal ab. Erst 1436 konnten die Übergriffe als erledigt betrachtet werden. Auch im Dreißigjährigen Krieg war Waidhaus immer wieder ein Kriegsschauplatz. Nach dem Prager Fenstersturz 1618 begann ein nicht mehr abreißender Durchmarsch von Truppen. Die größte Menschenansammlung sah Waidhaus „entlang der Grenze" 1621. Nach der verlorenen Schlacht am Weißen Berg sammelte Ernst Graf von Mansfeld zwischen Waidhaus und der Grenze rund dreiundzwanzigtausend

Landsknechte, Berittene und sonstiges Kriegsvolk. Ein ähnliches Lager richtete auf der anderen Seite des Rehlingsbaches bei Roßhaupt und Umgebung der Feldherr des Kaisers und des bayerischen Herzogs, Johann t'Serklaes Graf von Tilly, mit circa achtzehntausend Bewaffneten ein. Am 27. Oktober 1742 kam Baron von Trenck mit seinen Panduren durch Waidhaus und plünderte den Grenzort und die Güter Reichenau und Frankenreuth. Diese Beute wurde angeblich auf dreihundert Rüstwagen abgefahren. Nach dem Zweiten

Einwohner: 2350

Fläche: 37 km²

Ortsteile: Frankenreuth, Hagendorf, Pfrentsch, Reichenau, Reinhardsrieth, Berghaus, Birklohe, Grafenau, Hörlmühle, Kühmühle, Marxmühle, Naglerhof, Oberströbl, Ödkührieth, Papiermühle, Pfälzerhof, Ziegelhütte

Wahrzeichen: Grenzübergänge

Weitere Sehenswürdigkeiten: Pfarrkirche St. Emmeram (1886), neugotische ökumenische Dreifaltigkeits-Autobahnkirche, viele alte Nepomukstatuen, Maria-Himmelfahrt-Kapelle in Pfrentsch

1138	Erste urkundliche Nennung von Waidhaus
1283	Erste Zollstationierung in Waidhaus
1326	Waidhaus bekommt die Pfarrei St. Emmeram
1770	Waidhaus erhält die Marktrechte
1989	Fall des Eisernen Vorhangs
2007	Wegfall der Grenzkontrollen

Weltkrieg setzte ein Strom von Flüchtlingen ein, und der Eiserne Vorhang wurde errichtet. Die B 14 wurde als „Diplomatenstraße" bekannt, da die konsularischen Dienste nur über Waidhaus in die damalige Tschecheslowakei einreisen durften.

Am 23. Dezember 1989 rückte Waidhaus wieder in den Mittelpunkt der europäischen Geschichte. Einen Tag vor Heiligabend durchtrennten die beiden Außenminister Hans-Dietrich Genscher und Jiri Dienstbier in einem völlig überraschenden Staatsakt symbolisch den Eisernen Vorhang und öffneten das Tor zwischen Tschechien und Deutschland wieder: Waidhaus rückte vom Rand zur Mitte.

Ortsbildprägend sind in Waidhaus die beiden Spitztürme der Gotteshäuser St. Emmeram im Ort (oben) sowie der ökumenischen Autobahnkirche am westlichen Ortsrand (rechts unten). Für Wanderer gibt es viele attraktive Ziele, darunter auch das Staatsgut bei Pfrentsch.

Auch das ist Waidhaus: Die Grenzgemeinde ist ein wichtiger Standort der Infrastruktur für die Energiewende. Grund dafür ist eine Erdgasverdichterstation der MEGAL. Über Waidhaus als „Eingangstor" für russisches Erdgas werden Deutschland, Frankreich, Italien, die Schweiz und via Belgien auch die britischen Inseln beliefert. Um die Versorgung langfristig zu sichern, investiert die MEGAL, ein Gemeinschaftsunternehmen der Open Grid Europe GmbH und GRTgaz Deutschland GmbH, rund hundertzwanzig Millionen Euro in die Modernisierung der Anlage, deren Herzstück eine Verdichterstation ist. Eine Einheit mit Gasturbinenantrieb, bestückt mit einem Dreißigtausend-PS-Antrieb sorgt dafür, dass stündlich über drei Millionen Kubikmeter Gas über die Grenze geschleust werden können. Dazu wurde eine neue Turbine entwickelt, die in Waidhaus europaweit erstmals eingesetzt wird.

HIER GEBEN FRAUEN DEN TON AN

Waidhaus und Musik: Beides gehört untrennbar zusammen. Vielleicht liegt es an der Nähe zu Böhmen, dass die Marktgemeinde schon so viele unterschiedliche Gruppen hervorgebracht hat. Oder es liegt am Musikverein, in dem viele Ensembles beheimatet sind. Ein einzigartiges Aushängeschild ist die Damen-Bigband, in der zwölf Mädels für Schwung und Schmiss sorgen. Die jungen Damen spielen nicht nur hervorragend und fetzig, sondern machen auch noch optisch ganz schön was her.

Am 12. September 2003 wurde die Bigband aus der Taufe gehoben: Musikalischer Leiter und „Tausendsassa" Hermann Mack hatte die Idee dazu und war auch der Gründer. Er stellte eine Bigband mit elf Musikerinnen zusammen und studierte mit ihnen für das Neujahrskonzert drei Lieder im swingenden Glenn-Miller-Sound ein. Der Auftritt war ein grandioser Erfolg. „Es gab von da an immer wieder Anfragen", erinnern sich die Musikerinnen. Viele wollten die swingenden Mädels hören und sehen. So war schnell klar, dass es nicht bei diesem einzigen Auftritt bleiben würde.

Noch im Anfangsjahr übernahm Schlagzeugerin Simone Dietl das Kommando. Sie gehört mit Kerstin Hanauer der Ryhthm-Section an. Ganz stark ist die Sax-Section mit Tanja Plödt, Lena Federl, Marina Schwarz, Gerlinde Gläser und Christine Landgraf vertreten, was ebenso für Conny Kraus, Karin Weig, Julia Landgraf, Tamara Kick und Anke Kretschmer in der Standardbesetzung der Brass-Section gilt. Freilich gab es über die Zeit einen Wechsel einzelner Mitglieder, aber in erster Linie prägt ein großes Zusammengehörigkeitsgefühl die Gemeinschaft. „Neben der gemeinsamen Freude an der Musik gibt es bei uns ein Wahnsinns-Miteinander", erzählen die Mädels. Und wer die vielen strahlenden Gesichter sieht, weiß, dass dies kein bloßes Lippenbekenntnis ist. Bei jedem Auftritt ist zu spüren, dass die Bigband eine verschworene Truppe ist. Der Funke springt meist sehr schnell auf das Publikum über. Für Auftritte werden da schon mal Schichten getauscht, Weiterbildungen geschwänzt, Babysitter beauftragt, Partner vernachlässigt oder Familienferien organisiert.

Mit der wachsenden Zahl an Auftritten nahm auch das Repertoire an verschiedenen Outfits zu. Und hier ist es oft schwieriger, einen gemeinsamen Nenner zu finden als bei der Musikauswahl. „Es ist gar nicht so leicht, zwölf Frauen in puncto Kleidung unter einen Hut zu bringen", stöhnen die Instrumentalistinnen. Die Frage „Was ziehen wir an?" sei ein schwieriges Thema vor, bei und nach den Proben. Beim musikalischen Programm ist das leichter. Hier reicht die Auswahl der Musik von den Zwanzigern bis zu den Siebzigern. Swing, Boogie-Woogie, Dixie und Rock 'n' Roll gehören ebenso dazu wie heiße Samba- und andere lateinamerikanische Rhythmen. Das hört sich nach Tanz an – und genau damit erreichen die Mädels immer wieder das größte Publikum. Auch für Geburtstags- und Hochzeitsständchen ist die Damen-Bigband eine gefragte Combo. Und eine Zugabe gibt's immer! Am liebsten spielen die swingenden Zwölf dann ihr Lieblingsstück „Pretty Women" von Roy Orbison.

Josef Forster

Die Damen-Bigband aus Waidhaus ist eine verschworene Gemeinschaft. Wenn die Mädchen loslegen, dann hält es viele nicht mehr auf den Sitzen.

WALDTHURN – ORT AM FAHRENBERG

Vielleicht deutet der Name Waldthurn auf ein von einem Wall umgebenes Bauwerk hin, vielleicht erinnert er auch nur an einen von Bäumen umgebenen Turm. Die drei Türme und die drei Laubbäume im rund dreihundertfünfzig Jahre alten Gemeindewappen geben hier zu allerlei Spekulationen Anlass. Sicher ist, dass bereits die großen Fürsten von Lobkowitz den Marktflecken an der Sonnenseite des Fahrenbergs als wunderschönen Ort der Sommerfrische erkannt haben und sich bereits im ersten Jahr ihrer Herrschaft, das war im Jahre 1666, hier ein hübsches Jagdschlösschen als Sommersitz errichteten (das heutige Pfarrheim). Vor allem Augusta Sophie, geborene Pfalzgräfin zu Rhein, soll viel Zeit hier verbracht haben. Bis zum großen Marktbrand im Jahre 1865, dem viele Gebäude zum Opfer fielen, hatte das Schloss übrigens drei Giebel.

Mit der Rheinbundakte vom 12. Juli 1806 ging diese segensreichste Epoche der Waldthurner Geschichte zu Ende. Die Souveränitätsrechte der Reichsherrschaft Waldthurn gingen von den Fürsten Lobkowitz an das Königreich Bayern über. Als eine Art Entschädigung wurde in Waldthurn ein Patrimonialgericht eingerichtet, das aber nur von kurzer Dauer war. Am 6. November 1807 verkaufte der Fürst von Lobkowitz seine in der Oberen Pfalz gelegenen Besitzungen Störnstein und Waldthurn mit allen Einkünften, Nutzungen und Rechten an das Königreich Bayern.

Der meistbesuchte Ortsteil ist zweifellos Oberfahrenberg, obwohl dort nicht einmal ein Dutzend Einwohner leben. Dort steht nämlich die Wallfahrtskirche. Oberfahrenberg gehörte ab 1821 zu Bernrieth. 1972 wurde die Gemeinde im Zuge der Gebietsreform in die Marktgemeinde Waldthurn eingeliedert. Natürlich gibt es dort mit

1217	Erste urkundliche Erwähnung des Ortes
1772	Wiederaufbau der abgebrannten Fahrenbergkirche
1807	Die Fürsten von Lobkowitz verkaufen Waldthurn an das Königreich Bayern, seit 1808 gibt es die Gemeinde Waldthurn
1865	Ein Großbrand vernichtet einen Großteil des Ortes
2004	Partnerschaft mit der Gemeinde Hostau in Tschechien

Einwohner: 2020

Fläche: 31 km²

Ortsteile: Albersrieth, Brunnhof, Buch, Frankenrieth, Goldbrunn, Irlhof, Kühbachhof, Lennesrieth, Lindnermühle, Maienfeld, Mangelsdorf, Oberbernrieth, Oberfahrenberg, Ottenrieth, Sandbachhöf, Spielberg, Unterfahrenberg, Wampenhof, Woppenrieth

Wahrzeichen: Wallfahrtskirche auf dem Fahrenberg

Weitere Sehenswürdigkeit: Schloss der Lobkowitzer

dem „Gipfelwirt" auch ein Wirtshaus. Kirche und Wirtshaus gehören hier noch zusammen.

Das Gebiet an der Luhe war übrigens bereits vor dem 10. Jahrhundert von Slawen besiedelt worden. Ein urkundlicher Beleg dafür datiert aus dem Jahre 905. Damals schenkte König Ludwig das Kind einem gewissen Immo Ackerflächen an der Luhe. Die frühe slawische Siedlung wird auch durch slawische Ortsnamen wie Isgier, Lohma usw. belegt. Die vielen Ortsnamen mit -rieth (Bernrieth, Albersrieth, Frankenrieth, Lennesrieth und Woppenrieth) weisen auf eine zweite germanische Besiedlungswelle im 11. und 12. Jahrhundert hin.

BESUCH BEIM „KÖNIG DER OLDTIMER"

Wenn der Gollwitzer-Alfons zu seiner Diatonischen greift, dann ist Stimmung angesagt. „Die Musik war schon immer mein Traum", verrät der stets gut aufgelegte Woppenriether. Dass er dann trotzdem erst mit fünfzig Jahren damit angefangen hat, liegt vor allem auch an seinen vielen anderen Hobbys. Als ihm seine Frau Monika zum runden Geburtstag eine Steirische Harmonika schenkte, brachte er sich selbst das Spielen bei. Seine erste Gruppe hieß „Die Lustigen", die beim „Singenden klingenden Landkreis" im Schwab-Stodl in Pirk ihr Debüt gab. Inzwischen hat er die „Dampfbröider" gegründet.

Weit über die Grenzen seiner Heimat hinaus ist Gollwitzer als „König der Oldtimer" bekannt. Es gibt wohl kaum einen bedeutenden Festzug in der Region, bei dem er nicht mit einem seiner wertvollen Vehikel die Blicke auf sich zieht. Sein Museum beherbergt inzwischen fast sechzig Oldtimer, Bulldogs, Motorräder und alte Erntemaschinen, darunter auch das erste Tanklöschfahrzeug der Stadt Weiden. Regierungspräsidenten, Bischöfe, die Fürsten von Lobkowitz und unzählige Brautpaare hat er schon chauffiert. Sein bekanntestes Fahrzeug ist ein Praga, Baujahr 1918. Das offene Siebenundzwanzig-PS-Gefährt war der Dienstwagen des ersten Präsidenten der Tschechoslowakei, Tomás Garrigue Masaryk. Als der Chauffeur des Präsidenten in Pension ging, schenkte ihm sein Chef den Wagen. 1983 entdeckte Gollwitzer den alten Praga in der Nähe von Prag in einer Scheune – mitten in einem Heuhaufen. Der Besitzer hatte das Rückteil des aus Holz bestehenden Autos einfach weggesägt, um damit besser Brennholz transportieren zu können.

Alfons Gollwitzer in der Staatskarosse des ersten Präsidenten der Tschechoslowakei, Tomás Garrigue Masaryk, die er in der Nähe von Prag erstanden hat.

Drei Wochenenden fuhr Gollwitzer ins Nachbarland und zerlegte den Praga, für den ein Ausfuhrverbot bestand. Sämtliche Teile schlichtete er feinsäuberlich in einen uralten, mit Spinnweben übersäten Dreschwagen. Am Heiligen Abend, einem eisigen Wintertag, an dem es heftig schneite und der „Böhmische" blies, fuhr der gewiefte Woppenriether damit am Grenzübergang Waidhaus vor. Der tschechische Zöllner besah sich den alten Dreschwagen, schüttelte nur den Kopf und winkte das Gefährt durch. Gollwitzer fiel ein Stein vom Herzen. Hätte man ihn erwischt, wäre er in einem tschechischen Gefängnis gelandet. Irgendwie gelang es dem Oberpfälzer, im Tschechischen Museum in Prag die Originalbaupläne für den berühmten Oldtimer aufzutreiben. Ein Jahr lang hat er gebraucht, das Holzfahrzeug mit dem handgeschmiedeten Messingkühler wieder zusammenzubauen. Der begnadete Schrauber hat bisher jedes seiner Fahrzeuge wieder zum Laufen gebracht. „Gehen müssen sie alle", ist seine Devise.

Sein erstes Fahrzeug war übrigens ein alter Lanz. Mit ihm und einem angehängten Jauchefass war eine DDR-Familie mit ihren Habseligkeiten durch den Stacheldraht in den Westen geflüchtet. Am 8. Dezember 1963 hat Gollwitzer den Traktor aus Neustadt bei Coburg mit dem eigenen Bulldog, einem alten Hanomag, der nicht mehr als fünfundzwanzig Kilometer in der Stunde lief, geholt. „Das war eine Horrorfahrt", erinnert er sich noch ganz genau. „Es war eiskalt, und es hat Schnee gehabt." Zuerst ging der Diesel aus, dann landete der Lanz in der Böschung. Fast vierundzwanzig Stunden dauerte die Tour. So kann der Kulturpreisträger des Landkreises (2010) fast zu jedem seiner Fahrzeuge eine Geschichte erzählen. Manchmal klingt sie schier unglaublich. Zum Beispiel jene, als der Landwirt, ohne ein Wort Englisch zu sprechen, in Kalifornien seinen Buffalo Pitts gekauft hat, in den er sich kurz zuvor bei einer Studienreise verliebt hatte. Auf dem Hinflug lernte er bei der Zwischenlandung in London Thomas Gottschalk kennen. Beide verstanden sich so prächtig, dass der Bauer beinahe seinen Flieger verpasst hätte. Nur mit Hilfe seines prominenten Bekannten und dank seiner Oberpfälzer Hartnäckigkeit durfte er noch ins Flugzeug, das bereits auf der Startbahn stand. Wie er dann tausendzweihundert Meilen südlich von San Francisco seine Dampf-Zug-Maschine, mit der auf Baumwollfeldern geackert worden war, doch noch bekommen hat, obwohl der Verkäufer plötzlich einen Rückzieher machte, ist wieder eine eigene Geschichte.

Viele Fernsehleute haben sich inzwischen auf dem „Fullert-Hof" in Woppenrieth, der seit 1515 im Familienbesitz ist, umgesehen. Regisseur Josef Vilsmaier hat sich schon öfter einen Oldtimer für seine Filme ausgeliehen. Nur wenige wissen, dass er 1984 für „Herbstmilch" die Szene von der Heimkehr Alberts aus dem Krieg auf der Wiese hinter Gollwitzers Anwesen drehen ließ – mit einem Oldtimer von Alfons Gollwitzer mit Holzgasantrieb. *Martin Staffe*

Der achthunderteinen Meter hohe Fahrenberg bei Waldthurn ist eine der ältesten Marienwallfahrtsstätten unserer bayerischen Heimat und wird deswegen auch der heilige Berg der Oberpfalz genannt. Im Dialekt heißt er „Voanberg", was einen Hinweis auf seinen Namen gibt: Er ist der vordere Berg vor der Kette des Grenzgebirges.

Anfangs stand dort eine Burg, die um 1200 an den Templerorden übergegangen sein soll. Ein Angehöriger des Ordens brachte nach der mündlichen Überlieferung 1204 aus dem Heiligen Land eine Muttergottesstatue mit. Man baute daraufhin an die Burg eine Kapelle und stellte die Statue zur Verehrung auf. Das war der Beginn der Wallfahrt. 1308 ging die Burg für knapp fünfzig Jahre in den Besitz der Waldsassener Zisterzienser über, die sie in ein Kloster umwandelten. 1352 übernahmen Nonnen aus Böhmen die Betreuung des Heiligtums. 1425 wurden sie von den Hussiten vertrieben. Anschließend kamen wieder Mönche aus Waldsassen. Bei

einem Bauernaufstand 1524 wurde das Kloster zerstört. Damit hörte das klösterliche Leben auf dem Fahrenberg endgültig auf. Doch die Wallfahrt kam nie ganz zum

DER HEILIGE BERG DER OBERPFALZ

Erliegen, auch nicht, als die Herrschaft 1540 evangelisch wurde. Einen enormen Aufschwung erlebte der Fahrenberg, als 1666 das böhmische Adelsgeschlecht der Lobkowitzer die Herrschaft Waldthurn übernahmen. Für die nächsten hundertvierzig Jahre galt nun der Spruch: „Wenn einer vom Himmel fällt und er fällt ins Waldthurner Ländchen, so hat er nichts eingebüßt." Denn diese reiche und sehr re-

ligiöse Familie sorgte für die Ausstattung der 1652 wiederhergestellten „Kapelle" und veranlasste 1762 einen Neubau einer größeren barocken Wallfahrtskirche. Ein Blitzschlag zerstörte 1775 dieses Gebäude. Mit Hilfe des Fürstenhauses ging man zügig an den Wiederaufbau, und bereits 1779 war die neue Kirche fertig. In dankbarer Erinnerung ziert das hochfürstliche Wappen den Chorbogen der Wallfahrtskirche.

Wie beliebt der Fahrenberg war, geht aus einem Bericht aus dem 19. Jahrhundert hervor: „Im ganzen Königreiche Bayern ist keine Wallfahrt berühmter und weit und breit besuchter." Und tatsächlich wurden an den großen Festen oft bis zu zehntausend Kommunikanten gezählt. Nach dem Zweiten Weltkrieg wurde der Fahrenberg zur Gebetsstätte für den Frieden. Daran erinnert die 1956 auf Anregung des Regensburger Bischofs Dr. Michael Buchberger auf dem Ostgiebel angebrachte Marienstatue, die über den ehemaligen Eisernen Vorhang nach Böhmen blickt.

Die eher schlichte Innenausstattung der Kirche ist ein Werk einheimischer Künstler. Den Mittelpunkt bildet der elegante Hochaltar mit dem Gnadenbild, einer spätgotischen Marienstatue. In ihrem Hals ist ein Schussloch sichtbar, das auf einen calvinistischen Frevel von 1562 zurückgeht.

Das Wallfahrtsjahr beginnt am 1. Mai und endet am Christkönigsfest im November. Die großen Wallfahrtsfeste sind der Dreifaltigkeitssonntag, der Sonntag nach Mariä Heimsuchung (Patrozinium), der 15. August (Mariä Himmelfahrt) und der Sonntag nach Mariä Geburt, gleichzeitig Männerwallfahrt der Diözese Regensburg. Im Juni und Oktober finden außerdem noch Friedenswallfahrten statt.

Georg Schmidbauer

Majestätisch thront die Wallfahrtskirche auf dem Fahrenberg. Bei passender Witterung werden die großen Festgottesdienste auf dem Freialtar (oben rechts) gefeiert. Das Gnadenbild am Hochaltar (rechts) ist eine spätgotische Marienstatue, an deren Hals ein Schussloch sichtbar ist.

WEIHERHAMMER – AM BECKENWEIHER

Untrennbar mit der Historie des Hüttenwerks ist die Ortsgeschichte von Weiherhammer verbunden. Das Werk war nämlich der Grund für die Siedlung am Ufer des idyllischen Gewässers.

Am 3. Juni 1717 reiste der Landfürst Carl Theodor Eustach von Sulzbach nach Mantel, um sich von dem regen Baufortschritt des neuen Hochofens nächst Mantel, am östlichen Weiherdamm des Beckenweihers zwischen Mantel und Etzenricht gelegen, zu überzeugen. Der Hochofen war am 27. September 1717 betriebsbereit. Im Jahre 1719 wurde noch eine Hammerhütte dazugebaut. Somit konnte das gewonnene Roheisen an Ort und Stelle zu Schmiedeware verarbeitet werden. Am 23. April 1723 schlug der Pächter des Hammerwerks, Hofrat Sperl, der Sulzbacher Regierung vor, am westlichen Ufer des Beckenweihers die Ansiedlung für Arbeiter und auch andere Gewerbeunternehmen zu genehmigen.

Fast genau vier Jahre später, im April 1727, ersuchten die ersten Hüttenwerksarbeiter und Bauern die Regierung von Sulzbach, sich in der Nähe des Werkes ansiedeln zu dürfen. 1730 entstanden die ersten Holzhäuser. Das Dörfchen nannte sich am An-

fang, da es nahe am Weiher gelegen war, schlicht Weihersdorf. Um 1842 hieß der Ort dann Beckendorf. 1818 wurde er in die Gemeinde Etzenricht eingegliedert. Darüber waren die Beckendorfer genauso wenig glücklich wie über ihren Ortsnamen. 1906 wünschten die Einwohner, dass ihr Ort den gleichen Namen wie das Hüttenwerk, also Weiherhammer, erhält. Am 1. Juli 1934 genehmigte das Innenministerium schließlich dies. 1952 erhielt Weiherhammer die kommunale Selbstständigkeit.

Kaltenbrunn, Trippach und Dürnast kamen bei der Gebietsreform 1972 zu Weiher-

1717	Durch den Bau eines Hochofens entstehen am Beckenweiher Weiherhammer und die Arbeitersiedlung Beckendorf
1818	Weiherhammer und Beckendorf werden der Gemeinde Etzenricht zugeteilt
1934	Der Ort wird in Weiherhammer umgetauft
1952	Weiherhammer wird selbstständige Gemeinde
1972	Im Zuge der Gebietsreform kommen der Markt Kaltenbrunn, Dürnast und Trippach zur Gemeinde

Einwohner: 3800

Fläche: 39,9 km²

Ortsteile: Kaltenbrunn, Dürnast und Trippach

Wahrzeichen: Beckenweiher mit seiner Möwenkolonie

Weitere Sehenswürdigkeiten: Naturerlebnisweg mit Kohlenmeiler am Beckenweiher, Herzogsbrunnen und evangelische Pfarrkirche in Kaltenbrunn, Bienenlehrpfad

hammer. Kaltenbrunn hatte übrigens nach einem Freiheitsbrief von Herzog Rudolf von Sachsen 1344 bereits marktähnliche Rechte verliehen bekommen. Nach der Überlieferung verdankt es seinen Namen dem „Kalten Prunn" (auch „Herzogsbrunnen" genannt), einer angeblich selbst in Dürrejahren nie versiegenden Quelle. Hervorgegangen ist der Ort aus einer Köhlersiedlung, die für die zahlreichen Eisenhämmer an der Haidenaab Holzkohle herstellte. Diesem Teil der Geschichte hat die Gemeinde auch mit einem Kohlenmeiler am Naturerlebnisweg Beckenweiher Rechnung getragen.

Die Geschichte von Weiherhammer ist untrennbar mit der des Beckenweihers verbunden, an dessen Ufer heute das Werk BHS Corrugated angesiedelt ist (unten). Die Stadel-Reihe an der Weidener Straße in Kaltenbrunn steht unter Denkmalschutz. Die Churfürstliche Regierung ordnete im 18. Jahrhundert nach einer großen Feuersbrunst im Markt an, die Bauten außerhalb des Ortes neu zu errichten. Dem kamen damals übrigens viele Bürger, sehr zum Leidwesen der Regierung, nur sehr zögerlich nach (oben). Zwischen den herbstlich gefärbten Straßenbäume spitzt der Spitzturm der katholischen St.-Martin-Kirche von Kaltenbrunn hervor (Mitte).

WINDISCHESCHENBACH – ZOIGLSTADT

Mit dem Waldnaabtal, dem Zoiglbier und dem tiefsten Bohrloch der Erde hat Windischeschenbach gleich drei große touristische Attraktionen. Kein Wunder also, dass die Stadt am Zusammenfluss von Fichtel- und Waldnaab zu den attraktivsten Wohngemeinden im Landkreis gehört. Zum ersten Mal urkundlich erwähnt ist der Ort im Jahre 1230 als Sitz des Marquard von Eschenbach, der Lehensmann der Landgrafen von Leuchtenberg war. Die Errichtung des Kirchenpatroziniums St. Emmeram durch Mönche des gleichnamigen Klosters in Regensburg und das Pfarrstellenbesetzungsrecht des Bischofs von Regensburg weisen auf eine Gründung bereits in der Zeit vor 975 hin.

Während auf der linken Seite des Dornbachs die von den Mönchen errichtete Kirche Mittelpunkt der Besiedlung war, bildete auf der rechten Seite des Bachs ein Urmeierhof der Babenberger Nordgaugrafen das Zentrum. Daraus entwickelte sich ein Landsassensitz der Landgrafen von Leuchtenberg. Sie erbauten als Verwaltungsmittelpunkt für ihre Besitzungen um 1300 auch die Burg Neuhaus, die heute das Waldnaabtalmuseum des Oberpfälzer Waldvereins beherbergt. 1515 wurde die Burg mit allen Ländereien an das Kloster

Waldsassen verkauft, das bis zur Säkularisierung dort einen Richtersitz hatte.
Es gab noch eine dritte Grundherrschaft, nämlich die von Störnstein-Neustadt. Sie hatte seit dem 13. Jahrhundert Untertanen im Ort und ging 1575 in den Besitz der aus Böhmen stammenden Freiherren, der späteren Fürsten von Lobkowitz, über. Je eine Gruppe Lobkowitzer-Untertanen befand sich im waldsassischen und im hofmärkischen Ortsteil. Die Untertanen von drei

Einwohner: 5130

Fläche: 36,4 km²

Ortsteile: Bach, Berg, Bernstein, Dietersdorf, Dornmühle, Gerbersdorf, Gleißenthal, Harleshof, Johannisthal, Lindenhof, Naabdemenreuth, Neuhaus, Nottersdorf, Oberbaumühle, Ödwalpersreuth, Pleisdorf, Schweinmühle, Wiesenthal

Wahrzeichen: Bohrturm der Kontinentalen Tiefbohrung

Weitere Sehenswürdigkeiten: Burg mit Waldnaabtalmuseum und St.-Agatha-Kirche in Neuhaus, Stützelvilla in Windischeschenbach sowie Naturschutzgebiet Waldnaabtal

Um 950	Benediktinermönche des Klosters St. Emmeram in Regensburg gründen eine Missionsstation
Um 1300	Landgraf Ulrich I. von Leuchtenberg baut die Burg Neuhaus als Verwaltungssitz und Jagdschloss
15. Jhd.	Windischeschenbach (1455) und Neuhaus (1415) bekommen das Kommunbraurecht
1864	Bahnanschluss durch Eröffnung der Bahnstrecke Weiden–Mitterteich
1952	Stadterhebung zur Tausendjahrfeier
1987	Beginn der Tiefbohrung (Ende 1994, 9101 Meter tief)

Grundherrschaften lebten also in zwei verschiedenen Ländern. Der Ort hatte deshalb auch drei Brauhäuser, für jedes der drei Herrschaftsgebiete eines. Erst relativ spät, nämlich zur Tausendjahrfeier 1952 wurde Windischeschenbach zur Stadt erhoben.

Am 15. August 1864 fuhr übrigens zum ersten Mal die Bahn von Weiden über Windischeschenbach zur damaligen Endstation Mitterteich. Dies war eine wichtige Voraussetzung für die Industrialisierung mit der Gründung von Glas- und Porzellanfabriken, die allerdings mittlerweile Geschichte sind.

Wenn Norbert Neugirg in seinen drei Büchern blättert, dann stellt er sich manchmal selbst die Frage: Sind das nun wirklich meine Ansichten und Ergüsse, oder sind das die süffisanten Querschüsse und Attacken des Kommandanten der Altneihauser Feierwehrkapell'n, der mal wieder zum Rundumschlag ausholt? Manchmal weiß er dann selbst nicht genau, wer Urheber dieser Zeilen ist. Zu sehr hat der Windischeschenbacher die Rolle des besserwissenden Chefs der schrägen Truppe verinnerlicht. Dabei sollten die Altneihauser eine einmalige Angelegenheit werden, ein Jux für einen Faschingsball an einem Samstag des Jahres 1985. Da unter den Mitgliedern der „windigen Fünf-Mann-Kapelle" auch Spritzenmänner waren, kam man auf den Gedanken, sich für den Auftritt alte Helme und Joppen aus dem Feuerwehrfundus auszuleihen. „Abgewetzte Stoffhosen, schäbige Stiefel, Halstücher, Leibriemen und etwas Ruß im Gesicht vervollkommneten die Unvollkommenheit der Tonkunst", erinnert sich Neugirg an die Anfänge. Den Namen für den schrägen Haufen lieferte eine versunkene Burg im Waldnaabtal.

EIN BISSERL BUSCH UND EIN BISSERL VALENTIN

Die Gruppe machte aus der Not eine Tugend. Neugirg überspielte mit Wortwitz das „klangliche Desaster" seiner Kapelle.

„Der eigenartige Mix aus schrägen Figuren, musikalischem Fehlverhalten, Ungereimtheiten, widersprüchlich Dahergesprochenem und Gereimtem sorgte für den Fortbestand dieser als Schnapsidee in die Welt gehauchten Zufallsproduktion", staunt Norbert Neugirg. Aus fünf wurden neun, die Auftritte wurden immer mehr, die Säle immer größer. Irgendwann flatterte dann auch noch eine Einladung für den Frankenfasching in Veitshöchheim, die erfolgreichste Sendung des Bayerischen Fernsehens, auf den Tisch. „Gemunkelt hatte man schon länger, dass wir da eingeladen werden sollten", erinnert sich Neugirg. Aber richtig geglaubt hat es keiner. Schon allein wegen der Oberpfälzer Abstammung, aus der die Altneihauser nie einen Hehl machen, erschien das als ein wildes Gerücht. Mittlerweile gehören die Visagen der Altneihauser zu den bekanntesten Gesichtern der Kultsendung. Selbst die „Großkopferten" lassen sich von ihnen gern die Leviten lesen. Ja, manch einer soll mittlerweile gar beleidigt sein, wenn er nicht bei Neugirgs Rundumschlag erwähnt wird.

Fast zwangsläufig kommt einen bei den genialen Versen und Reimen Karl Valentin in den Sinn. Auch ein bisschen Wilhelm Busch und Heinz Erhardt steckt in den Reimen und Beiträgen des Oberpfälzer Poeten, der mittlerweile auch als Co-Kommentator der Reihe „Kabarett aus Franken" einem Millionenpublikum bekannt ist. Und trotz aller Erfolge ist Norbert Neugirg bodenständig geblieben, geht gern zum Zoigl, liebt den Plausch mit den Gästen, geht auch schon mal für ein Vergelt's Gott ins Altenheim, um den Senioren vorzulesen oder aus dem Leben eines „zündelnden Kommandanten" zu erzählen. Seinen Job als kaufmännischer Angestellter in der Porzellanindustrie hat er im Jahr 2000 an den Nagel gehängt. Zwangsläufig. Beruf und Hobby ließen sich einfach nicht mehr vereinbaren, wenn man beides professionell machen wollte. Keine einfache Entscheidung für einen verheirateten dreifachen Familienvater. Diese Entscheidung hat er nicht allein getroffen, sondern mit seiner Frau Christa und den Kindern. Die Ehefrau ist übrigens auch die schärfste Kritikerin des Oberpfälzer Poeten. Sie hat die Ehre, alle seine „Ergüsse" über Gott und die Welt als Erste zu lesen. Wenn Christa ein Werk nicht für gut heißt, landet es wieder im Papierkorb oder wird so lange verändert, bis Christa nickt.

Wolfgang Benkhardt

Norbert Neugirg in der Rolle des „armen Poeten". Das Bild versinnbildlicht, dass es oft wirklich harte Knochenarbeit ist, die richtigen Reime zu finden.

Das Waldnaabtal ist eines der beliebtesten Ausflugsziele im Landkreis. Sagenumwobene Felsformationen wie der Tischstein (oben) üben eine besondere Faszination aus. Die Strudellöcher bei der Gletschermühle und abgeschliffene Felsblöcke (rechts Mitte) künden von der Gewalt der Natur. Natürlich gibt es auch Plätze, an denen man die Beine ins Wasser halten kann (oben rechts). Von Zeit zu Zeit werden Sagenwanderungen angeboten, bei denen auch der Windischeschenbacher Hannes Rupprecht (rechts unten, vorne links) sein schauspielerisches Talent unter Beweis stellt. Auf der Felsformation links unten stand früher die Burg Altneuhaus, eine von drei versunkenen Burgen in diesem Bereich des Waldnaabtals.

Ein herzliches Dankeschön allen, die an der Erstellung dieses ungewöhnlichen Landkreisbuchs mitgewirkt haben, allen voran Landrat Simon Wittmann, Pressesprecher Edgar Knobloch, Regierungsdirektor Bernhard Steghöfer und all den anderen Mitarbeitern der Verwaltung, die sich eingebracht und die Arbeiten nach Kräften unterstützt haben. Ein Vergelt's Gott auch den vielen Autoren, Fotografen, Mitarbeitern der Städte, Märkte und Gemeinden, Vertretern der vorgestellten Betriebe und Schulen sowie den vielen anderen Helfern.

Die Arbeiten für das Buch, die sich über viele Monate hingezogen haben, haben uns allen gezeigt: Der Landkreis Neustadt a. d. Waldnaab hat so viele verschiedene Facetten und interessante Geschichten, dass es trotz des beachtlichen Umfangs dieses Werks unmöglich war, alle aufzunehmen. Das Schlimmste für alle Beteiligten war, immer wieder eine Auswahl treffen zu müssen: eine Auswahl zwischen Geschichten, eine Auswahl zwischen Bildern und auch eine Auswahl zwischen den Menschen und Einrichtungen, die wir porträtiert haben.

Das Buch kann und soll nur Schlaglichter auf einen ungewöhnlichen Landkreis mit einer ebenso ungewöhnlichen Geschichte werfen, einen Landkreis, der ständig in Bewegung ist und sich weiterentwickeln wird, einen Landkreis, in dem neue Ideen geboren und umgesetzt werden, einen Landkreis, der stolz zurück und mutig nach vorn blickt. Das Buch soll nicht nur informieren, es soll auch ein Mutmacher sein für die Menschen, die hier leben, damit sie in ihrem Engagement nicht nachlassen und sich weiter so zielgerichtet einbringen. Das Buch zeigt, dass ein Landkreis nicht in erster Linie von Bauten, Denkmälern, Geschichte, Städte- und Gemeindegrenzen lebt, sondern vor allem von den Menschen, die sich in diesen Grenzen und Bauten aufhalten und sie mit Leben erfüllen. Sie machen den Landkreis Neustadt a. d. Waldnaab erst so (er)lebenswert. Ohne sie würde es dieses Buch vielleicht auch geben, aber es würde ganz anders aussehen.

Der Verlag

In einem extra für die Erstellung dieses Buches gebildeten Arbeitskreis wurden viele wichtige Entscheidungen getroffen. Das Bild zeigt von links die Kreisrätinnen Margit Kirzinger, Sonja Pausch und Rita Wiesend, Wolfgang Benkhardt vom Buch & Kunstverlag Oberpfalz, Regierungsdirektor Bernhard Steghöfer, Landrat Simon Wittmann, Pressesprecher Edgar Knobloch, die Kreisräte Gerhard Steiner und Gerald Morgenstern sowie Kreisrätin Hannelore Ott.